A Cidade Imaginária

Coleção Debates
Dirigida por J. Guinsburg

Equipe de Realização – Revisão: Lílian Miyoko Kumai ; Produção: Ricardo W. Neves e Raquel Fernandes Abranches.

luiz nazario (org.)

A CIDADE IMAGINÁRIA

PERSPECTIVA

Dados Internacionais de Catalogação na Publicação (CIP)
(Câmara Brasileira do Livro, SP, Brasil)

A Cidade imaginária / Luiz Nazario, (org.). —
São Paulo : Perspectiva, 2005. — (Debates ; 302)

ISBN 85-273-0712-X

1. Cidades no cinema I. Nazario, Luiz. II. Série.

05-0031 CDD-791.43621732

Índices para catálogo sistemático:
1. Cidades em filmes cinematográficos : Arte
791.43621732

EDITORA PERSPECTIVA S.A.
Av. Brigadeiro Luís Antônio, 3025
01401-000 São Paulo SP Brasil
Telefax: (11) 3885-8388
www.editoraperspectiva.com.br
2005

SUMÁRIO

APRESENTAÇÃO

Luiz Nazario

O homem está na cidade, como a cidade está no homem.

FERREIRA GULLAR

Infinito como o próprio cinema, o tema da *cidade imaginária* não será esgotado nesta pequena coleção de ensaios que sintetiza dois seminários da linha de pesquisa Criação e Crítica da Imagem em Movimento, do Programa de Pós-graduação em Artes Visuais da Escola de Belas Artes da Universidade Federal de Minas Gerais (UFMG): *Visões das Cidades no Cinema* e *Veneza no Cinema*, que discutiram, durante duas semanas em 2002, e uma em 2003, o papel das cidades em diversas obras cinematográficas. Cada pesquisador convidado escolheu seu objeto de estudo e desenvolveu suas reflexões a partir de alguns filmes-chave para a percepção do conceito proposto.

Em "A Cidade dos Lunáticos", José Antônio Orlando recorda um pioneiro do cinema brasileiro cuja obra desapareceu: o italiano Paolo Cianelli Benedetti, que desenvolveu em Barbacena, a "cidade dos lunáticos", filmes inovadores inspirados na *Viagem à Lua* (*Le Voyage dans la Lune*, 1902), de Georges Méliès; a "cidade dos lunáticos" serve de metáfora do próprio cinema, arte industrial que arruína seus gênios e exalta alguns até a loucura para logo mergulhá-los numa decadência estrepitosa, e na qual tudo é construído para ser destruído depois de fixado numa película tornada então preciosa, mas igualmente destinada ao desaparecimento.

Em "O Gueto Judaico de Praga", Lyslei Nascimento revela como cidades fantásticas tornam-se ícones modernos graças à força de um mito que as envolve: o gueto d'*O Golem* (*Der Golem*, 1920), de Paul Wegener, inspirado na extinta judiaria medieval de Praga, é entrevisto como uma caixa dentro de outra caixa dentro de outra caixa, fascinante moldura para uma lenda que gerou outra lenda (a de Frankenstein), que gerou outra lenda – nossa realidade contemporânea, dominada pela informática, pela genética e pela robótica.

Em "De Moscou a... Marte", Graciela Ravetti revisita a cidade futurista de *Aelita* (*idem*, 1924), de Iacov Protazanov – cineasta formado pelo expressionismo e pelo construtivismo, e que aí cria um possível símbolo de Nova Iorque, cidade que inspirou a *Metropolis* (*idem*, 1927), de Fritz Lang, que por sua vez inspirará a cidade-mundo de *Blade Runner, o Caçador de Andróides* (*Blade Runner*, 1981), de Ridley Scott; podemos aqui perceber como as cidades perfeitas convertem-se, obrigatoriamente, em seu contrário, como se o pesadelo distópico já estivesse contido no sonho utópico.

Já em seu ensaio "Berlim, Cidade Moderna", Elcio Cornelsen analisa a tradução fílmica realizada pelo cineasta Rainer Werner Fassbinder do romance *Berlim Alexanderplatz*

(1929), de Alfred Döblin, na minissérie para a TV alemã *Berlim Alexanderplatz* (*Berlin Alexanderplatz*, 1980): se no romance expressionista de Döblin, a cidade moderna fervilha, tentacular e monstruosa, como palco de todos os crimes, Fassbinder prefere rodar a maior parte das tomadas de seu filme nos espaços interiores do estúdio, desprezando as externas na custosa cidade cenográfica que mandara construir. Sua Berlim encontra-se apenas dentro da alma dos personagens que a habitam.

Em "Xanadu: O Sonho Americano", o tema do império pessoal e do lugar da afetividade na construção desse império é exaustivamente trabalhado por Miriam Volpe com base em *Cidadão Kane* (*Citizen Kane*, 1941), de Orson Welles. Um surpreendente paralelo entre o filme de Welles e o poema "Kubla Khan", de Samuel Taylor Coleridge, enriquece o repertório das interpretações do mistério de Rosebud: os esforços dos poderosos habitantes das metrópoles em construir ilusórios e complexos impérios como tentativas vãs de dominar seu próprio destino e o de seus concidadãos.

Em "Desconstruindo Veneza", Davide Falcioni examina uma vasta coleção de "cartões postais" cinematográficos de Veneza, prestando particular atenção à imagem da cidade em *O Talentoso Ripley* (*The Talented Mr. Ripley*, 1998), de Anthony Minghella, mostrando como ela serviu e ainda serve a um certo número de gêneros particulares de filmes.

Carlos Antônio Leite Brandão aborda, em "Arquitetura da Casa de Todos Nós", o papel essencial da casa na aldeia imaginária de *Sacrifício* (*Offret*, 1986), de Andrei Tarkovski, e que se apresenta aos nossos olhos como uma grande metáfora do mundo ameaçado pelo apocalipse nuclear. Seu ensaio introduz-nos numa sofisticada filosofia da arquitetura, tendo como base a argamassa das imagens de cinema.

Em "Nossa Selva de Pedra", Mariângela Paraizo passeia, heideggerianamente, pela cidade híbrida apresentada no filme *Estorvo* (1999), de Ruy Guerra, baseado no romance homônimo de Chico Buarque, cidade composta de três diferentes locações (Rio de Janeiro, Havana e Lisboa) e onde quatro línguas diversas (carioquês, português, portunhol, espanhol) convivem sem qualquer estranhamento.

Em "A Cidade Transparente", Juliana Duarte Weinberg analisa em detalhes o filme *Tempo de Diversão* (*Playtime*, 1967), de Jacques Tati, uma obra-chave na história do diálogo mantido pelo cinema, desde seus primórdios, com a cenografia e a arquitetura, tema de seu mestrado, que preparou sua própria construção de outra autêntica cidade imaginária na produção dos filmes de animação em 3D que dirigi e que formam a *Trilogia do Caos*.

Alcebíades Diniz Miguel descreve, em "Tóquio Ciberpunk", a opção pela distopia revelada no romance *Idoru*, de William Gibson, cuja filosofia aparentemente crítica, mas no fundo conservadora e conformista, legitimadora da ordem tecnológica dominante, penetrará por todo o cinema de ficção científica pós-moderno, encontrando na série *Matrix* (*idem*, 1999-2003) sua realização mais acabada.

Finalmente, em "Viagens Imaginárias", esboço um panorama de viagens realizadas por cineastas visionários, que ora constroem um mundo inteiro dentro do estúdio, como Jacques Tati, em *Tempo de Diversão* (*Playtime*, 1967), e Federico Fellini a partir de *A Doce Vida* (*La dolce vita*, 1960); ora preferem perder países para adquirir novas identidades, como David Lean em toda sua obra, e Pier Paolo Pasolini na *Trilogia da Vida* (*Trilogia della vita*, 1971-1974).

Abarcando uma ampla palheta de temas ao longo da história do cinema, analisando diversos filmes sob a ótica da crítica literária e da crítica de cinema, da filosofia pura e da filosofia da arquitetura, procuramos oferecer ao leitor neste pequeno volume um mosaico colorido sobre a *cidade imaginária*, esperando que o novo conceito encontre suas ressonâncias na imaginação dos futuros arquitetos de sonhos.

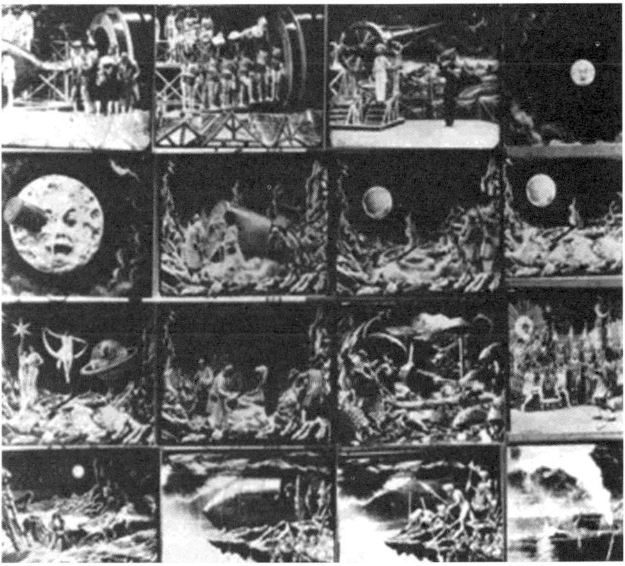

A CIDADE DOS LUNÁTICOS

José Antônio Orlando

O salto é grande, mas o tempo é um tecido invisível em que se pode bordar tudo, uma flor, um pássaro, uma dama, um castelo, um túmulo. Também se pode bordar nada. Nada em cima de invisível é a mais sutil obra deste mundo, e acaso do outro.

MACHADO DE ASSIS

As transformações radicais na cultura e na vida cotidiana, provocadas no final do século XIX e nas primeiras décadas do século XX pela invenção do cinema, fazem do primeiro momento da chamada sétima arte um marco inaugural de novos nexos de sociabilidade e sensibilidade cole-

Fig. 1: Cenas de Viagem à Lua *(*Le Voyage dans la Lune, *1902), de Georges Méliès.*

tiva, não só nos países do Primeiro Mundo, mas também nas cidades capitais e nas vilas do interior da América do Sul, especialmente no Brasil. Em Paris, Georges Méliès (1861-1938) vive, desde a juventude, de expedientes no mundo do ilusionismo, do teatro e das feiras de entretenimentos, até apostar no futuro espetacular das "fotografias que remexem" antes mesmo dos irmãos Lumière, que no primeiro momento duvidaram da longevidade do cinema como atração popular. Méliès inventa e registra, com a câmera, trucagens engenhosas que expressam, antes de qualquer artista, o exótico, o estranho e o mágico através do cinema, em filmes curtos pontilhados de efeitos e diabruras que o consagram no mundo inteiro, como *Viagem à Lua* (*Le voyage dans la Lune*, 1902), *Tchin Chao, o Chinês Ilusionista* (*Tchin Chao*, 1904), *As 400 Farsas do Diabo* (*Les 400 farces du diable*, 1906) e *As Alucinações do Barão de Münchausen* (*Les hallucinations du Baron de Münchausen*, 1911), entre centenas de outros.

Em *Viagem à Lua*, versão livre decalcada dos livros de Julio Verne e H. G. Wells, com o humor fácil e comunicativo que caracterizam os efeitos do estilo Méliès, uma equipe de belas coristas em trajes sumários prepara os encaixes mecânicos para o lançamento do foguete que vai ao espaço sideral e fere a lua, furando o olho de sua face humanizada. Depois da sutil substituição de maquetes, um novo enquadramento de câmera mostra os exploradores em equipe saindo da nave para o estúdio que representa uma planície de crateras. Extasiados, todos olham para o céu e admiram o "luar" da Terra. Na seqüência, assistem a uma espécie de desfile estilizado de constelações e planetas de formas humanizadas, encontram cogumelos gigantescos, descobrem que existe um imperador da lua e combatem monstros selenitas com aparência de crustáceos. Os exploradores, enfim capturados na viagem fabulosa de Méliès, conseguem escapar e fogem para o foguete. De novo no espaço sideral, caem de volta ao planeta Terra e terminam afundando num oceano, de onde são resgatados e recepcionados com festa pela população de terráqueos – uma apoteose que contamina incondicionalmente as primeiras platéias, deslumbradas com o espetáculo que presenciavam. A viagem de Méliès, com 280 metros de filme (cerca de 15 minutos de projeção), encontra-se na vanguarda absoluta da nova tecnologia. O público vai ao delírio, primeiro em Paris e depois nos salões de cinema instalados pelo mundo afora. Mal acostumada a filmes curtos de vinte a trinta metros, a platéia encantada não cogitava que o cinema pudesse contar uma história com tantas emoções e tantos territórios imaginários, nem supunha que se pudessem filmar coisas e lugares que não fossem reais[1].

Antecipando as mais diversas heterotopias que a ficção científica – e mais especificamente o próprio cinema – viriam a explorar *ad infinitum* no decorrer do século XX, *Viagem à Lua* e outras obras-primas de Méliès sobreviveram à destruição do tempo e ainda hoje surpreendem. Seja em adaptações da literatura fantástica ou em esquetes nascidas do improviso, do experimento e do acaso, as viagens pela imaginação representadas nos pequenos filmes de Méliès inauguram não apenas gêneros e categorias cinematográficas, mas todo um mundo novo, povoado de magia, imprevistos, reconstituições – o mundo fabuloso da cena de cinema. Com sua lógica especial, o mundo ilusionista que o gênio visionário de Méliès transforma em espetáculo configura uma nova modalidade narrativa, poética e intersemiótica, que por sua vez remete aos mais antigos rituais de projeção das sombras, às experiências alucinatórias dos lugares imaginados por cada um de nós nos sonhos e nos estados alterados de consciência. Méliès, entretanto, não concebia a *mise en scène* do espetáculo de cinema separado da tradição teatral da direção de atores, figurinos, cenários, cortinas, alçapões, maquiagens, máscaras, efeitos de iluminação. Com isso, apesar de suas expe-

1. Cf. L. Nazario, *As Sombras Móveis. Atualidade do Cinema Mudo*, pp. 23-24; G. Sadoul, "A Encenação: Georges Méliès", *História do Cinema Mundial*.

riências mirabolantes, com efeitos que impressionam ainda hoje pelas imagens e pelos argumentos, seu desempenho como realizador de cinema nunca deixa de estabilizar a câmera sempre a uma distância convencional da cena representada, como se a câmera incorporasse de fato o olhar do espectador na platéia, sempre imóvel à mesma distância do palco.

Em 1908, enquanto Méliès enfrenta a falência com dívidas intermináveis (que iriam arruiná-lo, levá-lo a abandonar o cinema e a ordenar, num acesso de fúria, a destruição de seus filmes), do outro lado do Atlântico o norte-americano David Wark Griffith (1875-1948) aprende a lidar com equipamentos e câmeras para o começo de sua bem-sucedida carreira na produtora Biograph, capitalizando *status* como realizador de filmes curtos por meio da introdução de séries de elementos esparsos que iriam constituir a base da narrativa cinematográfica clássica. Griffith reconhece seu débito ao mundo imaginário de Méliès, mas não hesita em cortar e montar os planos-seqüências em diferentes enquadramentos, chegando a aproximar a câmera dos atores, em determinados momentos, para ressaltar detalhes em cena ou mesmo tornar visíveis certas expressões fisionômicas. Fez a revolução do cinema na América variando os enquadramentos com pequenos cortes espaços-temporais, com a montagem de imagens que mostram minúcias em primeiro plano e com os atores da cintura para cima, e não de corpo inteiro se movimentando num palco, como na convenção da linguagem teatral. Autodidata e visionário, como os demais inventores do espetáculo de cinema, Griffith é o primeiro a alcançar o estatuto de mestre nos diversos aspectos envolvidos na realização de filmes. Sua obra representa o grande momento de fundamentação da linguagem cinematográfica desde os registros inaugurais, creditados a inventores como o norte-americano Thomas Edison (1847-1931) ou os irmãos Lumière. Para conduzir a revolução da nova linguagem, ao invés da ênfase nas decorações, na ação em cena ou no jogo de atores, Griffith passa a considerar a mobilidade da câmera e o corte de interrupção das seqüências filmadas, para montagem posterior, como instrumentos fundamentais[2].

Autoridade na invenção de questões de linguagem, arte, indústria e expressão social do primeiro cinema, Griffith ainda teria seu lugar no panteão da glória pela direção de aproximadamente quinhentos filmes entre 1908 e 1915, além de firmar o potencial dramático do *close*, do suspense e dos diversos movimentos de câmera que fundamentam encadeamentos narrativos dentro do filme. Com *O Nascimento de uma Nação* (*Birth of a Nation*, 1915), Griffith consolida a criação da indústria em Hollywood. A revolução que promove no processo fílmico permite a Griffith incorporar, à recém-nascida técnica das luzes e das câmeras, processos narrativos aperfeiçoados em séculos de literatura e artes cênicas – o *meanwhile* ("enquanto isso"), descontinuidade premeditada visando atingir simultaneidade no paralelismo de situações, demonstrado por meio de seqüências de imagens que, intercaladas, convergem para um encontro final e/ou catarse, norma que se tornou quase obrigatória para a ação e a narração em cinema. Cabe a Griffith o mérito na invenção do "enquanto isso" com a manipulação da montagem, com trechos inseridos no tempo da projeção do filme, especialmente com *Intolerância* (*Intolerance*, 1916), experiência grandiosa que intercala seqüências de várias épocas e histórias paralelas. Contudo, Griffith divide com outros precursores em outros pontos do planeta muitas de suas supostas invenções.

No Rio de Janeiro, capital da República recém-instaurada, o cinema chega em 8 de julho de 1896, poucos meses após a sessão histórica dos franceses Auguste e Louis Lumière, no dia 28 de dezembro de 1895. A estréia nacional que mereceu registros na imprensa com anúncio das projeções de filmes com equipamento Lumière, aconteceu

2. Cf. W. Everson, "The D. W. Griffith Years", em D. Staples (org.), *The American Cinema*.

numa sala à rua do Ouvidor, 57, patrocinada pelo casal Apolônia Pinto e Germano Silva, encantado com a novidade depois de uma viagem a Paris. Em interface com os avanços técnicos e científicos, a fotografia, a luz elétrica, a demanda crescente por artes gráficas e visuais, a freqüência de cartazes nas ruas, a literatura fragmentária e urbana dos folhetins, o aporte de novas populações de estrangeiros e as atrações populares de feiras e entretenimento, o cinema torna-se um acontecimento que provoca comoção popular no Rio de Janeiro e nas sessões mambembes que exploram o novo negócio, embrenhando-se por estradas e povoados. Menos de uma década após a primeira sessão, a novidade do cinema estende-se por São Paulo, Curitiba, Salvador e outras capitais brasileiras e continua avançando como atração nômade em lugarejos pelo interior, consolidando-se como negócio próspero também em Barbacena, cidade na Serra da Mantiqueira, em Minas Gerais, que havia perdido em 1895 a disputa pela sede da nova capital estadual para o arraial de Curral Del Rey, inaugurada como Belo Horizonte em 1897.

Barbacena e Belo Horizonte vão sediar duas experiências pioneiras da técnica do cinema em Minas Gerais. Aristides Junqueira (1879-1952), em Belo Horizonte, e o italiano Paolo Cianelli Benedetti (1863-1944), em Barbacena, começam seus experimentos na produção de filmes nos primeiros anos de 1900. Enquanto na nova capital as salas permanentes de exibição de filmes vão surgir em 1910, em Barbacena, a primeira cidade de Minas Gerais a ver cinema, a história dos espetáculos cinematográficos começa em fevereiro de 1901, quando Carlos Leal estréia o Animatographo. Em 1906, empresariado por Joseph Adams & Co., o Cinematographo é inaugurado, com projeções ocasionais no teatro local. O negócio promissor em Barbacena atrai Benedetti, que conhecia a cidade de suas andanças com filmes e sessões nômades. Tanto Junqueira em Belo Horizonte quanto Benedetti em Barbacena, tem suas equipes de produção formadas por familiares e amigos. Junqueira testando equipamentos com registros na nova capital, Benedetti filmando breves cenas pitorescas e pantomimas musicais, com o intuito de somar novidades a seus programas de sessões fixas e nômades em Barbacena e cidades da Zona da Mata, são precursores de experiências estéticas que iriam culminar, na década de 1920, na revolução modernista da obra do primeiro grande cineasta brasileiro, o também mineiro Humberto Mauro (1897-1983), na região de Cataguases.

As experiências pioneiras de produção de filmes em Minas Gerais coincidem nas datas e na ousadia inventiva, mas divergem na temática e na concepção da narrativa que as imagens projetadas no filme proporcionam. Em 1908, Junqueira instala na capital o ateliê Fotografia Artística, trabalhando com lentes objetivas importadas e equipamentos primitivos, alguns inventados e adaptados por ele mesmo. É o primeiro a registrar imagens urbanas e cenas domésticas da cidade recém-inaugurada e, nos anos seguintes, realiza filmes documentários em Belo Horizonte, no interior e em outros estados. Também em 1908, fixa residência, em Barbacena, Paolo Benedetti, fotógrafo e cinegrafista conhecido de fazendeiros e comerciantes na região da Mantiqueira, que havia aportado no Brasil em 1897. Muito provavelmente fugindo das guerras, do desemprego e da miséria acarretados pela unificação da Itália, ao mesmo tempo atraído pelas promessas oficiais de oportunidades e prosperidade no Brasil, Benedetti integra as grandes levas de migrantes sem família, europeus na maioria, que buscam sobrevivência, fama e fortuna no Novo Mundo a partir das últimas décadas do século XIX. Trabalha como comerciante, primeiro no Rio e depois em São Paulo, onde instala em 1905, na rua Libero Badaró, seu laboratório de fotografia. Em Barbacena, após viajar pelo Sul de Minas como exibidor de cinema e fotógrafo, vai aportuguesar seu nome para Paulo e também passa a inventar equipamentos, tal como Junqueira em Belo Horizonte, com maquinaria e lentes compradas da Europa.

Benedetti começa a experimentar pequenos truques ilusionistas com as cenas filmadas, enquanto na capital Junqueira dedica-se, nas duas primeiras décadas do século, cada vez com mais empenho e esmero técnico, à produção de algumas das primeiras imagens do cinejornalismo no Brasil, com cenas em seqüências de curta duração que registram a crônica social de sua época – como *Aspectos da Inauguração da Estrada de Rodagem Belo Horizonte-Barreiro* (1910), *Propaganda de Lançamento da Revista Vita* (1913), *Operação Cirúrgica de Dois Xipófagos* (1914), *Jardim Zoológico de Belém do Pará* (1915) e *Minas Gerais* (1910), filme de uma hora de duração exibido em cidades brasileiras e européias. Em Barbacena, Benedetti registra acontecimentos locais e cria suas primeiras cenas ficcionais. Propenso à investigação das promessas ilusionistas do cinema, ele realiza produções ousadas na temática e nas mirabolantes estratégias narrativas. A partir de 1908 e até fixar residência em São Paulo, em 1915, Benedetti aperfeiçoa equipamentos que otimizam sua *performance* como homem de cinema. Domina todas as etapas da realização e exibição de filmes, angariando prestígio como inventor, produtor, diretor, encenador, ator e fotógrafo, emplacando produções como *Canção Popular*, *As Lavadeiras*, *As Cavalhadas*, *O Guarani* (inspirado no livro de José de Alencar), *Raid de Infantaria da Linha de Tiro 81* e *Uma Transformista Original*, entre outras, com apelo extravagante de efeitos visuais e sonoros, atribuídos por alguns aos anunciados poderes mediúnicos do cineasta.

O espetáculo dos filmes de Benedetti deixa platéias de Barbacena e região da Mantiqueira maravilhadas, chegando a atrair público de outras cidades e mesmo do Rio de Janeiro. Partindo da antiga Corte Imperial, os viajantes contavam com as opções de fazer o percurso tradicional a cavalo, por meio do antigo caminho das minas setecentistas, ou embarcados no conforto recente das locomotivas e estradas de ferro. Instalado em Barbacena no Cinematographo Mineiro, mistura de salão de exibição e estúdio de produção, Benedetti propaga o sucesso do espetáculo do cinema e produz suas experiências com filmes em sintonia com o trabalho dos grandes inventores da linguagem cinematográfica – os Lumière, Méliès, Griffith, Edison. Como eles, mas em condições bastante adversas, Benedetti visualiza o espetacular e o fantástico nas possibilidades do cinema e, nos confins da Mantiqueira, arquiteta planos para uma grande companhia de produção e comércio, a Ópera Film. Depois de instalar em Barbacena o primeiro espaço permanente para espetáculos de cinema fora das capitais do Rio de Janeiro e São Paulo, Benedetti passa a exibir preferencialmente as novidades importadas da Europa e suas próprias produções, para as quais inventa intrincados expedientes de enquadramento, cenografia, iluminação, cor, som, paralelismo de situações e outras novidades em pequenos truques, na trilha ilusionista de Méliès e outros mestres. Entre as experiências radicais de Benedetti na concepção do espetáculo cinematográfico está Uma Transformista Original, filme musical todo cantado, no qual três das cinco partes eram sincronizadas com fonógrafo ou orquestra, sendo que a última parte apresentava uma série de trucagens espetaculares que surpreendiam o público.

O sucesso permanente do espetáculo dos filmes na cidade do interior de Minas Gerais, na primeira década do século, com os anunciados ingredientes ilusionistas e mediúnicos de Benedetti, vai conjugar, na penumbra do espectro narrativo projetado nos salões concorridos, memoráveis experimentos com câmeras, cenas, sons e fotomontagens, na mesma época em que surgem nas cidades capitais da Europa e nos Estados Unidos as mais clássicas seqüências dos primeiros mestres cinegrafistas. O mundo novo do cinema, povoado de luzes, sombras e reconstituições, com seus reflexos ancestrais no belo e tenebroso espetáculo noturno dos fenômenos lunares, também coincide com as datas históricas de transformação de Barbacena em pólo de tratamento e controle de doentes mentais – iniciativas que remontam à época da disputa para sediar a capital.

Desde os primórdios do século XX, os hospícios e o cinema de Benedetti vão povoar o imaginário popular sobre Barbacena, motivando charges e crônicas saborosas na imprensa sobre os espetáculos e os despropósitos de insanidade implantados nos manicômios da cidade. Políticos e personalidades célebres na virada do século visitam Barbacena – entre eles Machado de Assis, cânone maior da literatura no Brasil, que representou aspectos dos lunáticos barbacenenses em obras-primas como *Quincas Borba* e *O Alienista*. O fabuloso do cinema encanta o desbravador Benedetti e suas platéias de ilustres e anônimos na Mantiqueira, com suas contigüidades nos antigos rituais noturnos de luz e sombra, seus apelos ao psiquismo distorcido da magia, do sonho e das ilusões.

Em meados da segunda década do século, o negócio do cinema começa a prosperar em outras cidades brasileiras. Nessa época, a eclosão da Primeira Guerra Mundial, bem como o sucesso de filmes como *Uma Transformista Original* e seu potencial de arrecadação vislumbrado nas bilheterias das capitais, em contraponto a inúmeras dificuldades para a realização de cinema no interior – levam Benedetti a deixar em Barbacena o Cinematographo Mineiro, o recém-adquirido Cinema Parisiense e os projetos da Ópera Film. Vai para São Paulo, depois para o Rio de Janeiro, continuando suas experiências sobre a nova arte e sua técnica. Fabrica filmes até os primeiros anos do cinema falado, além de treinar inúmeros cineastas, atores e técnicos, tanto em São Paulo quanto no Rio, onde ousa montar o primeiro laboratório profissional especializado em cinema.

Assim como seus célebres contemporâneos Griffith e Méliès, Benedetti e outros artistas nos primórdios de 1900 são também precursores em questões fundamentais de cinematografia. O cinema brasileiro deve a Benedetti uma série de produções experimentais individuais de duração variável e, progressivamente, mais ambiciosas a partir da década inicial do século XX; a primeira iniciativa para uma indústria de cinema no Brasil, com a criação da Ópera Film, de 1914, empresa de produção por cotas de ações; os primeiros e principais registros de experiências na América Latina na utilização de legendas, sonorização e colorização; invenção e aperfeiçoamento de lentes, microfones e equipamentos de gravação de som que ambicionavam, já no começo do século, a produção de filmes falados; técnicas narrativas que intercalavam planos com paralelismo de tempo, de situações e de enquadramentos, antecipando certos procedimentos em simultaneidade com os maiores realizadores de cinema na América e nos países da Europa.

As legendas, que a historiografia oficial do cinema não credita ao pioneirismo de Benedetti, eram impressas por ele em seus filmes sobre a própria imagem, também nas duas primeiras décadas do século XX, na margem inferior do fotograma, incluindo, na impressão a ser visualizada na tela, letreiros e a partitura para a *performance* musical ao vivo, simultânea à projeção – processo que nas décadas seguintes os grandes estúdios de Hollywood viriam a incorporar, visando à exportação de suas produções sonoras, em substituição aos quadros de intertítulos que ocupavam todo o espaço da tela na narração do cinema mudo, sem qualquer pagamento sobre a patente original inventada em Barbacena. A sonorização também foi um sucesso, graças a invenções de Benedetti como a cinemetrofonia, equipamento que sincronizava o som do fonógrafo com as imagens na tela. As possibilidades da colorização também instigaram experiências de Benedetti desde os tempos do Cinematographo Mineiro, em Barbacena. Em seus últimos anos de vida, no Rio de Janeiro, o cineasta inventor trabalhava em novo e revolucionário processo de cinema colorido.

O tempo e o descaso oficial foi o pior e o mais implacável inimigo da obra de pioneiros da cinematografia ao sul do Equador. Enquanto personalidades do Primeiro Mundo como Méliès e Griffith são com justiça reabilitados e laureados como grandes criadores do cinema, tendo suas obras-primas restauradas em novíssimos processos de suporte tecnológico, Benedetti, entre outros mestres da arte e da técnica, permanece esquecido, relegado à condição de realizador obscuro e primitivo. De suas produções mais instigantes e originais, realizadas entre 1906 e 1915, sobreviveram apenas registros esparsos em crônicas publicadas no jornal *Cidade de Barbacena* – mais uma ou outra fotografia, uns poucos fotogramas, depoimentos de seus contemporâneos, citações em textos memorialistas, relatos mínimos na imprensa, filipetas de divulgação com cartazes e anúncios promocionais, desenhos de cena, títulos, elenco, um ou outro nome da equipe de produção.

Como tantos vultos fundamentais na história da arte, o pioneirismo de Benedetti desapareceu no anonimato. Vivendo de cinema desde o começo do século, o idealizador do Cinematographo Mineiro e da Ópera Film interrompe temporariamente suas produções próprias depois da transferência para São Paulo, onde conseguiu firmar reputação como técnico em filmes de outro italiano, o diretor Vittorio Capellaro (1877-1943), que decide ficar no Brasil a partir de 1915, depois de ter excursionado como ator dramático pelo país com as companhias teatrais européias de Eleonora Duse e Alberto Cappozzi. Da parceria com Capellaro resultam três filmes com fotografia creditada a Benedetti: *Cruzeiro do Sul* (1917), *Iracema* (1919) e *O Garimpeiro* (1920). De volta ao Rio de Janeiro, na década de 1920, inaugura a Benedetti Film, sendo requisitado ocasionalmente para reportagens e registros da crônica social e mundana na capital da República. Também trabalhou como produtor e diretor de fotografia para produções de Vittorio Verga, Carlo Campogalliani e Adhemar Gonzaga, com quem colaborou no clássico *Barro Humano* (1928), registro da maestria de Benedetti como cinegrafista. Também em parceira com outro pioneiro, Luís de Barros (1893-1981), realizou em 1929, em São Paulo, o primeiro longa-metragem brasileiro inteiramente sonoro, *Acabaram-se os Otários.*

Alternando suas atividades em projetos de terceiros com produções autorais de baixo orçamento, menos ousadas e mirabolantes que as produções extravagantes do período em Barbacena, Benedetti ainda realiza no Rio de

Janeiro, a partir da segunda metade dos anos de 1920, cerca de quarenta curtas-metragens, além de cinejornais e documentários sob encomenda para artistas populares, como o protovideoclipe *Números Musicais* (1929), com Noel Rosa, Almirante, João de Barro, Alvinho e Henrique Brito, caracterizados como sertanejos e interpretando as canções de sucesso *Galo Garnizé*, *Anedotas*, *Vamos Falá do Norte* e *Bole-Bole*. Tudo irremediavelmente perdido[3].

Ainda nos anos de 1920, Benedetti investe na construção de seu laboratório no bairro do Catete, Rio de Janeiro, para revelar e copiar filmes, tanto os de sua autoria como os de outros cineastas, caso do estreante Humberto Mauro, que produzia seus primeiros trabalhos na Febo Film, de Cataguases. Exatamente como aconteceu com Griffith, Méliès e outros gênios do cinema, nos últimos anos de vida Benedetti também não pôde exercer o ofício de cineasta. Preconceito e perseguição por suas origens italianas no contexto da Segunda Guerra, insucesso comercial, concorrência maciça de produções estrangeiras e ausência de financiamento impedem a realização de sua obra de maturidade como cineasta. Deixou inacabado o que seria seu último trabalho, o longa-metragem *Saudade* (1929). Se nos idos de 1900, no período tatibitate e heróico do cinema universal, em meio à precariedade e à inexistência de equipamentos, realizadores como Benedetti produziram milagres de invenção e experimentação, construindo longe dos principais centros urbanos os fundamentos para o lugar simbólico que surgia dos espectros de luzes e câmeras, quem saberá o que viriam a realizar em outro contexto, com outros recursos, equipamentos e possibilidades técnicas?

Viagens imaginárias ao mundo da lua e a outros mundos do espaço sideral, que deflagraram as descobertas espetaculares dos filmes no começo do século passado são concretizadas centenas de vezes em nossa atualidade cien-

3. Cf. M. R. Galdino, "Paulo Benedetti – Dossiê", em C. Rocio *et al.* (orgs.), *Cinema Brasileiro: 8 Estudos*.

tífica e jornalística. Entretanto, viagens através do tempo, para recuperar o registro material de outras épocas, ainda estão restritas às utopias da arte, da literatura e do cinema – território demarcado, por sua vez, em interface com os avanços da historiografia e a trágica constatação das perdas irrecuperáveis. Sem a realidade concreta de suas raridades e obras-primas, perdidas para sempre em algum lugar do passado, oscilante entre o fragmento documental e os processos evanescentes provocados pela imaginação, Benedetti e outros visionários prosseguem com freqüência relegados ao esquecimento pelo tempo, tecido invisível em que se pode bordar tudo, flor, pássaro, dama, castelo, túmulo, como professa a epígrafe de Machado. No mundo fabuloso do cinema, foram esses visionários os desbravadores, menos célebres e mais importantes em relação aos inevitáveis diluidores que arregimentam fortunas na reprodutibilidade incessante das imagens em movimento.

Referências Bibliográficas

EVERSON, William. "The D. W. Griffith Years". In: STAPLES, Donald (org.) *The American Cinema*. Washington, Voice of America Forum Series, 1973.

GALDINO, Márcio da Rocha. "Paulo Benedetti – Dossiê". In: Rocio, Celina do *et al.* (orgs.). *Cinema Brasileiro: 8 Estudos*. Rio de Janeiro, Embrafilme/Funarte, 1980.

GOMES, Renato Cordeiro. *Todas as Cidades, a Cidade: Literatura e Experiência Urbana*. Rio de Janeiro, Rocco, 1994.

NAZARIO, Luiz. *As Sombras Móveis. Atualidade do Cinema Mudo*. Belo Horizonte, Ed. UFMG/mídia@rte, 1999.

SADOUL, Georges. "A Encenação: Georges Méliès", *História do Cinema Mundial*. Trad. de Sônia Salles Gomes. São Paulo, Martins, 1963.

VIANY, Alex. *Introdução ao Cinema Brasileiro*. Rio de Janeiro, INL/Ministério da Educação e Cultura, 1959.

O GUETO JUDAICO DE PRAGA

Lyslei Nascimento

Quem pode dizer que sabe algo sobre o Golem? [. . .] um dia algo acontece em uma rua que, de repente, o ressuscita.

GUSTAV MEYRINK

No centro da Cidade Velha, entre a Praça do Relógio dos Doze Apóstolos e a Ponte Carlos, situa-se um dos pontos turísticos mais atraentes de Praga: o antigo bairro judaico, com o cemitério e a Sinagoga Alterneuer, construída no século XIII e ainda em funcionamento, além de museus e templos que testemunham a importante presença judaica na cidade até a Segunda Guerra Mundial. O *Judenstadt* de Praga, quase que uma cidade dentro da cidade, foi, por

Fig. 2: O gueto de Praga no filme O Golem (Der Golem, 1920), *de Paul Wegener.*

muitos séculos, um dos mais importantes centros judaicos do mundo. Esse circuito histórico, como um labirinto, com suas ruelas, passagens e galerias, abriga a fascinante lenda do Golem: um gigante semi-humano construído de argila que, por meio de uma fórmula mágica conhecida apenas por poucos mestres, sábios e estudiosos da Cabala, adquire vida. Em Praga, tantas vezes percorrida por Franz Kafka, o Golem é um ícone que se traduz em arte, exibido nas mais sofisticadas galerias, até os populares suvenires vendidos nas ruas do antigo gueto. São miniaturas, quadrinhos e postais que, se por um lado, banalizam a lenda, por outro, oferecem aos visitantes um fragmento da história judaica de Praga.

Desde sua gênese, a criação do Golem apresenta-se como uma emulação do poder divino da criação do homem. Roubar dos deuses esse poder de gerar vida constitui um tema recorrente a inúmeros mitos, desde Prometeu até os cientistas contemporâneos com suas experiências genéticas, passando pelos magos, alquimistas, filósofos e cabalistas medievais.

Praga é uma cidade milenar. Isso se reflete, sobretudo, na arquitetura do seu centro histórico. A cidade viveu o seu apogeu no século XIV, durante o reinado de Carlos IV, que mandou construir vários bairros da cidade, a catedral gótica e fundou, em 1348, a mais antiga universidade da Europa Central e Oriental. A época barroca também deixou sua marca em palácios, jardins e, sobretudo, nas igrejas. O núcleo desse labirinto estende-se em ambas as margens do rio Vltava, atravessado por várias pontes que ligavam cidades que eram independentes e foram unidas no século XVIII – Staré Mesto (a Cidade Velha), Josefov (o antigo bairro judaico), Nové Mesto (a Cidade Nova), Malá Strana (o Bairro Pequeno), Hradcany e Vysehrad.

A beleza e a importância de Praga, seu apego à cultura e à arte, no entanto, não impediram que violências contra a liberdade fossem cometidas em seu território. Desde a Idade Média, uma das manifestações de antijudaísmo mais contundentes foi o cerceamento dos direitos dos judeus e o seu confinamento em bairros e quarteirões cercados por muros e portões, restringido, por decreto, ao espaço exíguo do gueto, a sua liberdade de ir e vir. A história, é certo, não começa aí, mas, na invasão e na destruição de Jerusalém, em cerca de 132 d.C. A conseqüente expulsão dos judeus causou a *galut*, a diáspora. Muitos foram levados como escravos para Roma, milhares foram banidos de suas pátrias ou imigraram para países diversos. Cidades como Tarso, Chipre, Antioquia, Efeso, Tessalonica, Atenas e Corinto foram transformadas em cidades-refúgio. No entanto, quase sempre, esses destinos se tornariam lugares de confinamento, dor e morte.

Fora de Jerusalém, a vida dos judeus foi marcada pelo surgimento das sinagogas e pela sensível expansão da tradição oral, e seus preceitos religiosos, morais e éticos registrados na Torá[1]. Uma nova autoridade, a dos rabinos, surge a partir daí. Eles fundam escolas para o estudo da Torá e compilam seus comentários no Talmude[2]. Dois centros judaicos de excelência, Jerusalém e Babilônia, destacam-se na realização dessa compilação após a dispersão.

Enquanto o arquivo da tradição judaica é constituído, na diáspora, pelos comentários e estudos da Torá e do Talmude, na Europa, era proibida aos judeus a posse de terras, de armas e até de cavalos. A conseqüência disso é que muitos irão se dedicar, para sua sobrevivência, ao comércio e ao empréstimo a juros. Apesar do contexto adverso, a crescente prosperidade dos judeus acaba por provocar nos cristãos inveja e ódio, traduzidos em mais sanções e preconceitos. Não foi somente no comércio e nas finanças que os judeus se destacaram no exílio. Do século X ao século XIII, a Espanha viveu a chamada Idade do Ouro. Judeus e árabes criaram uma notável geração de intelectuais, médicos, cientistas

1. Torá (ensinamento): a Bíblia hebraica, o Pentateuco.

2. Talmude (ensino): um dos livros básicos da religião judaica, contém a lei oral, a doutrina, a moral e as tradições dos judeus. Foi editado em aramaico como um extenso comentário sobre seções da Mischná (coleção das tradições rabínicas, na maioria orais, compilada por volta do ano 200), reunindo textos do século III até o século V.

e artistas que foi desfeita, no fim da Idade Média, em virtude das Cruzadas, da reconquista da Espanha pelos cristãos e do aumento do poder da Igreja. As cidades crescem vertiginosamente e, com elas, também as doenças, a peste, a morte, outros fatores que irão despertar profundo ressentimento contra os estrangeiros, em geral, e os imigrantes judeus, em particular.

Ressurge, nesse cenário, o velho sentimento antijudaico que proíbe contatos entre cristãos e judeus. Criam-se ordens religiosas, como a dos Dominicanos, destinadas a combater heresias, e o judaísmo é considerado uma delas. Essas ações, segundo Jean Delumeau, produziram uma propaganda anti-semita maciça por meio de panfletos, queima de livros, acusações de profanações de espaços religiosos cristãos e até de assassinatos rituais. Os dominicanos de Colônia, Alemanha, em 1510, propuseram a queima de todos os livros hebreus. Em 1543, Martim Lutero publicou um panfleto de umas duzentas páginas intitulado *Contra os Judeus e suas Mentiras* e, mais tarde, *Shem Hamephoras*. Esses dois textos forneceram aos nazistas, mais tarde, argumentos e programas de ação: Hitler irá reeditá-los, colocando em circulação milhares de exemplares, numa estratégia para propagação do ódio contra os judeus[3].

Converter, isolar, expulsar. Essas são as três diretrizes básicas utilizadas para neutralizar os judeus. Procedem-se conversões, batismos e instrução cristã compulsória. Uma bula de 1577 decidiu que os judeus de Roma e do Estado pontifical, por ocasião de festas, eram obrigados a ouvir sermões destinados a convertê-los[4]. Além disso, um sem-número de mistérios medievais: dramas hagiográficos e representações de milagres, bem como "debates" entre a Igreja e a sinagoga insuflavam ainda mais o ódio aos judeus e apelavam à sua conversão. Mas o que fazer com os outros, aqueles que não se dobravam?

3. J. Delumeau, *História do Medo no Ocidente*, pp. 302-303.
4. *Idem*, p. 298.

Isolá-los ao máximo, a fim de que não contaminem os cristãos e não incitem os novos convertidos a voltar a seus antigos erros. A essa razão maior, acrescentavam-se outros considerandos: proteger os cristãos da magia negra dos judeus; não fazer passar o santo sacramento diante do olhar irônico de seus inimigos etc. A política do *apartheid* ganha forma verdadeiramente no final do século XII e no século XIII, especialmente com as decisões dos III e IV Concílios de Latrão (1179 e 1215). Este último declara querer pôr um termo às relações entre cristãos e judeus (ou sarracenos) e vice-versa. A fim de que cessem "tais enormidades", os judeus deverão doravante usar trajes diferentes, não coabitar com os cristãos, não se mostrar nas ruas durante a semana santa, e não mais ocupar funções públicas: todas as prescrições que, de início, a tolerante Espanha da época só observará com reticência, mas que serão cada vez mais aplicadas em outras partes[5].

Na França, estatutos sinodais proíbem cristãos de empregar judeus como criados, de partilhar refeições com eles e de encontrá-los nos banhos públicos; obrigam os judeus ao uso do círculo amarelo, que se torna obrigatório também na Itália e na Espanha. Na Alemanha, escolhe-se a obrigação de usar chapéu cônico, amarelo ou vermelho. Distinguidos na rua e na iconografia por esses signos, os judeus são submetidos a taxas exorbitantes para sobreviver em meio aos cristãos. Com seus usos e costumes, seu estilo de vida e sua religião, o judeu é visto pela Idade Média como um estrangeiro "incompreensível e inassimilável"[6]. A Igreja e o Estado, com suas leis de distinção e de segregação, contribuíram, de maneira crescente, para reforçar a alteridade dos judeus.

O Concílio de Basiléia, realizado entre 1431 e 1443, marcou a história do antijudaísmo europeu na medida em que promulgou as mais diversas interdições: proibiu-se aos

5. *Idem, Ibidem.*
6. *Idem, Ibidem.*

cristãos manter relações regulares com judeus, morar nas mesmas casas, recorrer a eles como médicos, criados ou amas-de-leite; proibiu-se aos judeus construir novas sinagogas, empregar trabalhadores cristãos, instalar-se sem permissão em novos locais, ocupar funções públicas, emprestar dinheiro e até estudar o Talmude. Essas medidas foram exigidas pela delegação espanhola e constituíam uma espécie de justificação ulterior aos *pogroms* de 1391. Em 1412, as autoridades de Castela, além de todas as proibições citadas, obrigavam os judeus dessa cidade a morar em um *barrio* reservado. No ano seguinte, os dominicanos cederam-lhes, com ata registrada em tabelião, um terreno onde os judeus foram amontoados, progressivamente, ao longo de oito ruas e em torno de duas praças:

> O barrio era fechado por muros e só comunicava com o exterior por uma única porta trancada a cadeado todas as noites. A chave era entregue ao corregedor ao cair do dia. Há muito tempo os judeus tinham o hábito de viver agrupados no interior de uma cidade. Mas pela primeira vez um bairro israelita ganha fisionomia de prisão. Tais confinamentos são em seguida decididos no Piemonte – em Vercelli e Nóvero – em 1448, depois em 1516 em Veneza, de onde parece ter vindo o termo ghetto[7].

A Sereníssima República de Veneza hesitou em aplicar a expulsão decidida em 1394, e uma colônia judaica mantinha-se na cidade apesar das queixas dos pregadores cristãos e da hostilidade de uma parcela da administração pública. Em 1516, o governo, para conciliar negócios e religião, decide criar um bairro reservado, o Ghetto Nuovo. Ele é fechado à noite e suas portas vigiadas por guardas cristãos. Em 1541, os judeus oriundos da Turquia, Síria e Egito, chamados de levantinos, são concentrados em um bairro adjacente, que toma o nome de Ghetto Vecchio. Mais tarde, em 1633, haverá também o Nuovíssimo. São, portanto, em Veneza, três mórbidas ilhas onde as casas só

7. *Idem*, p. 299.

podiam atingir sete andares e onde a ocupação humana era a mais densa da cidade[8].

Em Praga, em meados do século XVI, o gueto judeu passou por uma onda de constantes e violentos saques; mulheres eram violadas e crianças queimadas. Em meio a essa realidade de violência e opressão, surge a lenda do Golem. Conta-se que o rabino Loew (1525-1609), matemático, cabalista e talmudista, conhecido como o *Maharal* de Praga[9], moldou um gigante de argila em forma humana, sussurrou-lhe um vocábulo mágico e escreveu em sua testa (algumas versões dizem que a escrita foi na mão ou num papel introduzido na boca ou no peito do Golem) a palavra hebraica *'emet*, que significa verdade. Ele, então, adquiriu vida. Alguns relatos afirmam que a palavra escrita e assoprada pelo rabino é o Nome misterioso e perdido de Deus. Segundo um dito talmúdico, esse nome é um selo e a própria Verdade.

O Golem, para defender os judeus, saiu do gueto e atacou os agressores, massacrando-os. Há inúmeras variações da lenda. Uma afirma que o Golem, aspirando ser homem, apaixona-se pela filha do rabino e este, temeroso dessa união, decide destruí-lo; outra assinala o caráter torpe do Golem, sua impossibilidade de aprender, após inúmeras tentativas do rabino em educá-lo, justificando a necessidade de fazê-lo desaparecer. Seja qual for a razão, o Golem apre-

8. Através da história, a solidariedade religiosa e social, reforçada pela aversão dos gentios, ocasionou uma tendência dos judeus de se concentrarem numa rua ou bairro. Tal tendência foi intensificada pelas proibições de contato entre cristãos e judeus. Na Inglaterra, o bairro judeu era chamado *Jewry*; na França, *juiverie*; na Itália via dei *giudei* ou *giudecca*; na Alemanha, *Judengasse*; na Espanha, *judería* ou, usando uma antiga palavra árabe, *aljama*. Cf. C. Roth, *Pequena História do Povo Judeu*, tradução de Emanuele Corinaldi, São Paulo, Fundação Fritz Pinkuss, 1963, p. 106. No século XIX, os locais de confinamento deixaram de existir quase completamente, ressurgindo, com toda a sua força, com a perseguição nazista. Um dos guetos mais célebres do século XX é o de Varsóvia, onde, em 1943, para surpresa dos seus algozes, os judeus reagiram e houve um levante armado.

9. O túmulo do rabino, localizado no antigo cemitério, recebe visitantes que, ainda hoje, em reconhecimento aos seus poderes, anotam pedidos em minúsculos papéis, que são enrolados e colocados nas frestas das pedras de sua lápide, como no Muro das Lamentações, em Jerusalém.

senta-se, na lenda, como uma possibilidade de salvação dos judeus, sua redenção, mas, paradoxalmente, uma ameaça que, fora de controle, deve ser destruída. No momento em que esse homúnculo é desnecessário, ou intenta ascender a um lugar que não lhe pertence, ele é, então, sob subterfúgios, eliminado. O rabino, mediante artifício e repetição de fórmulas mágicas, apaga da palavra *'emet* (verdade) a letra Alef, na transliteração, o sinal ('), que indica a aspiração da letra hebraica que representa o vento, o fôlego da vida. Ao se apagar a letra, o som aspirado do Alef, o som vocálico do "e" desaparece – a palavra *'emet*: "verdade" torna-se *met*, "morto".

Quando a letra Alef é apagada da inscrição no Golem, este volta a ser uma massa informe de argila sem vida. O poder mágico da escrita sobre a matéria inerte corresponde à Criação que, ao aspirar à Verdade, pode deixar vislumbrar suas falhas e imperfeições. A necessidade de destruição do Golem parte, pois, de um temor do criador diante de sua criatura, que lhe afronta o poder e a autoridade. Soma-se a isso a noção de catástrofe prenunciada pelos mistérios da vida artificial e o perigo do seu descontrole. O caráter de falibilidade e mortalidade da criatura espelha, assim, as incompletudes tanto do homem quanto da escrita. Na palavra *'emet*, verdade, a morte já se anuncia. O jogo com as letras e as palavras, bem como as combinações e os remanejamentos do alfabeto identificam a idéia da criação atrelada ao desvio causado pela imperfeição. Toda criação, afirma essa desconstrução do Golem, está sujeita a erros de cálculos, falhas de projeto e de execução. Nesse erro, nessa falha essencial, é que a monstruosidade sinistra da criatura se insinua[10].

Foi a partir do final da Idade Média, principalmente na Alemanha e na Polônia, que a lenda do Golem popularizou-se. Nos séculos XV e XVI, circulavam várias histórias sobre mestres que criavam um Golem, transformando-o em

10. Cf. L. Nazario, *Da Natureza dos Monstros*, p. 96.

autômato. Tais versões sofreram outras tantas influências como, por exemplo, a dos homúnculos de Paracelsus[11]. Suas figuras, feitas de cera, argila ou piche, seriam utilizadas na magia negra com o propósito de causar danos aos inimigos[12]. O auge dessa popularidade surge em meados do século XIX, com a compilação da lenda por Jacob Grimm e E. T. A. Hoffmann.

Em "La Cabala y el Poder de la Palabra", Leonardo Senkman lembra que o Golem é um mito nacional. Num contexto de dispersão e opressão, os judeus teriam concebido uma resposta (um herói) para essa situação através da palavra[13]. A busca do verbo na doutrina cabalística – da palavra criadora – parte da idéia do "judeu diabolizado" – dividido – e se configura como uma saída do inferno, o lugar do exílio. Diabolizar (separar, dividir e dispersar) os judeus pelo mundo provocou, entre eles, uma tentativa, por meio dos mais variados recursos, de construir um corpo narrativo de caráter instrutivo e fundador, que intentava recuperar a unidade perdida. Entre esses recursos, está a narrativa da lenda do Golem que procura, de forma fabular, recuperar o corpo atomizado pela opressão. O corpo judaico, diabolizado pela diáspora, sofre pela dissolução, pelo esquartejamento, pelo horror de ser violado pela história. Dessa forma e diante

11. Paracelsus, Philippus Aureolus, pseudônimo de Theophrastus Bombastus von Hohenheim, físico e químico suíço. Temperamental, Paracelsus desafiou as doutrinas médicas do seu tempo ao afirmar que as enfermidades eram causadas por agentes fora do corpo e que eles podiam ser contidos por substâncias químicas. Nascido em Zurique em 1493, ele recebeu, provavelmente da Universidade de Viena, o título de médico. Dedicou-se à pesquisa da alquimia, especialmente à mineralogia. Os escritos deixados por ele contêm elementos de magia e sua revolta contra os antigos preceitos médicos. Morreu em Salzburgo, em 1541.

12. O fato de existirem narrativas sobre tais idéias em antigos escritos apócrifos cristãos pode ser demonstrado, segundo Gershom Scholem, nas lendas amplamente difundidas acerca da infância de Jesus, nas quais se relata que ele fizera pássaros de barro que se tornaram vivos e levantaram vôo, assim que ele pronunciou o nome de Deus. Cf. G. Scholem, *A Cabala e o seu Simbolismo*, p. 206.

13. Cf. L. Senkman, "La Cabala y el Poder de la Palabra", *Nuevos Aires*, pp. 39-48.

desse contexto, o corpo judaico se fecha e se condensa configurando-se como *corpus hermeticum*.

Em 1998, o Jewish Museum de Nova Iorque exibiu a mostra "Golem! Danger, Deliverance and Art"[14]. Nela, memoráveis imagens da lenda foram traduzidas nas mais variadas versões, encenando releituras inusitadas e obsessões de artistas que a reescreveram e reconstruíram. A inquietante atualidade da exposição, a exibição daquilo que se configura como uma monstruosidade abarcou desde as referências às narrativas medievais até a tradução plástica, fílmica, teatral, em forma de ópera, balé e dança contemporânea, passando por textos literários e histórias em quadrinhos. Ao ressuscitar o Golem nessas suas inúmeras versões, o museu possibilita ao espectador uma reflexão importante, e do nosso tempo, sobre as relações entre os homens, em suas múltiplas possibilidades de submeter o outro a um poder autoritário, e desse outro se insurgir e transcender.

O museu apresentou versões parciais, fragmentos desterritorializados, fora do lugar de construção e de enunciação, e obras especialmente concebidas para figurarem naquele espaço de exibição. Ao escolher as variadas peças que compõem a exposição sobre o Golem e articulá-las, de acordo com uma leitura previamente estabelecida – perigo, redenção e arte –, o museu intentou reconstruir a memória de uma tradição que perdura no imaginário ocidental, configurando-se como um arquivo. Enquanto arquivo, o museu preserva os artefatos culturais, rememora e abre espaço para novas inscrições; tal empreendimento dá-se por imagens fragmentárias, peças ou partes de peças, que reiteram a condição precária e desdobrável de uma lenda.

Uma dessas peças exibidas no museu foi o filme mudo alemão *O Golem: Como Ele Veio ao Mundo* (*Der Golem: Wie er in die Welt kam*, 1920), de Paul Wegener. Nele, estão latentes as relações do Golem com os autômatos do século

14. E. D. Bilsky, *Golem! Danger, Deliverance and Art*.

XVI, a criatura do Dr. Frankenstein (que só apareceria em filme em 1931), os robôs modernos e os seres virtuais, perpassando andróides e ciborgues do imaginário contemporâneo, inteligências artificiais que confluem com o passado arcaico da mitologia judaica. A exposição sobre o Golem, portanto, exibe um acervo a se construir como uma galeria de criadores e criaturas que vão se redefinindo e redefinindo as relações entre os homens e a expressão da arte na contemporaneidade. Lembra o crítico John Gross que, entre 1914 e 1920, o Golem foi uma obsessão para o ator, roteirista e diretor Paul Wegener, que representa, ele mesmo, o papel da criatura em seus filmes[15]. Nesse período, realiza três sobre essa temática: *O Golem* (*Der Golem*, 1914) – que tem o século XIX como tempo da narrativa; *O Golem e a Dançarina* (*Der Golem und die Tangerem*, 1917) – caracterizado por Gross como "uma fantasia luminosa" e, finalmente, o já citado *O Golem: Como Ele Veio ao Mundo*, ambientado no século XVI, o único filme da trilogia de Wegener que sobreviveu até os nossos dias.

Segundo Luiz Nazario, em *As Sombras Móveis*[16], desde os idos de 1908, desenvolve-se, na Europa, uma sociedade cinematográfica que engaja escritores, dramaturgos e grandes atores de teatro para a realização do chamado Filme de Arte. O empresário Paul Davidson atrai para o cinema o grande encenador Max Reinhardt, diretor do *Deusches Theather* de Berlim, que revolucionava o teatro com efeitos mágicos de luz, ao obter em cena a atmosfera dos quadros de Rembrandt. Os atores de sua trupe, entre os quais Paul Wegener, vêem no cinema a possibilidade de atingir um público maior que os veria, depois, ao vivo no palco. Assim, Wegener encomenda a Hanns Heinz Ewers o argumento de *O Estudante de Praga* (*Der student von Prag*, 1913), de Stellan Rye, com locações em Praga e fotografia de Guido

15. Cf. J. Gross, "The Golem - as Medieval Hero, Frankenstein Monster and Proto-Computer", p. 41.
16. L. Nazario, *As Sombras Móveis. Atualidade do Cinema Mudo*, p. 131.

Seeber. Esse filme certamente possibilitou a Wegener perceber em Praga um cenário perfeito para os filmes que viriam a seguir.

A trucagem realizada em *O Estudante de Praga*, notável para sua época, permitia a Wegener, no papel do estudante, contracenar consigo mesmo. O tema de Ewers – o pacto diabólico de Fausto, a corrupção e a imagem de Dorian Gray, e a atmosfera dos contos de Hoffmann – era comum à literatura fantástica, contudo, o duplo, tal qual foi ali apresentado, parecia impossível no teatro[17]. Essa questão do duplo, presente no enunciado do filme, será desdobrada na enunciação, na medida em que, nos filmes sobre o Golem, Wegener é ator e diretor, simultaneamente. No entanto, uma outra questão, muito sutil, migra do filme *O Estudante de Praga* para os filmes sobre o Golem de Wegener. Em *O Estudante de Praga*, a figura do barbado Scapinelli se destaca. Esse personagem é configurado, desde os seus traços físicos, seus poderes mágicos e até sua conduta imoral, como uma presença judaica que deve ser temida e combatida:

> Reencontramos, aqui, o anti-semitismo fantástico de Ewers na figura de Scapinelli, um "velho aventureiro, lembrando o Conde Dapertutto, a personagem grotesca de Hoffmann". Assim como o Conde Dapertutto, Scapinelli é um "judeu diabólico" cujos poderes mágicos só a cigana reconhece. Ele faz jorrar moedas de ouro para roubar as almas e corromper a sociedade. O sinal da cruz que a condessa Margit faz ao vê-lo na porta do cemitério judaico e o passeio dos amantes entre as lápides com inscrições hebraicas reforçam a associação[18].

Na primeira versão d'*O Golem*, realizada em 1914 por Wegener e Henrik Galeen a partir da lenda judaica, a antecipação de outros célebres personagens monstruosos:

> Nessa primeira versão, operários escavam um poço na velha sinagoga de Praga e descobriam a estátua inanimada. Vendiam-na

17. *Idem*, p. 134.
18. *Idem*, p.136.

para um antiquário que, de posse de um livro da Cabala, aprendia os procedimentos do rabino Loew para ressuscitar o Golem através de um signo mágico colocado em seu peito, capaz também de paralisá-lo, sempre que retirado, como uma espécie de botão que ligava e desligava a vida do Golem. A criatura é usada para cumprir tarefas corriqueiras, à maneira de um robô, até que se apaixona pela bela filha do antiquário. Ao perceber as intenções da criatura, a jovem fugia horrorizada. O Golem, que havia experimentado sentimentos humanos, ganhando uma alma através do amor, descobria-se um monstro e, enfurecido, perseguia a jovem, até cair de uma torre e esfarinhar-se no chão[19].

Já na terceira versão, de 1920, a criatura de barro reaparece numa Praga imaginária, transfigurada pelo estilo expressionista, num gueto habitado por judeus ameaçados de expulsão por um decreto do imperador que os acusava, entre outras coisas, da prática da magia negra. No entanto, apesar da pesquisa histórica e iconográfica correta – o decreto lavrado pelo imperador, a imposição das rodelas amarelas pregadas às vestes e o uso dos chapéus que os judeus eram obrigados a usar para se distinguir dos não-judeus – preconceitos antisemitas podem ser detectados no filme: por exemplo, na construção dos tipos judaicos com suas mal-disfarçadas corcundas, suas orelhas e narizes pontiagudos, seus corpos ora muito magros, ora muito baixos, numa representação caricatural do judeu. Destaca-se, nessa construção, a aproximação desse biótipo a um caráter fatalmente corruptor e corruptível, em contraposição às saudáveis crianças não-judias que brincam do lado de fora do gueto de Praga. Em vários momentos do filme, o caráter judaico é posto à prova e, invariavelmente, cai no estereótipo do judeu diabólico, dado a feitiçarias e à magia negra, enganador, avaro e burlador. De acordo com Luiz Nazario, o universo fantástico de magia negra ao qual os judeus estão associados, no filme, aparece como "real" e legitima o imaginário antijudaico, que será reaproveitado mais tarde pelo cinema nazista[20].

19. *Idem, ibidem*, p.136.
20. *Idem*, p.181.

Dentro da cidade de Praga, a representação do gueto remete à vertigem da imagem de uma caixa dentro de uma caixa. O filme de Wegener, por meio principalmente dos recursos estéticos do expressionismo, cria esse efeito em abismo. Nesse estranho mundo, miniaturizado dentro da cidade por um cenário inquietante, vivem aqueles que não foram catequizados ou dominados. Seus muros impedem que esse estranho contamine a cidade; confiná-lo é, pois, de extrema importância. A história do medo no Ocidente passa, certamente, por essa tentativa de cercear, isolar e apartar o outro.

O filme começa localizando o gueto numa velha cidade medieval. Seus traços, recortados no cenário, são de uma cidade tipicamente expressionista: contornos retorcidos, deformados, às vezes orgânicos. Sobre esses muros, um gato preto anuncia um mal-agouro e a evidente prática da magia negra. Dentro dessa cidade, um gueto, e dentro do gueto, uma casa que é exposta em suas entranhas. O caráter orgânico da casa do rabino denuncia sua imponderabilidade: paredes retorcidas como uma labiríntica orelha, escadas que saem de um espaço e que levam para lugar nenhum, torres tremidas e pontiagudas, janelas e portas de formas oblongas e desiguais, sótãos e porões que se apresentam como cavernas, grutas, úteros.

O rabino Loew é uma personagem ambígua neste filme. Ele é caricaturado como um religioso, um astrônomo, um astrólogo, um adivinho, um matemático e um místico. Essas múltiplas características fazem com que os territórios da ciência e da magia não sejam perfeitamente definidos. A prática da magia aliada à prática da ciência, ao mesmo tempo em que cria uma aura de respeitabilidade para o rabino, justifica sua relação condenável com as forças do mal. Sua aparência física não destoa dos outros personagens judeus no filme: roupas amarfanhadas, de aparência pouco higiênica, com o círculo obrigatório para distingui-lo de não-judeus; barbas eriçadas, grosseiras; um ridículo chapéu cônico, também obrigatório. A maioria dos judeus encenados no filme é corcunda, de expressão aquilina e animalesca; são muitas vezes encenados como caninamente servis. O corpo do judeu, tal qual a casa, é apresentada como se algo no seu interior, na sua natureza, fosse deformado, doente, impuro.

Essa aparência doentia e repugnante dos judeus, apresentada no filme, é contraposta à figura dos personagens não-judeus. Todos eles muito garbosos, com roupas lisas, de tonalidades claras, barbeados, atléticos. Asseados e saudáveis, só terão seus corpos degenerados quando arrastados pela "sedução judaica" que, no filme, passa pela configuração da personagem da filha do rabino, entre outras. Muito coquete, Miriam seduz a todos os homens com os quais se relaciona: o empregado, que humildemente a adora; o mensageiro do imperador, que acaba por se tornar seu amante; o pai, que percebe o jogo de sedução da filha e, diante de seu choro, a perdoa; o Golem, que por ela, descontrolado, assassina o mensageiro do imperador. É evidente em suas aparições a insinuação de um duplo estatuto do mal, aquele que lhe é atribuído como próprio às mulheres e outro que lhe é imputado pela sua origem judia.

A lenda do Golem, no filme de Wegener, então, é reinventada e, de forma ambígua, reforça estereótipos e preconceitos. A criação do gigante de argila, assim, torna-se uma fábula de práticas reprováveis. A arte de dar vida às coisas inanimadas, ao contrário da narrativa judaica, é permeada de desvios: invocações a demônios e forças das trevas, consulta aos desígnios da astrologia, uso de varinhas mágicas e círculos esotéricos marcados no chão. O transe do rabino, no momento da evocação demoníaca e outras tantas práticas incomuns ao meio judaico, denunciam sua construção impura. Um dos mais importantes símbolos do judaísmo, a estrela de Davi, de seis pontas, por exemplo, é associada à de cinco, o chamado símbolo de Salomão, identificada às práticas de feitiçaria e magia negra.

O fim do Golem, neutralizado por uma criança não-judia fora do gueto, evidencia-se por meio da desorientação da criatura, atraída por crianças louras e angelicais que, ao contrário dos velhos e mal-cheirosos judeus, conseguem destruí-la ao retirarem de seu peito a palavra da criação. Caído por terra, é, enfim, carregado para dentro do gueto pelos judeus. Declara-se, através dessa cena, o mal inerente atribuído aos judeus que pode ser vencido pela inocência. Esse mal, invariavelmente, recai sobre eles próprios, sendo, portanto, seu estigma, cuidar do corpo inerte do Golem e reinseri-lo no gueto. De acordo com essa perspectiva, a culpa e a responsabilidade de seus infortúnios, emblematizados pela contínua perseguição, pela ameaça de expulsão, pelo confinamento em condições subumanas e até pelo incêndio do gueto e pelo descontrole do Golem, pertence a eles.

O desejo obsessivo de Wegener de representar a lenda do Golem em três filmes não revela uma admiração. A sua tradução em texto fílmico como uma espécie de tentativa de construção de um Golem delineia um reforço à propagação de preconceitos e xenofobias. O diretor, desdobrado em ator, sendo, ao mesmo tempo, criador e criatura, ao encarnar o Golem, acerca-se do mito de forma dissimulada. Se os papéis representados se confundem, a ideologia e a propaganda antijudaica presentes no filme reafirma a dupla *performance* de Wegener, ao reduplicar, em sua obra, estereótipos e caricaturas. Segundo essa perspectiva, acabou-se por criar uma versão que se quer cada vez mais próxima das ideologias racistas, afastando-se da concepção redentora e libertária da lenda judaica.

Referências Bibliográficas

Bilsky, Emily. *Golem! Danger, Deliverance and Art.* Nova Iorque, The Jewish Museum, 1988.

Blanchot, Maurice. "O Segredo do Golem", *O Livro por Vir.* Trad. Maria Regina Louro. Lisboa, Relógio d'Água, 1984, pp. 95-101.

Delumeau, Jean. *História do Medo no Ocidente.* Trad. Maria Lúcia Machado. São Paulo, Companhia das Letras, 1993.

Gross, John. "The Golem – as Medieval Hero, Frankenstein Monster and Proto-computer". *The New York Times*, 4 dez. 1988.

Gustav, Meyrink. *El Golem.* Barcelona, Fabula Tusquets, 1997.

NAZARIO, Luiz. *As Sombras Móveis. Atualidade do Cinema Mudo.* Belo Horizonte, Ed. UFMG/mídia@rte, 1999.

______. *Da Natureza dos Monstros.* São Paulo, Arte e Ciência, 1998.

SCHOLEM, Gershom. *A Cabala e seu Simbolismo.* Trad. Hans Borger e J. Guinsburg. São Paulo, Perspectiva, 1978.

SENKMAN, Leonardo. "La Cábala y el Poder de la Palabra". *Nuevos Aires.* Buenos Aires, ano 3, n. 9, dez.-jan. 1973, pp. 39-48 .

WIENER, Norbert. *Deus, Golem & Cia.* Trad. Leônidas Hegenberg e Octanny Silveira da Mota. São Paulo, Cultrix, 1964.

DE MOSCOU A. . . MARTE

Graciela Ravetti

Começo: fundo de piano e imagem de uma paisagem "natural" atravessada por um mastro e, a seguir, o fogo da industrialização. A natureza, enfim, encurralada pela modernização. Para driblar o pesadelo moderno, Los, o protagonista de *Aelita, a Rainha de Marte* (Aelita, 1924), de Iakov Protazanov[1], o primeiro filme de ficção científica soviético, de dispendiosa produção, baseado no romance homônimo de Alexei Tolstói (1922), e marcado pelo futurismo e

1. Iakov Protazanov começou como ator em 1905 e como diretor em 1909. Até 1917 já tinha dirigido quarenta filmes: épicos históricos, adaptações literárias, melodramas, e outros. Depois da revolução de outubro, deixou a Rússia e, no exílio, continuou a fazer filmes, sobretudo na França. Mais tarde, retornou à Rússia, com o propósito de contribuir na construção da nova "realidade".

Fig. 3: Cenário futurista de Aelita, a Rainha de Marte *(*Aelita, *1924), de Iakov Protazanov.*

pelo construtivismo, cria a cidade de seus sonhos num lugar muito, muito longe: Marte. Inacessível? Não, Los consegue chegar lá, onde Aelita o aguarda, apaixonada, rendida, habitante também de sua própria cidade dos sonhos.

"Ocorre com as cidades", diz Calvino em *As Cidades Invisíveis*, "o mesmo que nos sonhos; tudo o que se imagina pode ser sonhado, mas até o sonho mais inesperado é um enigma que esconde um desejo, ou, pelo contrário, um temor. As cidades, como os sonhos, estão construídas de desejos e de temores, embora o fio de seu discorrer seja secreto, suas normas, absurdas, suas perspectivas, enganosas, e cada coisa esconda outra"[2]. Isso se potencia nas cidades ficcionais, aquelas criadas pela cinematografia ou pela literatura. Às vezes, esses desejos enigmáticos se concretizam, como na *Cidade dos Sonhos* (*Mulholland Drive*, 2001), de David Lynch, em que a cidade sonhada ou aquela na qual acontecem os sonhos-imagens existe só como locação para os processos de subjetivação, sejam esses processos de tomada de palavra pelos sujeitos, sejam do fracasso que acaba na aniquilação ou mesmo na morte. Em outras palavras, essas urbes de delírio são como uma plataforma de lançamento ou de refúgio na marcha à procura de identidade(s). As personagens vão falando e sendo faladas pelas linguagens nas quais se adentram, esperançadas e utópicas ou céticas e distópicas.

Medita-se sobre a cidade como alegoria do pensamento ordenado pela razão universal desde os tempos do *Discurso do Método* de René Descartes. Passando por Sigmund Freud, podemos imaginar a cidade paradigmática, Paris, como ele a via, uma imagem/miragem do inconsciente e do desejo. *O Camponês de Paris*, de Louis Aragon, como diz Pelbar, "descobre, em seu passeio por Paris, uma espécie de subterrâneo da memória e do desejo, em que a cidade, na sua proliferação de objetos, signos e vestígios, remete a um passado, com todos os futuros que ele soter-

2. I. Calvino, *Lãs Ciudades Invisibles*, pp. 57-58.

rou"[3]. É natural chegar até Walter Benjamin (1892-1940), que percebe a imagem da cidade do sonho como uma dobra da cidade real. Para Benjamin na Paris do século XIX reside a coletividade, a multidão, marcada pelas mudanças urbanas sob o signo das trocas de consumo e as construções imaginárias surrealistas.

> A realidade onírica remete aqui ao sonho coletivo, ao sonho do coletivo, ao desejo do corpo coletivo, suas utopias e esperanças abortadas, as miragens e fantasmagorias que o assediam. Os trajetos reais dos personagens na cidade remetem aos trajetos do sonho do coletivo, como se houvesse duas cidades superpostas, uma real, outra imaginária, e a apologia de um trânsito metódico entre elas[4].

A cidade é um depósito e um dispositivo material, concreto, dos sonhos coletivos. Funciona movida pelos desejos que se encontram e se contradizem no conflito entre a singularidade e o coletivo, tão palpáveis na ilusão quanto no desencanto. Uma é a cidade do sonho singular e privado, dos desejos mais secretos e profundos; a outra, sua irmã gêmea, a demoníaca e monstruosa produzida pelos pesadelos do homem, acuado pelos violentos sismos produzidos pela modernização e os projetos políticos e econômicos que o desdenham, esquecem-no, perturbam-no e o isolam. Los, o sonhador melancólico e insatisfeito, é uma dessas máquinas de produzir sonhos corporizados que revelam, também, os sonhos coletivos.

A cidade é uma espacialidade na qual participam as práticas sociais e as simbólicas e imaginárias, emolduradas na paisagem. Acuadas pelas contingências no meio das quais nascem e se desenvolvem, as pessoas projetam e reproduzem seu próprio *habitat* nos territórios da imaginação e andam, órfãs e carentes, procurando representações que dêem sentido e conformem a realidade na qual vivem. Nomear e representar as cidades, ser acolhido ou rejeitado,

3. P. P. Pelbart, *Vertigem por um Fio. Políticas da Subjetividade Contemporânea*, p. 43.
4. *Idem, Ibidem.*

encontrar um espaço que permita desenvolvimentos que as completem, muitas vezes, induz as pessoas a representá-las como os lugares da felicidade ou povoadas de monstros, sinistros e rarefeitos, perigosos e fascinantes. Marte, em *Aelita*, menos que um planeta é uma cidade produto da fascinação anelante e da sensibilidade ofegante de Los e que logo depois se transforma no lugar do pesadelo que o rejeita, que o devolve à Terra, que é o mesmo que dizer que o envia de volta à confusão da Moscou recentemente revolucionária, à domesticidade militante do lar, à constância da perda do lugar de privilégio como intelectual burguês, às multidões sedentas de um lugar ao sol, à pieguice dos novos mitos e imaginários. Moscou entra em qualquer lista de megacidades modernas e no filme é vista como tal: conformada por uma paisagem multicultural e obrigada a dar protagonismo às classes baixas e às culturas rurais que chegam em aluvião. A cidade antiga não é representada nem mostrada em seu esplendor clássico, na suntuosidade dos séculos anteriores, ou na sua grandeza intimidadora, emblemática da época dos czares. Também não nos é trazida em imagens de modernidade ocidental. A cidade modernizada, a nova urbe do século XX, contemporânea ao momento da realização do filme é mostrada como um grão, quase imperceptível, num momento do filme, com uma imagem que poderia ser *Trafalgar Square* em sua plenitude de modernização e ordem dinâmica. O que vemos de Moscou são as ruínas, nem passivas nem dramáticas, em tensão criativa e promissora. Cada tijolo, cada troço do destroço faz parte de um novo começo, o início de uma cidade nova, tão nova que é impossível de representar. Como dar forma a uma cidade cujos alicerces estão sendo aniquilados no trabalho de reconstrução? Em palavras de Michel Serres,

a paisagem resolve as variações sobre a noção de variedade: delgada ou espessa, leve ou pesada, inerte, viva, sensível, social, atingindo os bordes comuns ou separados do ar e do subsolo, nas vizinhanças longínquas ou conectadas do coletivo e do contentamento individual, variedade multiplamente contingente neste sentido, a paisagem equilibra, originalmente para cada subtotal, inúmeras exigências astronômicas, físicas, de história natural e humana, num quadro maravilhosamente singular que por sua vez irradia vias vicinais. Habitamos um lugar interessante dessa variedade, camada reversa de formação demorada, logo dilacerada, quase sempre em farrapos: paisagem tão rara quanto um corpo totalmente construído. Dormimos muitas vezes em suas falhas ou lacunas[5].

A cidade ficcional erige-se no vazio dessas fendas, como uma gramática a partir da qual é possível dizer e significar, e, sobretudo, dizer o que está proibido, falar o que não se deve, trazer à vida o que está morto e enterrado, deixar falar o que já não é, permitir que apareçam os fantasmas e os espíritos das coisas já idas e esquecidas e os espectros dos desejos não cumpridos e recalcados. Eis aqui uma forma possível de falar da condição humana e de suas felicidades e infortúnios para habitar o mundo. Que mundo? Mundos gerados por uma imaginação analógica, imaginação cujo motor parece ser a fantasia informada pelas descobertas científicas e a depressão estimulada pelas faltas e as carências, os desejos contrariados, as ilusões negadas. Imagina-se o que não se tem, deseja-se o reverso do que se conhece, desenha-se o avesso do porto obrigado de permanência.

A cidade tem, em seu âmago, um lado virtual. Pelbar, apoiando-se no que Félix Guattari chamou "Cidade Subjetiva", descarta, nessa virtualidade, o aspecto imaginário, o de sonhos soterrados, o de ideal ou mental. Guattari lhe oferece uma perspectiva interessante, a de pensar a subjetividade "sob o signo da exterioridade". Conclui Pelbar: "Ora, não há coisa mais exterior do que a cidade. *Mil Platôs* chega a sugerir que a cidade é a exterioridade por excelência, ou a forma da exterioridade. Daí porque pensar que a cidade e a subjetividade deveriam ser uma e a mesma coisa, desde que ambas fossem remetidas à dimensão de exterioridade que lhes é comum"[6]. O que Pelbar se pergunta é se ainda é possí-

5. M. Serres, *Os Cinco Sentidos. Filosofia dos Corpos Misturados I*, p. 252.
6. P. P. Pelbart, *op. cit.*

vel achar novos rastros para explorar, caminhos desconhecidos para trilhar. Novas formas de representar? Sonhos visionários, imagens que falam de uma concretude do inconsciente, os desejos mais ocultos se corporizando à vista dos sujeitos, os mundos contraditórios e inquietantes das utopias e distopias "completam" e "suplementam" os mundos – não menos inquietantes – das revoluções sociais e políticas, dos totalitarismos em germe, dos populismos tomando conta dos cenários sociais. E o cinema, pelo menos naquelas primeiras décadas do século, não é a exterioridade por excelência? Não é a máquina perfeita de projetar ao exterior o inconsciente, oculto e recalcado? O cinema e a cidade estão aí para serem lidos e relidos, desestruturados e usufruídos, como sementes e frutos da tentação e do pecado. Em *Solaris*[7] o oceano responde aos desejos do protagonista, Kelvin. Quando o desejo diminui ou desaparece, junto com ele somem os seres objeto desses desejos. A mulher morta de Kelvin, que o oceano revivera para ele, morre toda vez que ele deixa de desejá-la. Também *Aelita*, a mulher marciana, desaparece, levando junto com ela Marte e todos os seus habitantes, quando Los muda a orientação e objeto de seus desejos e obsessões.

Na nova Rússia, na União Soviética que está sendo, nos anos de 1920, um laboratório de biopolítica para o mundo, não se pode falar, por exemplo, de tortura, de multidões esfomeadas, de trabalhadores alienados, de profusão de camponeses chegando nos trens sem saber onde nem por que. Pode-se, sim, projetar tudo para Marte. Em Marte existe a escravidão mais infame, a falta de liberdade de expressão, a coerção do amor, as mulheres liberadas das agruras domésticas, o visual expressionista, a beleza plástica, o estranho como cotidiano. Não se trata só de driblar um problema de censura estúpida, nem de simples autocensura ou de policiamento burocrático. É também um problema

7. Romance de Stanislaw Lem de 1961. O filme homônimo dirigido por Andrei Tarkovski é de 1971.

artístico e de representação: como fazer arte com esses elementos, como estetizar esses novos integrantes do paradigma do cotidiano, como fazê-los entrar na trajetória da arte?

Outro ponto bastante pacífico a respeito deste filme é seu caráter pró-revolucionário já que passou bem pela "patrulha ideológica" da época. No entanto, fica a dúvida, trata-se mesmo de um filme que pode ser classificado como pró-revolucionário? O sucesso imediato de público foi enorme; grandes massas assistiram entusiasmadas às apresentações e isso garantiu certamente um olhar mais benévolo para o filme; mais tarde, quando o cinema soviético já contava com os talentos de figuras como Eisenstein, Pudovkin e Vertov, *Aelita* foi retirada de circulação e silenciada.

Estamos em 1924 na órbita do mundo surrealista, sob a influência do Freud de *A Interpretação dos Sonhos*. A intuição artística é, para muitos, semelhante à que tece os sonhos; o inconsciente é um dos motores da arte e da vida. Não são raros os produtos artísticos que combinam sonho e realidade, arte e revolução. Benjamin comenta como os surrealistas exploraram "as energias revolucionárias que se revelam nas coisas 'antiquadas': nas primeiras construções de ferro, nas primeiras fábricas, nas fotografias mais antigas, nos objetos que começam a sair de circulação"[8]. Foi nesse limo que Franz Kafka (1883-1924) criou sua obra semeada de sonhos narrados. Félix Guattari, em seu ensaio "Os 65 Sonhos"[9], afirma que "o lugar ocupado pelos sonhos no modo de produção da subjetividade kafkiana deve ser realçado. Pois, longe de corresponder a um fechamento sobre si, a um qualquer narcisismo, ele marca uma abertura analítica sobre exteriores insuspeitados, aqueles com um certo 'ar do tempo', encarnando novos gestos e reflexos de um 'socius' cada vez mais submetido ao domínio das burocracias ascendentes"[10].

8. W. Benjamin, "O Surrealismo", p. 109.
9. F. Guattari, "Os 65 Sonhos".
10. *Idem*, p. 15

A percepção de uma divisão inconsciente/consciente separa o sujeito de parte dele mesmo, o cinde, acrescenta-lhe autoconsciência de desdobramento, de ser mais do que um, de estar habitado por um outro temível, imprevisível; de algum modo esse outro está sempre ligado ao *socius*, aos conjuntos, aos grupos. Entre os movimentos de interiorização e os da obrigada exteriorização, o sujeito acaba falando sempre mais do que sabe, não sabe totalmente o que está dizendo, pois um algo a mais da ordem do inconsciente e da determinação ideológica é sempre dito além do formulado, incluso quando se fala para não dizer nada. O *ser* pode ser visto como *dito* por memórias discursivas, imagéticas, contraditórias elas próprias que, enquanto tais, parecem permanecer diretamente inacessíveis para o enunciador, ao mesmo tempo em que são as que determinam "seus" sentidos.

A atmosfera rarefeita do surrealismo expande-se com o aparecimento do cinema e sua brutal ocupação dos imaginários no mundo inteiro. Estamos no momento em que David Wark Griffith, nos EUA, com seus curtas-metragens e, logo, com longas-metragens como *O Nascimento de uma Nação* (*The Birth of a Nation*, 1915) e *Intolerância* (*Intolerance*, 1916), impõe a montagem paralela, o primeiro plano, o monumentalismo, a salvação do herói no último instante, o *travelling*. Todos esses elementos se acumulam e se oferecem como signos passíveis de serem utilizados para representar as mudanças existenciais das pessoas, para possibilitar novos procedimentos de exteriorização. A tela apresenta-se ideal para representar os sonhos mais delirantes: lembremos de *O Campeão* (*The Champion*, 1915) e *O Imigrante* (*The Emigrant*, 1917), de Charles Chaplin; de *O Gabinete do Dr. Caligari* (*Das Kabinett des Dr. Caligari*, 1919), de Robert Wiene; de *A roda* (*La Roue*, 1923) e *Napoleão* (*Napoleón*, 1927), de Abel Gance; de *Ouro e Maldição* (*Greed*, 1925), de Erich von Stroheim; de *O Encouraçado Potenkim* (*Bronenosets Potionkim*, 1925), de Sergei Eisenstein; de *A General* (*The General*, 1927), de Buster Keaton; de *Metropolis* (*idem*, 1927), de Fritz Lang. No expressionista *O*

Gabinete do Dr. Caligari, por exemplo, o epílogo é a tentativa de tranqüilizar o espectador, mostrando que a história toda não passava de um sonho, o delírio de um enfermo, e que Caligari era, simplesmente, um médico do hospital. Mas, a verdadeira inquietação do espectador derivava de ter entrado no campo de visão e de percepção de um "anormal", e visto junto com ele o mundo, e, quem sabe, ter descoberto que essa sensibilidade podia também ser percebida como própria. Anos mais tarde, em 30 de outubro de 1938, Orson Welles dramatizou *A Guerra dos Mundos* (1898), de H. G. Wells (1866-1946), simulando uma invasão real. Pela reação que produziu, o pânico que tomou conta das pessoas, é possível conjeturar o quanto de real e de assustador, no imaginário coletivo e nos imaginários pessoais, o perigo vindo do além e a materialidade que a existência de outros mundos tinha na época.

Na Rússia, Dziga Vertov lançara o manifesto *Cinema-olho* em 1919. Sua teoria, herdeira do programa realista do século XIX, tinha por base o cinema-verdade, e, portanto, não devia contar com atores profissionais nem com nada que implicasse falsidade ou simulacro. O cinema é um olho por meio do qual "eu vejo". O cinema é uma pena com a qual "eu escrevo". O cinema é um sistema organizado de montagem, com o qual "eu estabeleço uma ordem artística". Este movimento não demora em provocar seu avesso: em 1922, surge a Fábrica do Ator Excêntrico (Feks), cujos trabalhos iniciais estavam voltados para o teatro. Em 1924, o grupo passa a fazer cinema com ênfase no repúdio a todo realismo e de estímulo a criações de cunho grotesco informadas pela estética circense, a dos corpos em equilíbrios, dos acrobatas e trapezistas. É o reinado do artificial alheio ao realismo do século XIX. Luzes, atuação, cenários, estavam a serviço do artificioso e simbólico. Desses vetores controversos vão derivar o construtivismo e o cinema de Sergei Eisenstein. Fugindo dos velhos cenários pintados sobre telas, das cenografias tradicionais e burguesas, eles especulam com um mundo de construções de ferro ou madeira, criando um clima tecnológico, sugerindo ao mundo que os soviéticos passavam por um período frenético de construção, mundo de fábricas pesadas e trabalhos coletivos, de imaginação tecnológica e investimentos maciços. Será que, numa atmosfera cultural dessas características, tinha cabimento um personagem sonhar que se escapulia para Marte, por amor a uma estranha rainha?

Desde *A República* de Platão, *Utopia* (1516) de Thomas More, *A Cidade do Sol* (1623) de Thomaso Campanella, a *Nova Atlântida* (1626) de Bacon, deriva uma denominação que já é familiar e até soa ultrapassada no paradigma em elaboração no modernismo, *utopia*, associada à construção ficcional de *cidades e territórios ideais*, réplicas mais ou menos engenhosas de organizações sociais alternativas, superiores e mais perfeitas às conhecidas no cotidiano, portando a condição de quiméricas e inacessíveis, reinantes num tempo que só aceita a conjugação em futuro e não respeita as leis mundanas da humanidade regrada. Entre chegar e não chegar, entre alcançar e fracassar, as noções antagônicas de *utopia* e *distopia* ou *antiutopia* remetem a astuciosos territórios encantados, repletos de riquezas maravilhosas, à região da felicidade eterna, ao paraíso e a suas contracenas ou conseqüências, às cidades infernais, sociedades de ordem inversa, esquivas, terríveis e monstruosas. A utopia pode ser pensada como associada à ficção científica. Northop Frye e Raymond Williams consideraram a ficção científica como a tecnologização da utopia[11]. Distopia denomina o oposto, ou sua conseqüência obrigatória: o mundo atroz das ilusões contrariadas, a cara obscura do paraíso, o lugar onde a miséria mostra sua superioridade e domínio diante da insustentável zona formada pelos sonhos e desejos.

O filme de Protazanov participa de uma longa e prestigiosa genealogia. Dentre os primeiros marcianos da literatura de ficção científica contam-se os protagonistas do já mencionado romance de Wells. Parecidos com polvos cin-

11. Ver o prólogo de Daniel Link na revista *Escalera al Cielo,* 1994, p. 8.

zas, os marcianos de Wells tinham pele dura e um bico, com o qual sugavam o sangue das pessoas[12]. Por sua vez, no *Prólogo* às *Crônicas Marcianas*, de Ray Bradbury, Borges tece uma linha que vai de Luciano de Samósata e sua *História Verídica*, onde descreve os selenitas, passando por Ariosto, Kepler, John Wilkins até chegar a Bradbury. Entre os mais antigos e nós, afirma Borges, existe uma diferença crucial: hoje sabemos da possibilidade das viagens interplanetárias. No mesmo sentido, Stanislaw Lem, autor do clássico *Solaris* (1961), reclama das dificuldades que hoje tem o escritor de ficção científica diante da disseminação da pesquisa científica e a popularização de tantos temas em tantas áreas diversas. "Não sou nem capaz de me familiarizar com todas as novas teorias científicas", desabafa Lem[13]. Eduardo Mendoza, em *La Ciudad de los Prodigios*, diz, a respeito dos imaginários das décadas de 1910 a 1929, sobre temas extraterrestres:

> Nestes anos a existência de seres de outros planetas não era posta em dúvida por ninguém. A esse respeito circulavam as fabulações mais inusitadas, às quais os cientistas não pareciam interessados em pôr fim. Estes seres ou extraterrestres, como logo seriam chamados, cuja versão gráfica parecia ter sido confiada com exclusividade aos ilustradores de quadrinhos, eram representados invariavelmente com corpo de homem e cara de peixe. [...]. A respeito dos visitantes de outros mundos, aos quais o vulgo chamava então genericamente de "marcianos", dava-se por estabelecido que sua inteligência era muito superior à dos terráqueos; suas intenções pressupunham-se pacíficas e, seu caráter, mais para o afável[14].

Distopia cientificista, utopia fracassada, "ficção científica", todos estes conceitos colaboram para ler *Aelita*, uma estrutura de linguagem autosignificante na qual os signos valem por eles mesmos, remetem uns aos outros e a sua capacidade gerativa, entrelaçando a imagem do histórico

12. J. de Paula Assis, "Gripe Matou Marcianos de H. G. Wells".
13. I. Finotti, "Meus Livros vão Desaparecer".
14. E. Mendoza, *La Ciudad de los Prodigios*, pp. 385-386.

com as do arrebatamento tecnológico. A distopia tecnologizada é uma resposta ambígua à violência biopolítica implementada pelo regime governamental da Rússia de 1924. Como um ciborgue, que para Dona Haraway é "um organismo cibernético, um híbrido de máquina e organismo, uma criatura de realidade social e de ficção"[15], o filme projeta imagens de um brinquedo complexo cuja natureza entre o maquínico e o orgânico nos faz adentrar num mundo de subversão e revolta, marcado pela ciência banalizada, as esperanças maquínicas e o enredo melodramático. Esse Marte cyborgiano, essas personagens que olham para nosso mundo, incitam a atos de subjetivização que poderiam alterar as condições de poder existentes, visando certo grau de felicidade. *Eu sou marciano*, parece ser obrigado a formular Los. *Eu sou marciano, porque não posso pertencer a este habitat ao qual estou condenado*, poderia ser uma frase de Los. A intrusão da máquina na subjetividade de Los aparece como um delírio estimulado pela fúria maquínica da época, que domina o ambiente social pós-revolução, e o instiga a reinventar uma natureza na qual a imaginação e a fantasia introduzem o heterogêneo e o imperfeito, a transgressão de limites, o ambivalente e esquisito, a beleza fria do maquínico, a potência futura da industrialização. Mas, tudo isso, a serviço da alienação e des-alienação da personagem.

A leitura política pode ser feita em chave alegórica, de uma gramática que conta uma outra história que, por seus vínculos e ressonâncias laterais, reduplica e soca a história "oficial". No contexto de *Aelita* o "obsceno", o que está fora e teima em entrar e aparecer, é a situação e a falta de sentido da vida de um vasto setor da população (as classes baixas, os marginalizados, os jovens, os desempregados, as mulheres condenadas à vida doméstica, os artistas que pretendem professar numa arte não engajada, os propensos à fantasia).

15. D. Haraway, *Ciencia, Cyborgs y Mujeres. La Reinvención de la Naturaleza.*

Aelita transcorre nos anos de 1921-1923, o período *light* da Nova Política Econômica (New Economic Policy – NEP) de Lênin – no qual se relaxaram os princípios fundamentais do comunismo com o objetivo de revitalizar a economia do pós-guerra. A extinta burguesia sobrevive em personagens ambivalentes como Los, cujas lembranças e experiências não são suficientes para mantê-lo em funcionamento e as expectativas a respeito do presente e do futuro são, no mínimo, imprevisíveis. Utilizando-se da convenção dramática da viagem a outros mundos, o filme deixa sua marca ambígua no repertório de recursos expressivos do novo socialismo e, sobretudo, dos novos tempos do comunismo. Poucos anos depois de *Aelita*, Aldous Huxley, em 1932, escreve seu *Admirável Mundo Novo* e, nas palavras de Raymond Williams, "projeta uma amálgama negra de racionalismo a la Wells e os nomes e frases do socialismo revolucionário, num contexto específico de capitalismo corporativo em constante mudança e próspero[16]".

A correlação sonhos, delírios, desespero, ansiedade e rejeição do "real" contaminam *Aelita* das práticas do melodrama: manipulação dos eventos com o único objetivo de produzir emoções no público; nenhuma preocupação por delinear perfis psicológicos à maneira psicanalítica ou de acordo com o modelo tradicional de caráter; cenografia profusa, artificial e visualmente estilizada, totalmente afastada de qualquer conotação mimética, que impede o espectador de esquecer que se encontra diante de imagens irreais e forjadas: a luz artificial, os ângulos de tomada, as tramas, os closes etc. Melodrama, distopia e "ficção científica", simplificação moral e prática de imaginação negativa, colaborando com essa espécie de "redução do mundo", que é como define Fredric Jameson a utopia, uma "atenuação na qual a rica multiplicidade daquilo que existe, e que nós chamamos de realidade, é deliberadamente enfraquecido e

16. R. Williams, "Utopia and Science Fiction", p. 119-120.

extraído através de uma operação de abstração e simplificação radicais"[17].

Essas estratégias especulativas se relacionam também com uma ambigüidade essencial no movimento de ocupar certos espaços e saber o que fazer neles, respondendo àquele interrogante: o que o Outro quer de mim? A linguagem utópica e sua contracena, a distópica, tanto no cinema quanto na literatura, discurso que "volta" com a mensagem oculta, muitas vezes vem associada, como vimos, à ficção científica, como é o caso do filme *Aelita*, e esse viés genérico impõe aos textos que "captura" sob sua definição, processos mais ou menos específicos de elaboração, de leitura e de decodificação. O termo ficção científica surge em 1926, idealizado por Hugo Gernsback, para dar forma e precisão às narrativas que estava escrevendo na época. Mais tarde, o conceito foi usado para se referir a obras como *Icaromenippus*, de Luciano de Samósata (120 d.C.), às escritas por Ray Bradbury, Arthur Clarke, Isaac Asimov ou às fantasias científicas de H. G. Wells, como *A Máquina do Tempo* (1895), *O Homem Invisível* (1897) e a já mencionada *A Guerra dos Mundos* (1898). Se classificado no gênero, podemos considerar *Aelita* como um filme de especulação poética e imagética que se quer psicológico (embora proceda por redução) por um lado; e maquínico, por outro. Psicológico no que esse filme postula, ainda que tangencialmente, sobre processos de identificação de sujeitos postos em encruzilhadas: a revolução de outubro na União Soviética, nas décadas de 1910-1920, e a crise de organização familiar e afetiva decorrente das mudanças de paradigma subjetivo na época são bons pretextos para esses desenvolvimentos. Psicológico também pela utilização dos sonhos e dos estados psíquicos inexplicáveis e misteriosos que trazem à cena principal lampejos do mundo obscuro e desconhecido que habita nos indivíduos. Maquínico porque,

17. F. Jameson. "World-Reduction in Le Guin: The Emergence of Utopian Narrative", pp. 221-230.

como quase todo filme de ficção científica, a máquina aparece como uma continuação e extensão do humano e impõe sua própria existência. Tanto que o nome Aelita permanece até os dias de hoje, associado a um telescópio. Aelita é o nome da rainha de Marte e seu nome foi dado à planta soviética principal para a conquista do planeta vermelho e hoje Aelita é também o nome de uma família de *software*[18]. Maquínico porque as ações se recortam sobre um fundo de máquinas funcionando – a modernização e a revolução comunista –; maquínico ainda porque máquinas como a nave espacial utilizada por Los para chegar a Marte têm uma presença crucial no filme; maquínico também porque toda a construção ficcional do cenário de Marte permite, ao espectador, perceber o eficaz funcionamento da máquina cinematográfica, o trabalho quase mágico dos realizadores de filmes. Maquínico, enfim, porque o visual de Marte tem inspiração em linhas metálicas e utiliza elementos mais apropriados a máquinas e instrumentos que a elementos de figurino e vestuário. Alexandra Ekster e Isaak Rabinovich foram os artistas da marcianização, tanto no figurino quanto no cenário. O *design* maquínico de *Aelita* é impressionante: raios emanam do chapéu da Rainha; as portas abrem como antecâmaras; a empregada de Aelita usa um vestido desenhado com formas espiraladas que se ajusta perfeitamente à *performance* expressionista que imprime a atriz a seu personagem; Gor, o guarda do planeta, usa tubos plásticos; os guardas parecem robôs, com máscaras e enormes bolas sobre os ombros; as escadas têm percursos em direções contraditórias; as colunas estão desenhadas em arco como costelas; o andar hierático dos Sábios parece revelar novas formas de exercer o poder; arames funcionam como cordas de harpa rodeando pequenas piscinas e irradiando para cima. O telescópio de Gor parece o mastro de um barco

18. Korolev, na União Soviética, teve o mesmo sonho original que Wernher Von Braun: uma expedição equipada a Marte. Ver mais em www.astronautix.com.

no píer, prismas, e triângulos de navegar[19]. Susan Sontag destaca que as coisas, objetos, maquinaria, têm um papel protagônico nestes filmes. As coisas carregam valores e conectam com o ideológico.

A partir da concepção freudiana que situava a identificação no traço que se repete e que liga em conjunto entes amados, desejados e perdidos, a identificação simbólica, na reelaboração lacaniana, é apreendida no traço que unifica o conjunto dos significantes de uma história. Neste caso, temos os significantes que definem um sujeito – Los, como alter ego de Protazanov ou como um simples sujeito pego nos processos de identificação imaginária e simbólica em sua história pessoal-doméstica e a público-revolucionária. Ao mesmo tempo, constatamos a linguagem utópica e sua contraparte ou, melhor, o destino manifesto e fatal de toda visão utópica: a *distópica*. A visão distópica vai acontecer no momento chave que é quando se relaciona a identificação simbólica e o resíduo, o resto, o que foi cindido. A língua (linguagem) do cinema – tal como acontece nas outras línguas-linguagens nas quais o sujeito se enreda – acolhe e dá vazão à alteridade discursiva. O processo de identificação acontece, propriamente, entre duas instâncias inconscientes do sujeito em relação de aliança ou de contradição. Los, entregue a seu caos interior, ao ciúme, às adversidades e à solidão pessoal no novo ambiente social, sentindo a perda e com uma vaga inquietude pela ausência de completude, perde, a um só tempo, o elo social e o elo que o prende a sua amada e objeto do desejo. Sem saber como nem porque ele é capturado por sua própria imaginação febril e desesperada se identifica com imagens que vêm aliadas às novas imagens veiculadas pelo cinema e a literatura de "ficção científica".

Sabe-se, e Benjamin aponta: tudo começou com Edgar Alan Poe: *O Mistério de Marie Rogêt, Os Crimes da Rua Morgue, A Carta Roubada*. Logo Baudelaire adota o gênero e se deixa possuir por Poe. Benjamin conhece os escritos de

19. A. J. Horton, *Fiction of the Domestic Iakov Protazanov's*.

Valéry sobre o assunto, sabe que Valéry concebe Poe como um dos maiores e mais eficazes técnicos da nova literatura. Tentou a narração científica, a cosmogonia moderna, a exposição de manifestações patológicas. Benjamin observa o conteúdo social originário das histórias de detetives na disseminação das pegadas dos indivíduos na multidão da grande cidade. São essas as marcas que ainda permitem perseguir os rastros da individualidade e singularidade dos homens e mulheres anônimos engolidos pela multidão. E isso tem, também, implicância no erótico, no desejo do amor e do privado na intimidade como uma tentativa de inscrever o próprio rastro no meio do anonimato. A invasão de privacidade da multidão no âmbito privado é, freqüentemente, o motivo para o estopim das tramas, tanto as realistas quanto as oníricas ou fantásticas. O romance policial se intertextualiza com novas tecnologias, como as que Benjamin lembra como medidas técnicas que vieram em auxílio do processo administrativo de controle. Foi importante o método Bertillon, que permitiu a determinação pessoal da assinatura; o invento da fotografia que acabou sendo tão decisivo para a criminalística quanto para a imprensa, favorecendo o desenvolvimento da escrita. Existe uma ligação visível entre a ciência, a fotografia, o romance policial e o cenário jurídico, as reivindicações de justiça social e a estabilização das grandes massas. A polícia da *Belle époque* utiliza a técnica fotográfica para suas pesquisas, e a fotografia chamada judicial serviu para fundar, com a colaboração entre a polícia e a psiquiatria, a antropologia criminal, que é o correlato da literatura policial de investigação, seu outro cientificista, aquilo que confere credibilidade à ficção. O conto paradigmático de Poe sobre esta temática, como bem o destaca Benjamin, é "O Homem da Multidão", visto como a radiografia de uma história de detetives. O perseguidor, a multidão, um desconhecido que direciona seu percurso de tal forma que sempre permanece no centro. É alguém que em sua própria sociedade não se sente seguro, deambula sem destino ou causa conhecidos. A diferença entre o associal e o *flâneur* se encurta, os dois são exemplos do estranho no homogêneo, do não produtivo, o sem lugar fixo, o desclassificado, o marginal, literalmente falando. Um homem é tanto ou mais suspeito quanto mais difícil seja encontrá-lo. Daí que o detetive tenha no analista uma figura análoga. Os dois, segundo Lacan, são heróis da modernidade. Lacan define o herói moderno como o sujeito que assume plenamente as conseqüências de seus atos ao contrário dos que insistem em realizar seus desejos sem pagar o preço. Em *Aelita* temos os componentes de mistério e investigação criminal. O crime, o(s) delinqüente(s), a fuga, o equívoco, o mistério, o detetive. E ainda mais, o *flâneur* radicaliza: aquele cujas andanças o levam a. . . Marte.

Tudo começa com um escrito, uma carta, que aparece como transcrição de uma oralidade enigmática surgida de um espaço e de um tempo incógnitos (o incognoscível) e que chega a seu destino – como diria Lacan – como *toda carta* chega a seu destino. Não interessa aqui qual o destinatário que o produtor da carta especificou ou tinha a ilusão de que recebesse essa mensagem. O que interessa é que qualquer um que se encontre no lugar simbólico ao qual foi destinada a carta, esse é o destinatário final e definitivo e é esse o lugar onde a mensagem produzirá seu efeito, em nosso caso, Los. Essa carta, esse recado, vai ser a causa que provoca a identificação errônea que ocorre bem no começo do filme. O que parecia ser, indiscutivelmente para Los, uma mensagem de Marte, que o conduz a ocupar um certo lugar numa rede imaginária, na verdade era. . . um aviso de roda de automóvel! Mas, essa informação, só a teremos no final do filme. Tal mensagem é um ponto opaco que atravessa todo o filme e se coloca como uma fronteira entre "o real" e "o onírico", "o real" e "o fantasioso", entre "a sanidade" e "a loucura". Nós, os espectadores, somos instados a sermos testemunhas da chegada da mensagem, da recepção pelo destinatário. Enquanto as outras pessoas que se encontram no local na hora do aparecimento da mensagem, a recebem com sarcasmo e brincadeiras, sem levá-la a sério, Los sente que ele e só ele é capaz de decodificar o sentido último e definitivo dessa mensagem, e a ela responder. A comunicação vai encontrar sua completude significativa no interior de Los. É o começo da angústia que registra a reação pânica do sujeito diante do excesso de proximidade extrema, insuportável, do objeto. A proximidade de quê? Da massificação obrigatória? Dos novos tempos? Da revolução? Da (des)singularização do sujeito privado?

Kravtsev é o paródico detetive do filme, uma espécie de Cantinflas seguindo as pegadas do oportunista Erlich, munido de uma fotografia de Spiridonov, o colega de Los. Essa fotografia é o ponto forte de sua investigação delirante. Achada no chão de um bar, entrecruza as linhas e as ações das personagens na miragem forjada pelo detetive, criando confusões e embaralhando causas e conseqüências. Alentando as futuras observações de Benjamin, Protazanov faz a paródia de um dos novos imaginários culturais: a pesquisa policial que se alimenta dos resíduos da grande cidade onde as pessoas, aparentemente sumidas na multidão, na verdade vão deixando pistas claras de seus atos, pistas que podem ser seguidas por um "olfato sagaz". Como conseqüência das trapalhadas do detetive e de suas conclusões aleatórias, embora pretensamente causais, três personagens acabam viajando na nave espacial com destino a Marte: Los (disfarçado de Spiridonov), Gusev (o soldado herói, vestido como mulher por causa de um incidente com sua mulher, que não queria deixá-lo viajar e que quase impede sua partida) e Kravtsev (o detetive trapalhão). Os delitos que se enunciam são de ordem diversa: criminal (Los tenta assassinar a esposa num ataque de ciúmes), econômica (os Erlich, corruptos, traidores aos ideais da revolução), conjugal (a mulher de Los sente uma certa atração por Erlich), política (Spiridonov vai para o Ocidente tentando fugir da Revolução). No entanto, a paródia dos novos instrumentais científicos a serviço da investigação policial deixa pairando no ar a sensação de que as novas tecnologias que a modernidade oferece servirão também para fortalecer o estado totalitário, o controle dos cidadãos. Um ex-aristocrata como Los fica temeroso e apreensivo; já um herói que nasceu do povo mais pobre, como Gusev, fica grato e fascinado. Um projeto de detetive, como Kravtsev, ilude-se com a nova profissão, almeja alcançar uma posição de destaque na nova ordem.

Na rede de relações intersubjetivas vamos ocupando lugares nas redes de outros e ocupando posições que nos permitem e nos obrigam a identificações. O olhar da câmara tenta conciliar os modos de representação de um momento histórico, a década de 1920, ou antes, as formas de representação em elaboração desde o fim do século XIX e início do século XX. Formas de representação imbricadas nos gêneros tradicionais da arte ocidental somados àqueles que nascem com o cinema e as vanguardas. Esses modos de representação são artísticos e são políticos. São sociológicos e são psicológicos. As perguntas obrigatórias a que responde um filme como *Aelita* têm a ver com a maneira pela qual seria recebido um produto construído com materiais das vanguardas num momento de pragmatismo político. E, ainda: como seria recebido o drama da individualidade num momento de massificação compulsiva, ainda que tal processo fosse justificado por princípios revolucionários? Talvez para evitar suspeitas incômodas, Protazanov termina o filme com a volta de Los à "felicidade conjugal e doméstica", à sua esposa Natasha, uma autêntica, feliz e realizada revolucionária. Como se tudo isso não bastasse, os três soviéticos conseguem "acender o fogo da revolução" nas paisagens marcianas. Graças a eles, Marte também aderiu à revolução bolchevique. Marte é, desde então, denominado o planeta vermelho, agora com justificativa ideológica.

Lembro-me, aqui, de um fragmento de "Poesia e Capitalismo", das *Iluminações* II, de Walter Benjamin. Ele especula sobre o grande futuro que estava destinado à literatura que se ocupava dos aspectos inquietantes e ameaçadores da vida urbana. Essa literatura tinha uma relação direta com a massa, preocupada com as funções próprias das grandes populações nas grandes cidades, na urbe, na metrópole. Os temas mais prementes seriam: como viver bem num lugar marcado pela massificação; e como a massa pode transformar-se num asilo perfeito que protege o marginal de seus perseguidores. Esse último aspecto está na origem da história de detetives. Diz Benjamin que qualquer que seja o vestígio que o *flâneur* persiga, ele fatalmente o conduziria a deparar-se com um crime; isso coopera com a fantasmagoria da vida de uma metrópole.

Fantasmagoria, ficção científica, melodrama, psicologismo, romance policial, distopia: alguns dos elementos componentes de *Aelita*. Quem sabe não seria possível até detectar, nesse filme, rastros do poeta Maiakóvski, autor do poema "Eu" (traduzido por Haroldo de Campos):

> Nas calçadas pisadas
> de minha alma
> passadas de loucos estalam
> calcâneo de frases ásperas
> Onde
> forcas
> esganam cidades
> e em nós de nuvens coagulam
> pescoço de torres
> oblíquas
> só
> soluçando eu avanço por vias que se encruz-
> ilham
> à vista
> de cruci-
> fixos
> polícias

Neste poema ressoa o drama do indivíduo no pesadelo das cidades? Ou, também, do *performer* Maiakóvski, militando violentamente por uma ordem onde o artístico e o político fossem uma única revolução?

Afinal, a cidade está destinada, por definição, a ser um lugar onde viver, habitar; um espaço onde o homem acaba achando um lugar para residir e a partir do qual elaborar sua própria vida, sua via-crúcis particular e ao mesmo tempo compartilhado, na qual o eu avança por vias que se *encruzilham*. Los, nosso protagonista alienígena, acaba acordando de seu sonho urbano de visitar mundos (im)possíveis, para descobrir que sua vida "autêntica", tal como prescreve o catecismo comunista, é e deve ser na cidade de Moscou – revolucionada e revolucionária –, junto à sua mulher – doméstica e militante –, sem arroubos surrealistas nem delírios do inconsciente "burguês". A utopia – pretende demonstrar Los –, esteve o tempo todo aí mesmo, morando ao lado, e ele não percebera. Eis a tremenda ironia do filme: um piscar de olhos e um sinal para cima.

Referências Bibliográficas

BENJAMIN, Walter. *Obras Escolhidas*. São Paulo, Brasiliense, vols. I e II, 1986 e 1989.

_____. "O Surrealismo", *Documentos de Cultura, Documentos de Barbárie. Escritos Escolhidos*. Seleção e apresentação de Willi Bolle, trad. Celeste Ribeiro de Sousa *et al*. São Paulo, Cultrix/Edusp, 1986.

BORGES, Jorge Luis. "Prólogo", *Crónicas Marcianas*. Buenos Aires, Minotauro, 1970.

CALVINO, Italo. *Las Ciudades Invisibles*. Madrid, Siruela, 2000.

CAVALCANTI, Ildney. *A Distopia Feminista Contemporânea: Um Mito e uma Figura*. In: http://www.amulhernaliteratura.ufsc.br/artigo–ildney.htm, ativo em 16.2.2003.

ECO, Umberto. "Os Mundos de Ficção Científica", *Sobre os Espelhos e outros Ensaios*. Trad. Beatriz Borges. Rio de Janeiro, Nova Fronteira, 1989.

GATTARI, Félix. "Os 65 Sonhos". *Folha de S. Paulo*, Mais!, São Paulo, 16 fev. 2003, pp. 10-15.

HARAWAY, Dona. *Ciencia, Cyborgs y Mujeres. La Reinvención de la Naturaleza*. Madrid, Cátedra, 1995.

HORTON, Andrew J. "Fiction of the Domestic Iakov Protazanov's". *Central Europe Review*, 2 (1), 10.1.2000, in: http://www.ce-review.org/00/1/kinoeye1–horton.html, ativo em 13 jan. 2003.

JAMESON, Fredric. "World-Reduction in Le Guin: The Emergence of Utopian Narrative". *Science Fiction-Studies*, 2 (1975): 221-230.

FINOTTI, Ivan. "'Meus Livros Irão Desaparecer', diz Lem". *Folha de S. Paulo*, Ilustrada, São Paulo, 22 fev. 2003, p. E-3.

LACAN, J. "L'instance de la lettre dans l'inconscient", *Écrits*. Paris, Seuil, 1966.

LINK, Daniel. *Escalera al Cielo. Utopía y Ciencia Ficción*. Buenos Aires, La marca, 1994.

MENDOZA, Eduardo. *La Ciudad de los Prodigios*. Barcelona, Seix Barral, 1993. (Colección Biblioteca Breve)

PAULA ASSIS, Jesus de. "Gripe Matou Marcianos de H.G. Wells". *Folha de S. Paulo*, Ciência, São Paulo, 4.7.1997.

PELBART, Peter Pál. "Cidade, Lugar do Possível", *Vertigem por um Fio. Políticas da Subjetividade Contemporânea*. São Paulo, Iluminuras, 2000.

SERRES, Michel. *Os Cinco Sentidos. Filosofia dos Corpos Misturados I*. Trad. Eloá Jacobina. Rio de Janeiro, Bertrand Brasil, 2001.

SONTAG, Susan. "La Imaginación del Desastre", *Contra la Interpretación*. Barcelona, Seix-Barral, 1984.

WILLIAMS, Raymond. *Utopia and Science Fiction*; PARRINDER, P. (ed.). *Science Fiction*. Londres/Nova Iorque, Longman, 1979. In: LINK, Daniel, "Teoría Política: Utopías en la Ciencia Ficción", *op. cit.*

ZIZEK, Slavoj. *¡Goza tu Síntoma! Jacques Lacan Dentro y Fuera de Hollywood*. Buenos Aires, Nueva Visión, 1994.

BERLIM, CIDADE MODERNA

Elcio Cornelsen

Quando decidimos analisar a minissérie de TV *Berlim Alexanderplatz* (*Berlin Alexanderplatz*, 1980), do cineasta alemão Rainer Werner Fassbinder (1946-1982), notamos de imediato a gama de possibilidades de reflexão que tal obra suscita. Baseada no romance homônimo de Alfred Döblin (1878-1957), publicado em 1929[1], a minissérie de Fassbinder mantém uma relação direta com seu pré-texto. Trata-se, aqui, de uma cidade imaginária de "segundo grau": Berlim agiganta-se como cidade imaginária do cinema, construída a partir de um referencial da cidade imaginária da literatura. Tal fato nos impele a levar em conta dois aspectos fundamentais: o papel de Berlim no romance de

1. *Berlin Alexanderplatz. Die Geschichte vom Franz Biberkopf* é o único romance de Alfred Döblin.

Fig. 4: Cartaz original do filme Berlim Alexanderplatz (1931).

Döblin e a construção de Berlim no filme de Fassbinder. Nosso intuito é entender o funcionamento de imagens no cinema e na literatura[2], investigando de que forma se estabeleceram as transposições intersemióticas de textos de códigos diversos, no nosso caso, de um texto verbal para um texto visual, que nos auxiliariam a reconhecer a arquitetura da Berlim imaginária no filme de Fassbinder. A aproximação entre cinema e literatura pode dar-se tanto pelo viés dos modos de se "dividir" o tempo quanto pelo viés da visibilidade, quer dizer, "do predomínio de um caráter imagético de certas descrições"[3]. Dada a natureza do objeto e do recorte temático que a arquitetura da cidade moderna requer, privilegiaremos esta última.

Aos catorze anos de idade, Fassbinder travou o primeiro contato com a obra-prima de Döblin. Embora tenha considerado o romance monótono, abandonando-o após ter lido cerca de um terço da obra, Fassbinder admitiu, alguns anos mais tarde e após nova leitura, que o romance de Döblin o influenciou profundamente, pois adquiriu para ele "um grande significado quase existencial"[4]. Franz Biberkopf, o protagonista do romance, teria se tornado, a partir de então, uma espécie de duplo literário de Fassbinder, tanto que o cineasta deu a alguns protagonistas de seus filmes o nome do anti-herói da obra de Döblin: Franz é o protagonista de *O Amor É mais Frio que a Morte* (*Liebe ist kälter als der Tod*, 1969), *Os Deuses da Peste* (*Götter der Pest*, 1969/1970) e *O Direito do mais Forte* (*Faustrecht der Freiheit*, 1974)[5]. Mas, sem dúvida nenhuma, foi o princípio estilístico empregado por Döblin, baseado nas técnicas de montagem e colagem, que des-

2. A partir de categorias adotadas por César Guimarães, como "representação" (literatura) e "apresentação" (cinema). Cf. C. Guimarães, *Imagens da Memória: Entre o Legível e o Visível*, p. 27.

3. *Idem*, p. 141.

4. R. W. Fassbinder, *Der Film Berlin Alexanderplatz*, p. 6. (Trad. do autor).

5. Cf. K. Vetter (org.), *Rainer Werner Fassbinder 1946-1982*, pp. 12 e 23.

pertou o interesse de Fassbinder pela obra. Conforme suas próprias palavras nos revelam:

> A linguagem em *Berlim Alexanderplatz* é influenciada pelo ritmo dos trens expressos, que passavam diante do gabinete de Alfred Döblin, e que ainda passam por lá. A linguagem é marcada por coisas como essas, na maioria, ruídos da grande cidade, com seus ritmos específicos e sua loucura incessante em um eterno ir e vir. E da vida consciente em uma grande cidade, em um alerta constante diante de tudo o que realmente significa viver em uma cidade, surge também, sem dúvida, a técnica de colagem, que Döblin emprega aqui, um dos poucos romances de grande cidade que há. Viver em uma grande cidade implica a mudança contínua da atenção para sons, imagens, movimentos. Os meios do princípio narrativo adotado mudam, de modo semelhante, como muda o interesse de um habitante atento de uma grande cidade, sem que este, assim como a narrativa, perca a referência de si mesmo como seu centro[6].

No romance *Berlim Alexanderplatz*, ao invés de uma narrativa linear, entra em cena um estilo comparável ao da montagem no cinema. A grande cidade é montada por meio de um emaranhado de textos que se entrecruzam na história do protagonista Franz Biberkopf. A montagem como técnica literária baseia-se no processo de integração de textos literários com textos considerados extraliterários (por exemplo, manchetes de jornal, textos publicitários, impressos, documentos históricos) ou com citações ou paráfrases de outros textos literários. O autor-narrador que adota esse princípio surge como artesão, um montador que realiza o processo de criação por meio de diversos materiais, em que sua "fantasia" trabalha a partir de "fatos" textuais, e não exclusivamente por meio do "gênio" criativo do autor.

Döblin concebeu o romance *Berlim Alexanderplatz* como uma obra que deveria apresentar um panorama berlinense na República de Weimar. A imagem de Berlim surge por meio da montagem de inúmeros fragmentos da realidade cotidiana: trechos de relatórios da Bolsa de Valores,

6. R. W. Fassbinder, *op. cit.*, p. 6. (Trad. do autor).

publicações oficiais, anúncios, reclames, murais, prospectos cinematográficos, cartas de presidiários, estudos estatísticos, notícias locais, artigos extraídos de enciclopédia, sucessos musicais da época, canções marciais, previsões do tempo, matérias sobre escândalos, itinerários de bondes, citações e paráfrases do texto bíblico. O emprego de tais recursos literários faz com que o texto incline-se para imagens, as quais referem-se ao universo do cinema, do rádio e da imprensa. O desemprego, a atmosfera de pequenos bares, e o submundo do crime compõem o enredo. E isto se deve ao próprio espaço circunscrito da Alexanderplatz e arredores, como podemos apreender da seguinte descrição feita por Walter Benjamin:

> O que é, em Berlim, Alexanderplatz? É o lugar onde, nos últimos dois anos, têm ocorrido as transformações mais violentas, onde escavadeiras e bate-estacas têm trabalhado incessantemente, onde o chão tem estremecido sob o impacto de seus golpes, e sob o das filas de ônibus e metrôs, onde se têm escancarado, mais profundamente do que em qualquer outro lugar, as entranhas da grande cidade, onde se têm aberto à luz do dia os pátios dos fundos em torno da praça Georgenkirch, e onde quarteirões intactos da última década do século passado se têm conservado mais silenciosos que em outros lugares, nos labirintos em torno da rua Marsilius (onde se comprimem, em cortiços, as secretarias da Polícia de Estrangeiros) e da rua Kaiser (onde as prostitutas, à noite, costumam fazer o "trottoir"). Não é um bairro industrial. Há, sobretudo, comércio e pequena burguesia. E seu lado sociológico negativo: os marginais, acrescidos dos contingentes dos desempregados[7].

Nos anos de 1920, a Alexanderplatz era uma praça que representava o ponto de cruzamento dos proletários que viviam na parte oriental da cidade. Um deles é o ex-presidiário Franz Biberkopf, que, após ter cumprido quatro anos de reclusão por espancamento seguido de morte de sua namorada e prostituta, quer recomeçar a vida como homem honesto. No entanto, o submundo o atrai. Por três

7. W. Benjamin, "Crise do Romance", p. 128.

vezes Biberkopf é atingido por "golpes do destino" que o destroem, até que ele, em um lance inusitado, acaba indo parar em um manicômio, onde morre e, ao mesmo tempo, renasce como um novo Franz Biberkopf.

A linguagem de *Berlim Alexanderplatz*, que tanto impressionara Fassbinder, está intrinsecamente ligada ao meio, à grande cidade, o berço da técnica que exige do olhar do poeta uma nova forma de apreensão diante da multiplicidade de imagens e sons e uma nova forma de expressão da avalanche dessas imagens em movimento incessante. E Berlim era – e mais do que nunca ainda o é – justamente esse meio por excelência. Chamada por uns de "cidade-jornal" – representada pelo monopólio das editoras Mosse, Ullstein e Scherl no âmbito da imprensa – e "cidade-rádio" – pela presença das emissoras Der Deutsche Rundfunk (O Rádio Alemão), Die Berliner Funkstunde (A Hora do Rádio Berlinense) e Die Deutsche Welle (A Freqüência Alemã)[8], a então capital da República de Weimar também era a "cidade-cinema", tendo a companhia cinematográfica UFA–Universum Film AG e as salas de cinema Palast am Zoo e Kapitol como suas maiores representantes[9], sem esquecer também da "cidade-literatura" e da "cidade-arte", a "encarnação extrema da modernidade"[10] com seus movimentos e grupos vanguardistas que tanto agitavam o cenário cultural de Berlim.

O mundo da técnica é, pois, um fator decisivo para a elaboração do princípio estilístico na obra de Döblin, a qual inscreveu o seu nome no grupo daqueles romancistas que se destacaram nas primeiras décadas do século XX por terem empregado novas técnicas no processo de representação da realidade urbana, como James Joyce e John dos Passos. O próprio Döblin postulara, em 1913, o conceito de *Kinostil* (estilo cinematográfico) como marca de sua teoria do ro-

8. Cf. P. Huynh, "Cidade-rádio, Cidade-jornal", p. 136 e ss.
9. Cf. P. le Moal, "A UFA, o Cinema e o Dinheiro", p. 127 e ss.
10. Cf. L. Richard (org.), *Berlim, 1919-1933. A Encarnação Extrema da Modernidade*, *op. cit.*, 1993.

mance, adequada às transformações do mundo moderno. No manifesto literário *An Romanautoren und ihre Kritiker. Berliner Programm* (*Aos Romancistas e seus Críticos. Programa Berlinense*)[11], publicado na revista expressionista *Der Sturm*, Döblin propõe uma reflexão sobre um dos fundamentos da literatura: a capacidade de emitir imagens por meio de palavras. Döblin concebia o estilo cinematográfico (*Kinostil*) como um estilo realizado a partir da despersonalização (*Depersonation*) do autor, despojado de qualquer psicologismo (*Psychologismus*), e tendo como alicerces a fantasia cinética (*kinetische Phantasie*) – na representação das mais diversas sensações – e a fantasia factual (*Tatsachenphantasie*), que, necessariamente, atrelaria a criação à realidade empírica[12]. A realidade imagética, na teoria de Döblin, deve ser abstraída a partir da realidade discursiva. Diferente do realizador que registra as imagens por meio da câmera, o escritor dispõe, em princípio, da realidade discursiva, ou seja, da linguagem em si e de toda uma gama de produções discursivas, nas quais estão fixadas as mais diversas imagens que compõem tanto os vários registros da realidade empírica como o incomensurável arquivo da tradição fixada pela escrita. O mundo apresenta-se a Döblin como um mundo de linguagens e textos, que impele o romancista a renunciar à linearidade. A disposição de uma "memória coletiva" de textos sob influência lingüística, cultural e histórica faz com que a técnica de montagem literária delimite espacialmente a linguagem, a memória, a psique como uma cidade de palavras e textos, transformando o espaço textual em espaço urbano.

O cinema não foi o único meio não-literário que influenciou Döblin, mas também o rádio e seus novos efeitos acústicos, além das colagens dadaístas de Kurt Schwitters (1887-1948), que, assim como Döblin, também pertencera

11. Cf. A. Döblin, "An Romanautoren und ihre Kritiker. Berliner Programm (1913)", p. 119 e ss.
12. Cf. E. Cornelsen, "O Conceito de 'Kinostil' e o Princípio da Montagem no Romance *Berlim Alexanderplatz*, de Alfred Döblin", p.199.

ao círculo literário expressionista Der Sturm. A inserção no romance de trechos de canções populares, sucessos do rádio na década de 1920, canções marciais, e a colagem de impressos, como trechos de jornal, prospectos, itinerários da companhia de transportes de Berlim, entre outros, formando aquilo que Anatol Rosenfeld chamou de "a confusão da nova Babel"[13], certamente, influenciou Fassbinder na forma como ele "traduziu" o romance para a tela, ou seja, na terminologia de César Guimarães, como ele tornou o "legível" "visível"[14], mesmo quando este "legível" se fundamentava em "imagens" sonoras. Como vimos, o próprio princípio estilístico da obra de Döblin contém em seu cerne o elemento que o aproxima indubitavelmente do cinema: a palavra que se propõe imagem. A autenticidade – bem ao gosto da Neue Sachlichkeit (Nova Objetividade), tendência dominante no meio literário alemão no fim da década de 1920 – surge em forma de inúmeros "fragmentos" da cidade, fragmentos sonoros e visuais, ora dissonantes ora ressonantes entre si. Berlim se impõe em um processo de devir, é um "megafone"[15], como bem aponta Walter Benjamin em relação ao emprego do dialeto berlinense como elemento constitutivo da imagem da cidade. Além disso, a Berlim döbliniana é construída a partir de um emaranhado de imagens que, aparentemente, não se relacionam entre si, mas que, em sua própria arquitetura, acabam simulando a dinâmica da grande cidade, à qual se atrela o destino de Biberkopf, ponto de cruzamento desse emaranhado visual e acústico.

Não há dúvida que o projeto de filmagem do romance *Berlim Alexanderplatz*, obra saudada por Walter Benjamin como "um monumento a Berlim"[16], significou um grande desafio para Fassbinder. Embora já houvesse adquirido experiência ao adaptar outras obras, como as peças de teatro *Pioneiros em Ingolstadt* (*Pioniere in Ingolstadt*, 1970), de

13. A. Rosenfeld, "A Confusão de Babel: Alfred Döblin", p. 171.
14. C. Guimarães, *op. cit.*, p. 66.
15. W. Benjamin, *op. cit.*, p. 128.
16. *Idem, ibidem.*

Marieluise Fleißer, e *Encruzilhada de Bestas Humanas* (*Wildwechsel*, 1972), de Franz Xaver Kroetz, e os romances *Effi Briest* (*idem*, 1972/1974), de Theodor Fontane, e *Bolwieser* (*idem*, 1976/1977), de Oskar Maria Graf[17], o romance de Döblin impunha-lhe outras dificuldades, geradas pela própria essência da obra: como se basear na narrativa literária de Döblin, próxima ao domínio das imagens, para construir uma narrativa cinematográfica que pudesse dar conta imageticamente dessa Berlim bruta e, ao mesmo tempo, pulsante? A primeira filmagem do romance, dois anos após seu lançamento, em 1931, funcionava como uma espécie de alerta às possíveis críticas que estariam por vir. Guardadas as devidas proporções entre o meio cinematográfico do final da década de 1920 e início da década de 1930, ou seja, nos primórdios do cinema sonoro, e o contexto do Cinema Novo Alemão nas décadas de 1970 e 1980, podemos dizer que a mesma cobrança que recaíra sobre o cineasta Phil Jutzi (1896-1946) no intuito de reproduzir fielmente a atmosfera de *Berlim Alexanderplatz* a partir de seu potencial estilístico atingiria também a Fassbinder. Jutzi foi contratado como diretor, que, naquela época, desfrutava a fama de ser o principal realizador do cinema proletário realista, sobretudo pela direção do filme mudo *A Viagem de Mamãe Krausen ao Paraíso* (Mutter Krausens Fahrt ins Glück, 1929), baseado nos contos de Heinrich Zille (1858-1929), famoso pintor, desenhista e retratista do meio proletário berlinense nas primeiras décadas do século XX. A expectativa criada em torno da primeira versão cinematográfica do romance surgiu do fato de que os críticos, ao reconhecerem a sua potencialidade visual que sugere o efeito de simultaneidade, apesar da linearidade do signo lingüístico, acreditavam ser possível sua transposição para um outro meio semiótico. A fotografia, segundo Döblin, deveria refletir a atmosfera e a cor local da Alexanderplatz e arredores. Outro aspecto fundamental, possibilitado pelo advento do filme

17. Cf. K. Vetter (org.), *op. cit.*, pp. 17, 18, 20 e 26.

sonoro, seria o emprego do dialeto como aspecto autêntico local. Um terceiro fator destacado pelo autor seria a possibilidade de se unir imagem visual e imagem sonora, criando uma trilha que acompanhasse o destino de Biberkopf e marcasse por meio de sons o estado de ânimo da personagem. No entanto, a recepção do filme sob direção de Phil Jutzi, que contara com um roteiro do próprio Döblin, escrito em parceria com Hans Wilhelm (1904-1980), e com o então astro Heinrich George (1893-1946) no papel principal, foi marcada pelo tom de crítica. Aquela "resplandecente e avassaladora fita de imagens, o filme em palavras *Berlim Alexanderplatz*"[18], como Herbert Ihering havia definido o romance logo após sua publicação, ou mesmo a impressão de Friedrich Muckermann ao afirmar que a leitura do romance apontava para "um filme que realmente se desenrola"[19], não se concretizou de acordo com a expectativa gerada. Em uma resenha, o sociólogo, teórico e crítico de cinema Siegfried Kracauer (1889-1966) expressou o seu desapontamento perante a realização cinematográfica que, na sua opinião, deixou de aproveitar elementos que se adequariam perfeitamente ao cinema, tornando a história de Franz Biberkopf uma mera "fábula do submundo do crime" ao estilo dos filmes policiais:

> Não obstante Döblin ter colaborado e de Phil Jutzi ter assumido a direção, ele (i.e. o filme) tornou-se um compromisso: um compromisso entre as possibilidades fílmicas do romance e as exigências da indústria cinematográfica ou do suposto gosto do público. O caso é tão mais instrutivo, pois o romance de Döblin ofereceu a chance de criar um filme que transmite epicamente situações. Perdeu-se essa oportunidade, e o amplo tecido de associações [...] tornou-se uma estreita fábula do submundo, como é apresentada de costume. Recordo-me da cena do matadouro no romance, de suas várias passagens que, aparentemente, não teriam beneficiado a ação, mas que, na realidade, elas próprias também eram ação. Todas elas foram desprezadas, não obstante o fato de que o filme deveria ter sido

18. H. Ihering, *Berliner Börsen-Courier*, p. 227. (Trad. do autor).
19. F. Muckermann, *Der Gral 25*, p. 257. (Trad. do autor).

fundamentado a partir delas [. . .]. Tudo porque o público quer ver as estrelas prediletas, em seu centro figura Heinrich George e não a multidão na Alexanderplatz. Resumindo, uma seqüência de concessões compromete o projeto, e puramente através do poder das relações faz-se de uma obra de literatura, que tende ao filme, um filme que dela se afasta, sem, com isso, ser útil a si mesmo[20].

A crítica de Kracauer recaiu sobre a *Allianz-Film*, de propriedade de Arnold Pressburger, que quis aproveitar o êxito comercial obtido pelo romance, assim como já o fizera a *Berliner Funkstunde* ao lançar a peça radiofônica *Die Geschichte vom Franz Biberkopf* (*A História de Franz Biberkopf*) em maio de 1930, contando com Heinrich George como voz para o papel principal. O filme resultou em um produto extremamente modificado em relação a seu modelo. Por um lado, a redução se fez patente – assim como já ocorrera com a peça radiofônica –, uma vez que o material do romance só poderia ter sido adaptado ao tempo do filme, caso fosse extremamente resumido. Vários elementos que dizem respeito ao contexto sócio-histórico de emergência e ao princípio estilístico da montagem foram deixados de lado. O que se colocou em primeiro plano foi uma espécie de "estória policial" que poderia ser facilmente absorvida pelo público. Para a maioria da crítica, tratou-se, portanto, de um "empobrecimento" do romance em relação à sua versão filmada. Nem parecia que se estava transpondo para o meio cinematográfico uma obra de vanguarda. Pois ela foi esvaziada naquilo que mais tinha de vanguardista: o princípio estilístico da montagem. "Desmontado", restou apenas o esqueleto, uma pálida "história" de Heinrich George, ou melhor, Franz Biberkopf. Certamente, foram os desejos de ver a obra filmada e a oportunidade de ganho financeiro que levaram Döblin não só a aceitar as modificações, como ser o seu co-autor. A diferença de lin-

20. S. Kracaueregfried, "Literarische Filme", *Die Neue Rundschau*, Jg. 42, 12.12.1931, Heft 12, pp. 859-861, *apud* K. Tebbe e H. Jähner (orgs.), *Alfred Döblin zum Beispiel. Stadt und Literatur*, Berlin, Elefanten, 1987.

guagem entre os meios literatura e cinema fez com que modificações fossem inevitáveis, sobretudo se considerarmos que o cinema sonoro ainda era muito recente e as inovações, relativamente limitadas. Não se pode dizer que a técnica cinematográfica tenha desempenhado um papel nesse "empobrecimento". O que faltou, provavelmente, foi o interesse de Döblin, ou mesmo dos produtores, de usarem uma técnica mais adequada que pudesse fazer jus ao que de melhor traz o romance. Mas, certamente não foram apenas as diferenças decorrentes do meio de expressão ou das técnicas a serem empregadas os únicos fatores que produziram um distanciamento entre a versão cinematográfica e o romance *Berlim Alexanderplatz*. O processo de adaptação acabou por impor uma recriação do "original" que conduziu a uma nova interpretação ou mesmo síntese do tema, de modo que houvesse um certo "esvaziamento" do tema político na versão filmada. Sendo assim, Döblin teve de curvar-se diante dos interesses dos representantes da *Allianz-Film* que optaram por uma versão menos "politizada", temendo distúrbios como os que haviam sido promovidos em Berlim por membros das *Sturmabteilung* (*Tropa de Assalto*), organização paramilitar nazista, durante o lançamento da filmagem americana do romance *Nada de Novo no Front* (*Im Westen nichts Neues*, 1929), de Erich Maria Remarque (1898-1970), um dos principais representantes do pacifismo na República de Weimar[21]. Aliás, vale a pena lembrar que *Berlim Alexanderplatz* foi uma das obras queimadas pelos nazistas em maio de 1933, difamadas como "literatura de asfalto" ("Asphaltliteratur").

Uma das razões pelas quais a maioria dos críticos considerou o filme de Jutzi um experimento fracassado aponta a falta de uma atmosfera berlinense autêntica. Georg F. Salmony considerou que o filme não é propriamente

21. Cf. G. Sander, *Alfred Döblin. Berlin Alexanderplatz*, Stuttgart, Reclam, 1998, p. 232.

um filme berlinense, e esta falha de construção, esse desvio do romance rompeu-lhe a força interior. Mesmo quando a câmera freqüentemente fixa a Alexanderplatz, a partir de uma visão aérea, e penetra os fossos das obras do metrô, Berlim permanece aqui, afinal de contas, apenas um dado cênico[22].

Não obstante a crítica, em relação à imagem da grande cidade, vale a pena ressaltarmos dois pontos altos no filme de Jutzi, que justamente contradizem a interpretação de Salmony de que Berlim seria apenas "um dado cênico": a cena da saída de Biberkopf da prisão e a cena em que o ex-presidiário está tentando recomeçar sua vida em Berlim, vendendo prendedores de gravata próximo à estação de metrô Alexanderplatz[23]. Ambas as cenas são construídas a partir de tomadas externas, o que inegavelmente releva a riqueza do filme de Jutzi enquanto cena autêntica de um mundo que não existe mais. A cena da libertação de Biberkopf é iniciada com as tomadas dos muros da Penitenciária de Tegel, seguida pela construção com as janelas das celas, o enfoque da placa de identificação da instituição penal, até chegar ao portão, por onde sai Biberkopf. Cumprimentado pelo guarda, o recém-liberto hesita em pisar fora dos muros da Penitenciária de Tegel, querendo até mesmo voltar para dentro da prisão, mas, num ímpeto, cruza a praça e entra no bonde nº 4 802 que o "carrega" dali rumo ao coração da cidade. Ocorre, então, uma alternância de tomadas da dianteira do bonde, onde Biberkopf está de pé, próximo à porta, expressando até mesmo medo em olhar para fora, e dos trilhos do bonde em meio a uma alameda. A paisagem vai mudando, na medida em que o tráfego vai se adensando ao chegarem no centro da cidade. Surgem canteiros de obras junto aos trilhos. Em meio a um trânsito intenso, Biberkopf salta do bonde e corre para

22. Gerog F. Salmony, *B. Z. am Mittag*, de 9.10.1931, *apud* G. Sander, *op. cit.*, p. 236. (Trad. do autor).

23. Cf. P. Jutzi, *Berlin Alexanderplatz. Die Geschichte vom Franz Biberkopf* (vídeo).

um pátio desconhecido. Toda a cena é acompanhada por uma música dissonante que aumenta a tensão, expressa no rosto de Heinrich George, ainda na melhor escola do cinema mudo, pois a cena transcorre sem qualquer intervenção verbal, com exceção do guarda que se despede do ex-detento. A cena corresponde à cerca de duas páginas no romance[24] e apresenta plenamente a atmosfera de medo, descrita pelo narrador, que envolvia Biberkopf naquele momento em que ele, no seu modo de ver, estava deixando a vida "conhecida" da prisão para uma vida incerta nas ruas de Berlim. A cena da venda de prendedores de gravata se inicia com Biberkopf apregoando sua mercadoria, seguido por uma série montada de tomadas da multidão em plano geral, passando, então para tomadas de indivíduos no meio da multidão em primeiro e primeiríssimo plano, volta a enfocar o ator, e depois a rua, obras do metrô, um bonde passa, pessoas saem da estação Alexanderplatz, os operários das obras do metrô, uma tomada aérea da praça, transeuntes, outro bonde cruza a rua, a namorada Cilly chega e espera por Biberkopf, uma composição do metrô passa sobre uma ponte, novamente as obras de ampliação da estação Alexanderplatz e, por fim, operários descansando. Deste modo, Jutzi acaba reproduzindo, mesmo que apenas nesta passagem, um efeito que os textos montados no romance suscitam: a relativização do indivíduo perante a grande cidade. Biberkopf é apenas mais um neste contexto. A cidade está ali, dinâmica, sendo revirada em suas entranhas, com a ferida aberta na Alexanderplatz, e um daqueles milhares de destinos que a cruzam diariamente ou que buscam seu sustento junto a ela, é justamente o destino de Biberkopf. Aliás, a praça, nas palavras de Walter Benjamin, "rege o seu destino. Um regente cruel, se se quiser, de poderes ilimitados"[25].

24. Cf. A. Döblin. *Berlim Alexanderplatz. A História de Franz Biberkopf*, pp. 9 e s (na versão original alemã, pp. 8 e s).
25. W. Benjamin, *op. cit.*, p. 128.

Retornando a Fassbinder, devemos nos indagar, então, a respeito de suas intenções e possibilidades técnicas ao basear seu filme na obra de Döblin. A longa duração da série para TV *Berlim Alexanderplatz*, contendo treze capítulos e um epílogo, num total de aproximadamente quinze horas de duração, possibilitou a Fassbinder uma proximidade maior com o romance, de modo que, de início, tal fato não daria margem para críticas como "empobrecimento" ou mesmo "esvaziamento" do enredo e das possibilidades técnicas, as quais atingiram o trabalho de Phil Jutzi no passado. A série foi uma produção para o canal de televisão WDR – Westdeutscher Rundfunk. A companhia cinematográfica Bavaria Atelier-Filmgesellschaft e a TV italiana RAI assumiram a co-produção. A série custou à WDR cerca de 13 milhões de marcos e foi filmada entre junho de 1979 e abril de 1980, num total de 154 dias, em Berlim e Munique[26]. O papel principal foi dado ao ator Günter Lamprecht, aliás, uma garantia do emprego do dialeto berlinense como colorido espacial local, uma vez que Lamprecht não só é berlinense, como também nasceu nas imediações da Alexanderplatz em 1921. A equipe de filmagem contou com nomes que se tornaram decisivos para o sucesso de *Berlim Alexanderplatz*: entre outros, Xaver Schwarzenberger (fotografia) e Peer Raben (música). Se a longa duração da série, por um lado, garantia a Fassbinder uma maior aproximação ao pré-texto, por outro, o cineasta adaptou legitimamente a obra de Döblin de acordo com sua leitura pessoal, o que significa que, desde o início dos trabalhos, o cineasta não pretendeu realizar uma adaptação fiel do romance para a TV. O epílogo, como será exposto posteriormente, reflete bem a interpretação que Fassbinder fez do romance. Aliás, o epílogo é a parte mais polêmica da série.

Transmitida pela WDR de 12 de outubro a 29 de dezembro de 1980, a série despertou na maioria dos telespectadores rejeição e incompreensão. Os fatores que se

26. Cf. G. Sander, *op. cit.*, p. 245.

tornaram alvo de crítica do público foram as cenas de violência de toda natureza, além do fato de que o filme fora rodado com pouca luminosidade. Fassbinder justificou-se alegando que o público não estava preparado para novidades e que não entendia o seu trabalho, pois estava condicionado a uma estética convencional, difundida comumente pelos seriados de TV[27]. O aspecto fundamental que garantiu à filmagem de Fassbinder uma proximidade estética em relação ao romance é o emprego de citações visuais (por exemplo, por meio de cartazes na estação do metrô Alexanderplatz) ou sonoras (uma voz – o próprio Fassbinder – narra citações resultantes da montagem no romance, e as canções também são reproduzidas no filme). Por outro lado, adequando o pré-texto às suas intenções, o cineasta criou alguns elementos e personagens que não se originam do romance. Além de lhe faltar o caráter autêntico da versão de Jutzi em termos de locações externas, a versão para TV resulta de uma espécie de leitura "pós-Schoá", em que o cineasta procura explorar com maior ênfase episódios do romance que dão indícios da ascensão do nazismo na fase final da República de Weimar. Não obstante as intenções pessoais que, inegavelmente, fundamentam a postura autônoma do cineasta diante do processo de adaptação de uma obra literária, Fassbinder tornou o romance *Berlim Alexanderplatz* e, indiretamente, seu autor mundialmente conhecidos. Mesmo na Alemanha, a série tornou Döblin conhecido entre as camadas que, provavelmente, nunca haviam lido sequer um de seus romances, não só pela polêmica que causou, mas também por ter sido apresentado por um veículo de comunicação de massa com um alcance muito maior que o cinema. A exibição da série nos Estados Unidos e na França nos anos de 1980, bem como no Brasil em 1989, pela TV Cultura, também resultou em um grande sucesso.

A imagem de Berlim na minissérie também foi motivo de crítica no contexto de sua exibição. O escritor e crítico

27. *Idem*, p. 249.

literário suíço Hermann Burger criticou a série de TV em um ensaio intitulado "Kein Platz für den Alexanderplatz" (Sem Lugar para a Alexanderplatz), sobretudo por entender que Fassbinder teria reduzido a cidade a poucas cenas externas, privilegiando, ao contrário, as cenas em interiores:

> Fassbinder [*sic*] desistiu, supostamente por motivos financeiros, de uma reconstrução histórica da Alexanderplatz e limitou-se a algumas cenas de rua rodadas em cenário como mero pano de fundo a la Bergman em *O Ovo da Serpente*. A metrópole da República de Weimar é reduzida a símbolos pitorescos: ônibus antigos, calhambeques lustrosos, vitrines montadas a moda de antiquários, luminosos, colunas cobertas de cartazes, uma estação de metrô [...]. O retrocesso de Fassbinder à arquitetura interior, o descuido do "exterior" em prol do interior ricamente decorado é a conseqüência lógica da interpretação do romance de Döblin, e tal interpretação [...] é, infelizmente, equivocada[28].

As palavras de Hermann Burger refletem, de certo modo, a interpretação de Fassbinder que tende mais a assumir um caráter subjetivo, o qual, sem dúvida, teve influência direta na forma como a cidade de Berlim é "imaginada" na série. Como poderemos constatar por meio de alguns exemplos, a subjetividade levou Fassbinder a privilegiar o interior em algumas passagens do filme, sobretudo no epílogo, como se a cidade se voltasse para dentro de si e se tornasse uma espécie de "cidade-entranha". Mas antes de apresentarmos os exemplos do filme que ilustram tal tendência, devemos discorrer um pouco mais sobre a questão da "tradução" da cidade "legível" para a cidade "visível". Vimos, anteriormente, que o próprio pré-texto fornece elementos que tornam o discurso plural e rico em imagens. Cabe-nos então indagar quais foram as estratégias arquitetônicas empregadas pelo cineasta para poder construir a sua Berlim imaginária. E é neste ponto que podemos rever, por exemplo, a crítica de

28. H. Burger, *Kein Platz für den Alexanderplatz. Zu Döblins Roman "Berlin Alexanderplatz" und zu Fassbinders Verfilmung*, *apud* G. Sander, *op. cit.*, p. 251. (Trad. do autor).

Hermann Burger diante da imagem de Berlim: nossa impressão é de que o crítico busca a imagem calcada muito mais na idéia de "dado cênico", aquele aspecto precário mencionado por Georg Salmony ao criticar o filme de Jutzi, por achar de maneira equivocada que as cenas externas funcionavam apenas como pano de fundo. Hermann Burger critica justamente o fato de que, na sua visão, a série apresenta apenas um pano de fundo descaracterizado, que não interage com o próprio enredo. O próprio texto de Döblin nos impõe, na verdade, uma outra forma de "perceber" a cidade. Consideremos o seguinte exemplo, extraído do capítulo "Um Punhado de Gente em Torno da Alex":

> Estão abrindo o túnel para o metrô em Alexanderplatz. Os bondes passam pela praça subindo Alexanderstrasse pela Münzstrasse até Rosenthaler Tor. Há ruas à esquerda e à direita. Nas ruas, casa diante de casa. Estão cheias de gente, do porão ao sótão. Embaixo ficam as lojas. Lojas de bebidas, restaurações, mercadinhos de fruta e verdura, produtos coloniais e especiarias, transportes, pinturas decorativas, confecção feminina, produtos de farinha e moinhos, garagens, corpo de bombeiros: a vantagem da mangueira a motor é a construção simples, fácil manejo, pouco peso, tamanho reduzido. – Camaradas alemães, nunca o povo foi enganado de maneira mais infame, nunca uma nação foi traída de maneira mais degradante e injusta como o povo alemão. Recordam ainda como Scheidemann, a 1º de novembro de 1918, prometeu paz, liberdade e pão no peitoril da janela do Reichstag? E como cumpriram a promessa? Equipamento para canalizações, companhia de limpeza de janelas, sono é remédio, cama de paraíso Steiner. – Livraria, a biblioteca do homem moderno, nossas edições completas e autores e pensadores influentes reúnem-se e constituem a biblioteca do homem moderno. São os grandes representantes da vida intelectual européia. A lei de proteção do inquilinato é um pedaço de papel. Os aluguéis sobem constantemente. A classe média trabalhadora é atirada ao chão e sufocada, o oficial de justiça tem colheita farta. Pedimos créditos públicos até 15.000 marcos à pequena indústria, proibição imediata de todas as hipotecas dos pequenos industriais. – É desejo e dever de toda mulher preparar-se para a hora do parto. Todos os pensamentos e emoções da futura mãe giram em torno do nascituro. Então a escolha da bebida certa para a futura mãe é particularmente importante. A legítima

cerveja Engelhardt-Caramelo possui como nenhuma outra bebida as qualidades do bom sabor, da força nutritiva, é digestiva, tem efeito refrescante. – Cuide do futuro de seu filho e de sua família com um seguro de vida de uma seguradora suíça, Caixa de Pensões de Zurique. – O seu coração vai pular! O seu coração vai pular de alegria quando você tiver um lar mobiliado com os famosos móveis Höffner. Tudo o que você sonhou sobre conforto é superado por essa realidade nunca antes imaginada. Embora os anos passem, essa visão permanece agradável e sua durabilidade e utilidade prática são uma renovada alegria[29].

Essa riqueza de imagens, esse texto montado e colado, dá margem à visão de uma Berlim "mural", de uma Berlim que ultrapassa meramente o *status* de *Kulisse* (cenário, bastidor), ela se materializa em sua totalidade por meio do jornal, da previsão do tempo, do reclame, do sucesso a tocar no rádio, do noticiário político. O discurso simula a apreensão do meio pelos sentidos. E é justamente esta possibilidade inerente ao texto de Döblin que torna o seu discurso de representação em discurso de apresentação de imagens. Conforme aponta Christian Metz, "o discurso cinematográfico inscreve suas configurações significantes em suportes sensoriais de cinco espécies: a imagem, o som musical, o som fonético das 'falas', o ruído, o traço gráfico das menções escritas"[30].

O discurso literário da modernidade torna, portanto, possível a simulação da atividade dos suportes sensoriais por meio de montagem e colagem de textos do cotidiano. A cidade moderna traduz-se, pois, em um complexo simultâneo de ruído, brilho, escuridão, verbo, música, velocidade. Devemos, então, avaliar as estratégias empregadas por Fassbinder para construir a metrópole da década de 1920 a partir dessa construção sensorial veiculada pelo pré-texto. Assim como neste, a Berlim de Fassbinder está longe de ser mero "dado cênico", mero "pano de fundo", como quer

29. A. Döblin. *Berlim Alexanderplatz. A História de Franz Biberkopf*, *op. cit.*, pp. 115 e s (na versão original alemã, pp. 105-106).
30. C. Metz, *Linguagem e Cinema*, p. 15.

Hermann Burger. Pois, não obstante a diferença fundamental entre cinema e literatura, em que "o cinema 'realiza' o movimento e o tempo", enquanto "a literatura só pode 'representá-los' ou 'figurá-los'", como salienta César Guimarães, "através de seus próprios meios, a literatura pode tender mais à apresentação do que à representação, constituindo imagens através de signos lingüísticos"[31]. Sendo assim, a tradução intersemiótica entre literatura e cinema trata de criar um regime de visibilidade (imagem técnica) a partir dos signos lingüísticos (imagem literária), dispondo, deste modo, "as relações entre o visível e o legível"[32]. É a partir deste viés que precisamos refletir sobre a construção da Berlim imaginária em ambas as obras, ou seja, do discurso que tende à imagem no pré-texto, e dessas imagens adensadas e postas em movimento no filme.

A Berlim dos anos de 1920 surge no filme de diversas maneiras. As cenas de rua que focalizam a Alexanderplatz, a "regente cruel" do destino de Biberkopf, e seus arredores se compõem de tomadas feitas em Berlim e nos estúdios da Bavária em Munique. Na primeira fase das filmagens em Berlim, foram tirados diapositivos que puderam ser aproveitados na montagem do epílogo, trucagem que evitou novas e onerosas tomadas em Berlim, com a projeção dos ambientes dentro do estúdio, bastando que a cena em primeiro plano fosse proporcional e adequada às imagens do telão de fundo[33]. Mas esta não é a única forma da cidade "entrar em cena". A diferença entre o espaço público e o privado também deve ser levada em conta na nossa interpretação. Em termos de interiores, há um predomínio de um espaço privado, o apartamento de Franz Biberkopf, e de um espaço público, o bar do Henschke, freqüentado assiduamente pelo protagonista. O interessante é que o apar-

31. C. Guimarães, *op. cit.*, p. 27.

32. *Idem*, p. 66.

33. Cf. H. D. Hartl, *Berlin Alexanderplatz. Beobachtungen bei den Dreharbeiten* (vídeo).

tamento de Biberkopf é "invadido" pela cidade em forma de sons – o noticiário de rádio, o sucesso tocando no gramofone, como é o caso da cena em que os velhos amigos Eva e Herbert visitam Biberkopf pela primeira vez desde que fora posto em liberdade[34] – e à noite pela luz de néon de um luminoso que penetra sua janela, piscando continuamente, como na cena em que Biberkopf e Cilly estão juntos[35]. A presença acústica e visual da cidade faz com que aquela suposta "interioridade" espacial não se concretize plenamente.

Vejamos uma cena de rua, aliás, a primeira cena de rua de destaque no filme de Fassbinder, rodada com cerca de trezentos figurantes, vinte carros e um ônibus antigo. Biberkopf vende prendedores de gravata próximo à estação de metrô Alexanderplatz: trata-se, pois, da cena correspondente àquela do filme de Jutzi, comentada anteriormente. O cenário é composto por uma rua ladeada de prédios de até quatro andares e da estação do metrô. Ruídos, automóveis e transeuntes em movimento, e vendedores ambulantes apregoando seus produtos conferem à cena uma dimensão de autenticidade. Mas, apesar do adensamento simultâneo da cena, estes elementos por si ainda não produzem a fluidez da própria cidade, a qual estaria bem ao gosto de Döblin. É a posição e a movimentação da câmera que se torna decisiva na mediação imagética entre indivíduo e grande cidade: primeiramente, o ator Günter Lamprecht é enquadrado à distância em Plano Médio; em seguida, pessoas e veículos passam entre a câmera e o ator que está dizendo o seu texto; então, há uma tomada de dentro de um bonde em movimento focalizando o ator, mediado pelo vidro do veículo. A fluidez da grande cidade se materializa no tráfego intenso e no ir e vir dos transeuntes, somados aos brados dos vendedores de jornal que, assim como Biberkopf, tentam ganhar a vida nos arredores da

34. Cf. R. W. Fassbinder, *Berlin Alexanderplatz* (filme).
35. *Idem*, Capítulo 5.

Alexanderplatz. O fato do olhar ser entrecortado por essa fluidez da rua acaba produzindo o efeito de descentralização do indivíduo[36]. A cidade está ali, presente, viva e ruidosa, assim como também está ali um indivíduo como outro qualquer, centro do interesse narrativo, mas longe de ser centro do mundo narrado. Esta cena, tecnicamente, lembra a cena do filme de Jutzi, com o fluxo dos bondes passando pela rua.

No âmbito do espaço público, surgem como índice de "interioridade" no filme e, em parte, no romance, a Penitenciária de Tegel, o Manicômio de Buch, e o Matadouro Municipal. Além disso, foram rodadas cenas também dentro da estação do metrô Alexanderplatz, mais precisamente no saguão, pouco iluminado, ruidoso, também marcado pelo ir e vir dos usuários do metrô, vendedores ambulantes apregoando seus produtos e pela presença de um pequeno quiosque. Uma das cenas rodadas no interior da estação permite reconhecer a transposição do texto realizada por Fassbinder do meio literário para o meio cinematográfico. Biberkopf vende o *Völkischer Beobachter* (*Observador Popular*), jornal do partido nazista. Atendendo ao pedido de um inválido de guerra que conhecera no bar Novo Mundo e que lhe dera o emprego, Biberkopf usa, hesitante, a braçadeira com a suástica. Ao fundo, ouvem-se trechos da canção "Horst-Wessel", hino da Sturmabteilung nazista, seguida de uma música instrumental. Biberkopf apregoa aos brados o nome do jornal. A cena é interrompida por uma citação em tela de fundo branca, na qual se lê: "Ordnung muss im Paradies sein" (Tem de haver ordem no Paraíso). Em seguida, ouve-se uma canção popular. Um vendedor de salsichas se aproxima de Biberkopf, vestido todo de branco, em destaque pela pouca luminosidade da estação, puxa conversa com Biberkopf, o qual leva à frente, dependurado no pescoço, uma espécie de moldura de papelão na qual jaz a edição

36. *Idem*, Capítulo 2.

do jornal que está vendendo. O vendedor de salsichas diz ter ouvido que os nazistas são contra os judeus, e Biberkopf retruca não ter nada contra judeus, mas ser pela ordem. Numa das pilastras do saguão da estação do metrô, estão pendurados jornais, que contêm trechos originalmente montados no romance. Fassbinder utiliza o recurso da leitura do trecho por meio do vendedor de salsichas:

> – Para o povo alemão no primeiro domingo do Advento: destruam finalmente suas imagens falsas e castiguem quem os embala em ilusões! Então chegará o dia em que a verdade há de subir do campo de batalha para vencer os inimigos com a espada da justiça e o escudo brilhante[37].

Em seguida, ao fundo do diálogo entre Biberkopf e o vendedor de salsichas, o serviço de alto-falante da estação anuncia a chegada de uma nova composição. Transeuntes passam, e a cena se mantém escura. Por fim, o vendedor de salsichas deseja sorte a Biberkopf no novo empreendimento e, antes de ir embora, faz-lhe a seguinte revelação:

> – Desejo-lhe boa sorte, colega. Boa sorte.
> Eu sou judeu, sabe. Mas não tem importância.
> De qualquer forma, boa sorte.
> – Obrigado[38]. [Biberkopf responde constrangido.]

Na seqüência da cena, o vendedor de salsichas continua apregoando seu produto, enquanto passantes trafegam pelo saguão da estação, e o som do alto-falante anuncia a chegada e partida de trens do metrô, e ao fundo ouve-se o hino da Internacional, canção composta em 1871 para o movimento operário socialista. Entre os passantes que trafegam pelo saguão, estão Georg Dreske e

37. *Idem*, Capítulo 2. Foi mantido o texto da tradução de Lya Luft ao invés do texto da legenda, uma vez que, no original em alemão, trata-se de uma citação literal do romance; cf. Döblin, Alfred. *Berlin Alexanderplatz. Die Geschichte vom Franz Biberkopf*, *op. cit.*, p. 69; cf. A. Döblin, *op. cit.*, p. 74 (na versão original alemã, p. 69).

38. *Idem, ibidem.*

Richard, comunistas e velhos amigos, que passam por Biberkopf, aparentemente, sem notá-lo. Embora os chame, Biberkopf se sente constrangido por saber que os amigos não aceitariam o fato de estar vendendo o *Völkischer Beobachter* e, ainda por cima, portando a suástica. A imagem sonora que envolve o diálogo é composta por uma canção marcial, a qual estabelece uma relação entre a imagem citada – o jornal nazista afixado na pilastra da estação e o exibido por Biberkopf para atrair os fregueses – e a imagem verbal – o diálogo entre Dreske, Richard e Biberkopf, onde a conduta deste último é posta em questão. Assim como o vendedor de salsichas havia feito, Richard lê trechos do jornal que está afixado na pilastra, enquanto ao fundo toca novamente a canção "Horst-Wessel", da organização paramilitar nazista: "O verdadeiro federalismo é antisemitismo, a luta contra o judaísmo é também a luta pela independência da Baviera"[39].

A reação dos amigos é de riso, na tentativa de despertar em Biberkopf o senso do ridículo e, ao mesmo tempo, demonstrar a sua reprovação de que o amigo tenha se sujeitado inescrupulosamente a vender jornais e, ao mesmo tempo, fazer propaganda nazista. De longe, em destaque pelas vestes brancas em meio à cena escura, o vendedor de salsichas observa a discussão acirrada entre os três amigos, tendo como som de fundo o hino da Internacional. O trecho do romance que serviu de base para a cena apresentada acima tem o seguinte texto:

> Agora Franz vende jornais populares. Não tem nada contra os judeus, mas é a favor da ordem. Tem de haver ordem no Paraíso. Qualquer um tem de reconhecer isso. E ele viu os Capacetes de Aço, viu os rapazes, e seus líderes também, que coisa. Está parado na saída do metrô em Potsdamer Platz, na travessa Friedrichstrasse, abaixo da estação de Alexanderplatz. Concorda com o inválido do Novo Mundo, com o caolho, aquele da mulher gorda.

39. *Idem, ibidem.*

Para o povo alemão no primeiro domingo do Advento: destruam finalmente suas imagens falsas e castiguem quem os embala em ilusões! Então chegará o dia em que a verdade há de subir do campo de batalha para vencer os inimigos com a espada da justiça e o escudo brilhante.

"Enquanto se escrevem essas linhas, realiza-se o processo contra os cavalheiros do Estandarte do Reich, ao qual uma superioridade de quinze a vinte vezes permitia manifestações desse tipo, em que seu pacifismo programático, bem como sua coragem, atacavam um punhado de nacional-socialistas, abatendo-os, e com isso mataram nosso P. G. Hirschmann de maneira animalesca. Até dos depoimentos dos acusados que, segundo a lei, tiveram permissão e da parte do partido possivelmente tiveram ordem de mentir, ressalta com que premeditada crueldade, características dos princípios partidários, eles agiram".

"*O verdadeiro federalismo é anti-semitismo, a luta contra o judaísmo é também a luta pela independência da Baviera.* Muito antes do começo o salão de festas da Mathaeser estava lotado, e chegavam sempre novos visitantes. Até a abertura da reunião nossa vigorosa banda das SA alegrou-nos com a excelente apresentação de marchas e cantigas animadas. Às oito e meia o camarada do partido Oberlehrer abriu a reunião com uma cordial saudação e depois deu a palavra ao camarada de partido Walter Ammer".

Os companheiros de Elsasser Strasse morrem de rir quando à tarde ele chega ao bar com *a braçadeira fascista* cautelosamente no bolso, e eles a tiram de lá. Franz corta a onda deles[40].

Como podemos notar, a ambientação é diferente, o espaço externo mencionado no trecho do romance, próximo à estação de metrô Potsdamer Platz, torna-se, no filme, o interior da estação Alexanderplatz. Além disso, há uma junção entre a cena final do bar, onde Biberkopf encontra os amigos que o criticam por estar vendendo jornais nazistas e a cena da venda dos jornais dentro da estação de metrô. Notamos também a intertextualidade entre as duas cenas, destacada no exemplo acima pelos grifos, e que no original em alemão são citações literais do romance. O momento em que Biberkopf vende jornais populistas e anti-semitas é usado por Döblin para montar textos que, por um lado, se associam

40. A. Döblin, *op. cit.*, pp. 74 e s. (Grifos meus).

à nova atividade do protagonista e, por outro, introduz a temática político ideológica. A cena em questão não só traz o produto vendido por Biberkopf, ou seja, o jornal *Völkischer Beobachter*, órgão oficial do partido nazista, publicado desde 1918 e tornado instrumento de propaganda em 1926 por Joseph Goebbels (1897-1945), como também, a partir dos recortes apresentados, alude à instabilidade do cenário político pela ação de unidades paramilitares. A maior delas, na época, era o Stahlhelm (Capacete de Aço), organização de veteranos de guerra, de tendência direitista – nacional e conservadora – e ligado ao DNVP – Partido Popular Nacional-Alemão. As SA, Sturmabteilung (Divisão de Assalto) eram organizações nazistas. Por último, há a menção dos Ritter von Reichsbanner (Cavaleiros do Estandarte do Reich), grupo ligado ao partido socialdemocrata, fundado em 1924 para defender a República. A citação sobre o 1º advento parece ser, pelo tom, de um jornal popular de direita, uma vez que une cristianismo e nacionalismo. A citação seguinte menciona um processo aberto em novembro de 1927 contra membros do Ritter von Reichsbanner e das SA. A organização foi acusada de ter assassinado o membro do partido nazista Hirschmann em 25 de maio do mesmo ano. A última citação em seqüência foi extraída da edição de 19 de novembro de 1927 do *Völkischer Beobachter*. Döblin modificou o nome do orador. A montagem de tais textos permite que o leitor contraste os pensamentos com o comportamento de Biberkopf. Nem mesmo os laços de amizade com os judeus Nachum e Eliser, os quais procuraram ajudá-lo a se reanimar após a saída da prisão, levam Biberkopf a refletir sobre seu ato, o que mostra a precariedade da consciência do protagonista naquele momento da história. Embora não seja anti-semita, está preparado para alimentar a máquina de propaganda nazista, tornando parte dela, mesmo que seja apenas uma minúscula peça da engrenagem. A diferença entre o filme e o romance, neste sentido, se situa no fato de que os textos montados são apresentados ao leitor como meio para que este possa se distanciar criticamente do argumento de "ordem" de Biberkopf a partir de informações que demonstram a violência e discriminação, que estão por trás desse suposto discurso de "ordem", enquanto o telespectador conta com figuras mediadoras que são a personagem do vendedor de salsichas, criada por Fassbinder justamente para tornar mais contundente a crítica que já estava presente no texto de Döblin, quase quatro anos antes dos nazistas chegarem ao poder, e os amigos Richard e Georg Dreske. O fato de Fassbinder ter extraído literalmente do romance as citações e, por vezes, tê-las mediado por meio da fala de personagens, deu margem também à crítica de que, através deste artifício, teria ocorrido uma "re-psicologização"[41] da narrativa moderna, o que teria causado então uma suposta "redução" estética da complexidade de um texto vanguardista por meio de desmontagem, como afirma Hermann Burger. Por outro lado, a economia textual no romance é adensada por meio dos ruídos e sons da estação, ou mesmo pelo diálogo acompanhado de trilha sonora que reforça a crítica construída pelas imagens e falas. E o próprio Hermann Burger reconhece que o desempenho no âmbito da composição dos sons e da trilha sonora, por outro lado, tratou de aproximar o romance da versão cinematográfica: "Essa melodramatização da matéria, esse oscilar em forma de réquiem entre polifonia e cacofonia corresponde à técnica de montagem de Döblin"[42].

As críticas de Hermann Burger ao filme devem ser, portanto, revistas. O próprio exemplo anterior revela que o adensamento cênico – por meio de diálogos, citações de textos montados, trilha sonora, ruídos, inserção de personagens etc. –, da forma como foi levado a cabo, só se tornou possível não por uma desmontagem, mas sim por uma remontagem, segundo uma autonomia estética assumida por Fassbinder no processo de adaptação do romance que, pelo contrário, não apaga os traços da modernidade do pré-texto, mas sim os reorganiza e os enriquece imageticamente.

41. H. Burger, *op. cit.*, p. 251. (Trad. do autor).
42. *Idem*, p. 251.(Trad. do autor).

Se adotarmos a tipologia das imagens segundo César Guimarães [43], a tradução intersemiótica do exemplo anterior marca a passagem de uma "imagem referida" do pré-texto, ou seja, "a que os textos fazem referência" – no caso a citação do trecho de jornal – para uma "imagem perceptiva", que representa "tanto o processo de percepção quanto os objetos por ele apreendidos" – no exemplo, o ato da leitura dos trechos de jornal pelo vendedor de salsichas e por Richard.

Por fim, cabe-nos refletir sobre a arquitetura da Berlim imaginária justamente na parte mais polêmica do filme: o epílogo. O epílogo, uma espécie de adendo que Fassbinder achou necessário para o encerramento da série, gerou uma grande polêmica mesmo antes da primeira exibição do filme na TV. Alguns críticos o definiam como fruto de "visões malucas do cineasta", pois nele, "ladrões são elevados a reis, e a Sagrada Família é mostrada nua, de modo provocador", conforme o artigo "Die Heiligen und ihr Narr" ("Os Santos e seu Tolo"), publicado na revista *Quick* em 14 de maio de 1980[44]. Pensou-se até mesmo em ação de protestos no intuito de impedir que o epílogo fosse levado ao ar. Porém, os representantes da WDR decidiram por manter o epílogo. Apenas o horário de exibição foi alterado, passando de 21:00 horas, horário mantido para os demais treze capítulos, para as 23:00 horas, com cerca de duas horas de duração. O título do epílogo sinaliza que Fassbinder se distanciou intencionalmente do romance para poder criar suas próprias imagens oníricas: "Mein Traum vom Traum des Franz Biberkopf" ("Meu Sonho do Sonho de Franz Biberkopf"). Trata-se, pois, de uma potencialização do sonho – o termo mais preciso seria delírio! – do protagonista após descobrir que sua namorada Mieze havia sido assassinada por Reinhold.

Em relação à construção imagética da cidade, a primeira cena do epílogo encerra em si a estratégia de simulação

43. Cf. C. Guimarães, *op. cit.*, pp. 78 e ss.
44. *Apud* G. Sander, *op. cit.*, p. 247.

adotada por Fassbinder para marcar espacialmente o estado de delírio – ou de sonho, na visão do cineasta: a fusão de espaços, que aqui se estabelece entre a rua e o cemitério. Na verdade, a rua se torna cemitério: por toda parte, lápides, cruzes, túmulos, velas cobrem o leito da rua, os anjos Sarug e Terah, instâncias que aparecem no romance, mas sem o destaque dado a elas por Fassbinder, acompanham Biberkopf. Aparecem Ida, assassinada por Franz, as antigas namoradas Cilly e Franze, o amigo judeu Nachum e Mieze, cujo assassinato desencadeara em Biberkopf o processo de delírio. A cena também é composta por sons, ruídos, barulho de comício, suicidas "vivos" integram a cena, uma voz narrativa – o próprio Fassbinder – apresenta as estatísticas para o ano de 1927 em relação aos nascimentos e às mortes, Mieze jaz sobre um túmulo, os anjos conversam entre si, o coral do Exército da Salvação canta uma canção, Otto Lüders, o primeiro a ludibriar Biberkopf após sua saída da prisão, também aparece, de modo que a cena se compõe basicamente a partir da memória de Biberkopf, agora desorientada e afetada em relação ao reconhecimento dos limites de espaço. Este trecho corresponde a quatro páginas do romance de Döblin[45]. A seqüência da cena difere entre os dois textos. Além disso, o cemitério no romance, apesar da imagem surreal dos suicidas expostos, um enforcado e um morto por dose letal de morfina, permanece sendo apenas e tão somente o cemitério, onde Biberkopf procura a sepultura de Mieze e ao final, entra em um veículo que o leva para a Bayerischer Platz, onde mora Eva. No filme, Biberkopf volta a si do delírio: Eva e Herbert o encontram na calçada, próximo à estação Alexanderplatz, ajoelhado, como se estivesse escavando com as mãos a sepultura de Mieze; a polícia chega e o prende.

Antes de prosseguirmos com os exemplos, devemos refletir sobre a noção de sonho como "imagem mental"[46], segundo a tipologia de César Guimarães. As imagens men-

45. Cf. A. Döblin, *op. cit.*, pp.369 e s. e 374 (na versão original alemã, pp. 350 e s. e 355).

46. C. Guimarães, *op. cit.*, p. 54.

tais por excelência são a memória e o sonho. Elas "são constitutivas da experiência do personagem-narrador, formadoras de uma memória 'misturada de imagens e afetos experimentais'"[47]. Essa mistura de imagens, espaços, pessoas, onde os limites são apagados, refletem o espírito da estratégia empregada por Fassbinder para criar esses espaços híbridos, que não são mais espaços cênicos, mas espaços de memória em delírio. Sem dúvida, a subjetividade resultante da interpretação da obra de Döblin adquire aqui uma qualidade magistral: Berlim torna-se, pois, uma espécie de "cidade-mental", interiorizada em Biberkopf.

Após a prisão, Biberkopf é conduzido ao Manicômio de Buch para tratamento, totalmente fora de si. Mas o espaço de Buch só aparece nas cenas em que os médicos se indagam sobre o tratamento mais adequado para o paciente, enquanto que, para Biberkopf, o espaço interior do manicômio é sobrepujado por "um espaço interior de segundo grau": os espaços de memória em delírio se interiorizam, de modo que a fusão de espaços torna-se recorrente ao longo do epílogo. Neste ponto, poderíamos dizer que a "cidade mental" da cena da rua-cemitério torna-se "cidade-entranha", extremamente interiorizada. Esta estratégia também não encontra correspondente no romance, onde o espaço de delírio do protagonista permanece o manicômio.

Outro exemplo da interiorização e supressão de limites do espaço da cidade no filme se materializa na cena em que Biberkopf é açoitado pelos amigos Richard e Georg Dreske e, posteriormente, também por Reinhold, na presença da quadrilha liderada por Pums. O local da cena resulta da fusão do Novo Mundo, bar onde Biberkopf estivera juntamente com a namorada Lina e ficara conhecendo o veterano de guerra que lhe arranjou o emprego de vendedor de jornais nazistas, com o Exército da Salvação, onde Biberkopf estivera com Reinhold, e o bar do Henschke, assiduamente freqüentado por todos que aparecem na cena.

47. *Idem*, p. 81.

Há também uma outra composição de bar e de cela de prisão, em que aparecem os amigos Eva e Herbert, ou mesmo de cela e dormitório. A casa dos judeus Nachum e Eliser, onde Biberkopf conversa com Ida sobre o seu assassinato, é, ao mesmo tempo, o bar do Henschke[48].

A junção espacial, concretizada pela supressão dos limites entre os ambientes, conduz à interioridade do espaço motivada pelo estado de delírio de Biberkopf. A cidade-entranha, que surge desse estado, está magistralmente caracterizada em uma cena do epílogo em que o piso do saguão da estação de metrô Alexanderplatz está coberto por um gramado, para onde acorre um grupo de comunistas, seguido por paramilitares da Sturmabteilung, cena que se encerra com agressões físicas e uma saraivada de balas contra os beligerantes. E essa interiorização é acompanhada, ao longo do epílogo, por uma trilha sonora *sui generis*, em que não faltam Janes Joplin, Elvis Presley, Glen Miller, entre outros.

Para finalizar, gostaríamos de destacar a solução encontrada por Fassbinder para apresentar na tela o final do romance *Berlim Alexanderplatz*. Após ter falecido e, num processo inusitado, ter "renascido" no manicômio como um novo homem e com novo nome, Franz Karl Biberkopf é posto em liberdade, enquanto Reinhold é condenado pelo assassinato de Mieze. Em seguida, torna-se um modesto auxiliar de portaria em uma fábrica de médio porte, portanto, uma ínfima peça na gigantesca engrenagem da grande cidade. Sua consciência política, adquirida de forma inusitada por meio de seu "renascimento", leva-o a observar atentamente o que se passa à sua volta, sem, no entanto, assumir qualquer compromisso com aquelas tendências políticas, com as quais o "antigo" Franz se confrontara. Ao final do romance – assim como no filme de Fassbinder –, o narrador relata que Franz Karl observa com freqüência de sua guarita formações paramilitares, cujos membros passam marchando, carregando

48. Cf. R. W. Fassbinder, *op. cit.*, "Epílogo".

estandartes e tocando músicas marciais. No entanto, o leitor não fica sabendo a quem pertence tais formações paramilitares. Com isso, Döblin critica indiscriminadamente a radicalização política através dos movimentos de massa e alerta para o perigo que corre a frágil democracia alemã na fase final da República de Weimar:

> Muitas vezes marcham com bandeiras e música e cantos diante da sua janela. Biberkopf olha friamente pela porta, e permanece longo tempo calmamente em casa. Cale a boca e meça seu passo, marche conosco. Se devo marchar, depois terei de pagar com a cabeça aquilo que os outros pensaram. Por isso, primeiro calculo tudo, e, quando chegar a hora, quando me convier, eu vou concordar. O homem recebeu o juízo, em vez disso os bois formam uma manada[49].

Nesta passagem, Döblin não emprega nem fragmentos de canções, nem menções de cores que pudessem identificar a organização paramilitar. Com isso, sua crítica se destina indiscriminadamente à radicalização política pelas extremas direita e esquerda na fase final da República de Weimar. É um alerta contra o totalitarismo e o anti-semitismo dos nacional-socialistas e contra o perigo do autoritarismo antidemocrático que tomava conta do movimento comunista. No âmbito da ficção, isto demonstra também que Franz Karl não é mais um "oportunista de ocasião" como no passado: embora demonstre ter se tornado "politicamente" consciente, Biberkopf sabe também que não deve se associar cegamente aos movimentos de massa. É por isso que ele vê com distanciamento crítico as organizações paramilitares passarem marchando diante de sua guarita.

Esta apresentação da cena final do romance é fundamental para entendermos a diferença temporal do olhar de Fassbinder em relação a Döblin para os acontecimentos históricos e políticos. Enquanto Döblin, olhando para o futuro, denuncia a situação latente que alguns anos mais tarde desembocará no Terceiro Reich, na Segunda Guerra

49. A. Döblin, *op. cit.*, p.425.

Mundial e na Schoá, Fassbinder olha para trás, e potencializa justamente esse estado de latência da destruição do equilíbrio de forças democráticas e do triunfo das extremas políticas. Para isso, lança mão de uma estratégia no âmbito da composição da trilha sonora, juntando, em uma cacofonia, trechos do hino da Internacional e da canção "Horst Wessel" das SA, que se tornou uma espécie de hino alemão no período nazista. Independentemente da nova situação do protagonista, a "guerra urbana" prossegue, e com ela o perigo de que o indivíduo se associe a movimentos coletivos sem estar consciente dos desdobramentos que tal atitude possa implicar. Esta estratégia de Fassbinder em reproduzir simultaneamente discursos – em forma de música e canções – que levam em seu bojo elementos de sistemas de valores totalitários e persuasivos garante o caráter aberto da obra correspondendo, ao final, plenamente às intenções de Döblin, como parte indissociável da totalidade da Berlim, não da cidade imaginária, mas da Berlim concreta que, anos mais tarde, conheceu a destruição e um longo período de divisão.

Referências Bibliográficas

BENJAMIN, Walter. "Crise do Romance", *Documentos de Cultura, Documentos de Barbárie. Escritos Escolhidos*. Seleção e apresentação de Willi Bolle, Trad. Celeste Ribeiro de Sousa *et al.* São Paulo, Cultrix/Edusp, 1986, pp. 126-129.

CORNELSEN, Elcio. "O Conceito de 'Kinostil' e o Princípio da Montagem no Romance *Berlim Alexanderplatz*, de Alfred Döblin". *Aletria*, 8: 196-212, dez. 2001. (Caderno temático "Literatura e Cinema")

DÖBLIN, Alfred. "An Romanautoren und ihre Kritiker. Berliner Programm (1913)", *Schriften zu Ästhetik, Poetik und Literatur*, Olten/Freiburg i. Br., Walter-Verlag, 1989, pp. 119-123.

_____. *Berlim Alexanderplatz. A História de Franz Biberkopf*. Trad. de Lya Luft, Rio de Janeiro, Rocco, 1995.

_____. *Berlin Alexanderplatz.Die Geschichte vom Franz Biberkopf*, 31 ed., Munique, dtv, 1992.

FASSBINDER, Rainer Werner. *Berlin Alexanderplaz* (filme). 896 min., 13 capítulos e 1 epílogo, Bavaria Atelier/RAI/WDR, 1980.

_____. *Der Film Berlin Alexanderplatz. Ein Arbeitsjournal von Rainer Werner Fassbinder und Harry Baer*, Frankfurt a. M., Zweitausendeins, 1980.

GUIMARÃES, César. *Imagens da Memória. Entre o Legível e o Visível*, Belo Horizonte, Editora da UFMG, 1997.

HARTL, Hans Dieter. *Berlin Alexanderplatz. Beobachtungen bei den Dreharbeiten* (vídeo), 45 min., Bonn: Inter Nationes, 1997. (Produção da emissora de rádiodifusão Bayerischer Rundfunk)

HUYNH, Pascal. "Cidade-rádio, Cidade-jornal". In: RICHARD, Lionel (org.). *Berlim, 1919-1933. A Encarnação Extrema da Modernidade*. Trad. Lucy Magalhães, Rio de Janeiro, Jorge Zahar, 1993, pp. 136-143. (Memória das Cidades)

IHERING, Herbert. *Berliner Börsen-Courier*, de 19.12.1929. In: SCHUSTER, Ingrid & BODE, Ingrid. *Alfred Döblin im Spiegel der zeitgenössischen Kritik*, Berna/Munique, Francke Verlag, 1973, pp. 226-227.

JUTZI, Phil. *Berlin Alexanderplatz. Die Geschichte vom Franz Biberkopf* (vídeo), p/b, 83 min. Ismaning/Munique, Taurus Video, 1991. (Taurus Filmkollektion, nº 1017)

METZ, Christian. *Linguagem e Cinema*. Trad. Marilda Pereira. São Paulo, Perspectiva, 1980.

MOAL, Pìa le. "A UFA, o Cinema e o Dinheiro". In: RICHARD, Lionel (org.). *Berlim, 1919-1933. A Encarnação Extrema da Modernidad*. Trad. Lucy Magalhães. Rio de Janeiro, Jorge Zahar, 1993, pp. 127-131. (Memória das Cidades).

MUCKERMANN, Friedrich. *Der Gral 25* (1930/31), pp.137-139. In: SCHUSTER, Ingrid & BODE, Ingrid. *Alfred Döblin im Spiegel der zeitgenössischen Kritik*, Berna/Munique: Francke Verlag, 1973, pp.256-258.

RICHARD, Lionel (org.). *Berlim, 1919-1933. A Encarnação Extrema da Modernidade*. Trad. Lucy Magalhães. Rio de Janeiro, Jorge Zahar, 1993. (Memória das Cidades).

ROSENFELD, Anatol. "A Confusão de Babel: Alfred Döblin", *Letras Germânicas*. São Paulo/Campinas, Perspectiva/Edusp/Ed. Unicamp, 1993, pp.165-171.

SANDER, Gabriele. *Alfred Döblin. Berlin Alexanderplatz*. Stuttgart: Reclam, 1998. (Série "Erläuterungen und Dokumente", nº 16 009)

TEBBE, Krista & JÄHNER, Harald (orgs.). *Alfred Döblin zum Beispiel. Stadt und Literatur*. Berlim, Elefanten Press, 1987.

VETTER, Klaus (org.). *Rainer Werner Fassbinder 1946-1982*. São Paulo, Instituto Goethe, 1992.

XANADU: O SONHO AMERICANO

Miriam L. Volpe

Das inúmeras cidades imagináveis, devem se excluir aquelas em que os elementos se juntam sem um fio condutor, sem um código interno, uma perspectiva, um discurso. É uma cidade igual a um sonho, tudo o que pode ser imaginado pode ser sonhado, mas mesmo o mais inesperado dos sonhos é um quebra-cabeça que esconde um desejo, ou então o seu oposto, um medo. As cidades, como os sonhos, são construídas por desejos e medos, ainda que o fio condutor de seu discurso seja secreto, que as suas regras sejam absurdas, as suas perspectivas enganosas, e que todas as coisas escondam uma outra coisa.

ITALO CALVINO

Fig. 5: Kane: cidadão e dono da cidade.

O romance *As Cidades Invisíveis*, de Italo Calvino, muitas vezes comparado às histórias que Sherazade, no célebre *Mil e Uma Noites*, conta ao sultão, apresenta-se como um quebra-cabeça montado a partir de pequenas narrativas. Numa seqüência de encantatórios relatos, o aventureiro Marco Polo narra ao soberano as cidades – e os habitantes das cidades – que compõem o ilusório e complexo império do poderoso senhor mongol, Kublai Khan. Ambos, narrador e narratário, nos salões, varandas e jardins do palácio do imperador reencenam, no romance de Calvino, a velha arte de narrar que, como afirma Walter Benjamin, está em vias de extinção. Numa montagem intrincada semelhante à do cinema intercalam-se diálogos entre Polo e Khan nos quais, como numa narrativa policial, apresenta o jovem veneziano desdobrado entre narrador/informante e detetive. Mais do que o enredo, o que interessa no romance é o processo de tentar desvelar o enigma da existência humana.

O filme *Cidadão Kane* (*Citizen Kane*, 1941), de Orson Welles, "abre" com a descrição do palácio de Xanadu, à noite, em várias tomadas que mostram as grades que o cercam, as muralhas de arame e ferro, o grande portão que exibe o aviso "Entrada Proibida". A câmera inquiridora, no entanto, desrespeita a proibição e penetra no palácio para – após um *travelling* através dos jardins abandonados que o entornam com suas árvores exóticas, animais extraordinários, lagos, piscinas e fontes artificiais – mostrar, pela única janela iluminada, a morte de Charles Foster Kane.

Ao aproximar-se da janela, a luz interior se apaga subitamente, a câmera é imobilizada e há um corte na música. Quando "re-abre", a música lúgubre transforma-se numa melodia natalina e a tela transforma-se numa cortina de neve por entre a qual o espectador pode penetrar no reino do grande Kane. Pela superposição, seguida de um *travelling*, a neve se transforma em brinquedo de criança, uma bola de cristal que contém água e flocos e que, ao ser agitada, produz o efeito de uma nevasca sobre a casinha que ali está encapsulada. *Close* nos lábios de Kane pronunciando

"Rosebud". O brinquedo cai da mão inerte que o segurava, rola escada abaixo e se estilhaça. Kane está morto.

> Les jeux sont faits [afirma Sartre]. Kane está morto no início do filme, o diretor é levado a contar a história no passado. Trata-se pois, de uma reconstrução intelectual – enquanto que nos filmes comuns, estamos no presente e o espectador é contemporâneo da personagem, as cartas não estão marcadas[1].

Orson Welles, roteirista, diretor e ator do único filme que ele afirma haver conseguido "escrever" da primeira à última palavra, tendo-o levado a bom termo, esclarece:

> *Cidadão Kane* conta a investigação empreendida por um jornalista chamado Thompson para descobrir o significado das palavras de Kane, pois, segundo ele, as últimas palavras de um homem devem explicar sua vida. Talvez seja verdade. Ele não descobre jamais o que Kane quis dizer, mas o público sim. Sua investigação o conduz a aproximar-se de pessoas que conheciam bem Kane, que o amavam e o detestavam. Elas contaram-lhe cinco histórias diferentes, cada uma muito parcial, de tal maneira, que a verdade sobre Kane não pôde ser deduzida, como não pode sê-lo toda a verdade sobre um indivíduo, senão pela soma de tudo o que foi dito sobre ele. Segundo uns, Kane não amava ninguém além de sua mãe; segundo outros, não amava nada além de seu jornal, ou além de sua segunda esposa, ou além de si mesmo. Talvez amasse a todos, talvez não amasse ninguém. O público é o único juiz. Kane era ao mesmo tempo egoísta e desinteressado, era ao mesmo tempo um idealista e um caloteiro, um grande homem e um indivíduo medíocre. Tudo depende de quem esteja falando dele. Ele não é visto jamais através do olho objetivo de um autor. A finalidade do filme reside, portanto, mais na apresentação do problema do que em sua solução[2].

Ao partir de uma tentativa de decifrar o mistério de uma vida, a proposta da narrativa fílmica aproxima-se, assim, da do romance de Calvino. Após as tomadas iniciais acima descritas, com música estridente, inicia-se o docu-

1. *Temas de Cine, Orson Welles*, p. 12.
2. A. Bazin, citando Welles, 1972, p. 138.

mentário *Notícias em Marcha*. Utilizando-se da técnica da montagem, para fazer uma retrospectiva, Welles bombardeia o espectador com planos isolados, em choques sucessivos, sem transição, de notícias fragmentadas, imagens de manchetes, pedaços de uma vida que só parece poder ser contada por meio desse artifício. Segundo André Bazin, cada imagem condensa em alguns segundos grandes espaços de tempo, carregando, assim, o instante presente, de uma densidade excepcional[3].

De forma semelhante ao *nouveau-roman*, em que o romance dentro do romance funciona como um *micro-récit* que resume a narrativa como um todo, *Notícias em Marcha* resume a vida de Kane numa *mise en abyme*: a narrativa se dobra, de forma especular, sobre si mesma. A partir das imagens de Xanadu, onde Kane está sendo enterrado, segue-se toda a reconstrução da história de sua vida pública para conquistar o seu império dos tempos modernos, por meio do chamado quarto poder, o dos meios de comunicação. Os recortes mostram Kane quando empreende, nas páginas de seus jornais, fervorosas campanhas para defender os supostos direitos dos seus concidadãos, quando casa com a sobrinha do presidente dos Estados Unidos e pretende eleger-se e tornar-se, assim, o verdadeiro "cidadão americano". No entanto, seu discurso se revela a partir de sua sede pelo poder, pelo controle absoluto da opinião pública. Ao corromper-se, evidenciam-se seus intentos de manipulação que terminam em sua destruição e isolamento.

Após esse fictício documentário Welles traz o espectador para um plano de realidade. Numa estratégia de "antiilusionismo" – como proposta por Dziga Vertov, em *Um Homem com uma Câmera* (*Chelovek s kinoapparatom*, 1929), que desmistifica a narrativa fílmica e exibe seus truques e efeitos – mostra uma sala de projeções onde um operador ajusta o equipamento. A seguir, encena-se uma discussão entre jornalistas, todos anônimos – pois a luz da

3. A. Bazin, *Orson Welles*, p. 138.

lâmpada do projetor não chega a iluminar suas faces – que procuram, além da morte de um magnata das comunicações, um sensacionalismo, um detalhe sórdido, uma trama que arrebate o consumidor do texto jornalístico. Busca-se, assim, supervalorizar a notícia da morte de Kane, transformando-o, ironicamente, assim como ele fazia com outras pessoas, em matéria jornalística.

Toda sua vida pública, porém, já havia sido exposta pela mídia concorrente. Surge, desse afã de notícias, a idéia de investigar o significado da última palavra pronunciada por Kane: "Rosebud". "Rosebud vivo ou morto". Esta é a conclusão a que chegam os jornalistas na cena a seguir. A fronteira entre o documentário e a ficção, o empreendimento policialesco de busca de decifração de um enigma é assim textualmente apontado no roteiro: "Agora começa a história propriamente dita, a busca, empreendida, por Thompson [o repórter], da verdade sobre Kane, seus inquéritos, suas entrevistas com os que o conheceram bem"[4]. O quarto poder da imprensa, agora marrom, que se alimenta de pequenos e grandes escândalos, propõe-se a investigar a história privada de um homem público. Segundo Robert Pecham, o grande mistério dos destinos humanos apresenta-se como o mistério da cidade; e o mistério da cidade revela-se por meio de seu cidadão, o indivíduo perdido na multidão da metrópole[5].

Tal qual Caim[6], o primeiro lavrador da narrativa bíblica, Kane fora banido do convívio com os seus, passando a viver na cidade. Caim, também, expulso do âmago da primeira família, do solo fértil em que cultivava, é obrigado a ser um fugitivo errante sobre uma terra deserta – que mesmo

4. *El Libro del Ciudadano*, p. 228.

5. Cf. R. M. Pechman, *Cidades Estritamente Vigiadas; O Detetive e o Urbanista*, pp. 261-299.

6. Caim, em inglês, soa exatamente como Kane, e vale a pena ressaltar também que, de acordo com a Bíblia, o povo do Khan era descendente de Cam e, portanto, de Caim. Cf. P. Brunel, *Dicionáriode Mitos Literários*, pp. 138-145.

que a cultive, não lhe dará seus frutos, este é o seu castigo. Caim torna-se, entretanto, o fundador e o construtor da primeira cidade, o pai dos músicos, dos ferreiros e das meretrizes, de todos esses signos que povoam e provêem a vida urbana[7]. Em oposição ao Jardim do Éden, construído por Deus, a cidade fundada por Caim não passa de uma construção humana e a vida nela parece uma condenação. Para decifrar a palavra-chave, que teoricamente revelaria uma vida marcada pela condenação, o repórter/investigador Thompson, percorre as ruas da metrópole onde o cidadão controlava seu império. Visita bibliotecas, mausoléus, bancos, clubes noturnos, asilos, grandes empresas para entrevistar as pessoas aparentemente próximas a Kane e alinhava, no pequeno e ordinário bloco de apontamentos, os fragmentos recolhidos.

As histórias contadas ao repórter revelam uma vida em pedaços, sob diferentes pontos de vista. As narrativas estruturam-se, caprichosamente, como testemunhos em uma série de encadeamentos. Segundo Deleuze, as pessoas interrogadas evocam imagens-lembranças, numa série de *flashbacks* subjetivos e incertos. Cada testemunha vale por um corte na vida de Kane, "um círculo ou lençol de passado virtual, um contínuo"[8]. Os *flashbacks* justapostos por meio de *fade-in* e *fade-out* compõem uma narrativa que, através de uma perspectiva espiralada, caminha para o fundo do poço, ao passado e à visão infernal da imagem do fogo consumindo o trenó de Kane, símbolo do paraíso perdido na infância, e à palavra "Rosebud", escrita sobre o brinquedo, que se apaga nas chamas.

Nessa seqüência parece não haver ordem coerente; mas aí se apresenta, ao mesmo tempo, uma realidade caótica e ordenada. A falsa desordem é uma estratégia de Welles que evidencia uma sucessão de eventos subordinada à causas pré-estabelecidas. Dessa forma, ele pode "dissolver, difun-

7. Cf. P. Brunel, *op. cit.*, , pp. 138-145.
8. G. Deleuze, *A Imagem Tempo*, p. 129.

dir e dissipar, a fim de recriar", como propôs Coleridge, numa técnica em que a montagem não se restringe à que se faz na sala após o filme ter sido rodado, mas já aparece planejada no próprio roteiro. Essa técnica é freqüentemente utilizada no romance moderno, como na narrativa de John Dos Passos, em *O Paralelo 42*, embora Welles tenha declarado nunca ter lido Dos Passos[9]. O "olho da câmera" do romance está presente, no filme, nas únicas tomadas da câmera cinematográfica abertas só ao espectador – passagens não narradas por outras personagens – as cenas iniciais e finais, que emolduram o resto, e que estabelecem o mistério e a solução de "Rosebud", a palavra que, para o jornalista, revelaria a alma secreta de Kane.

As "Biografias" de grandes personalidades, em Dos Passos, correspondem, em *Cidadão Kane*, às narrativas das várias testemunhas sobre a vida da personagem-título. O "Noticiário" também está presente como tal, revelando a vida pública de Kane e relacionando a ficção à realidade dentro da ficção, não só a dos Estados Unidos, quanto à da personagem calcada em William Randolf Hearst, o magnata das comunicações inspirador do personagem. Nada parece mais adequado do que uma matéria jornalística para contar a vida do imperador do mundo da comunicação. Como em Dos Passos, a biografia é a crônica da cidade e, por extensão, a crônica dos Estados Unidos por meio de um cidadão americano.

O diálogo do filme de Welles com outras narrativas literárias aparece também de forma explícita. No momento em que, após a câmera ter enfocado numa tela dentro da tela, o nome do noticiário cinematográfico superposto à imagem do palácio ao fundo, anuncia-se: "Obituário: o senhorio de Xanadu" e, em seguida, aparece: "Em Xanadu, o Kubla Khan / um majestoso domo de prazer decretou. . ." Esta citação fragmentária do poema "Kubla Khan", de Samuel Taylor Coleridge, relembra o notabilíssimo prefácio

9. A. Bazin, *Orson Welles*, p. 169.

que contém um ardil e um mistério que ficou incorporado às lendas da literatura inglesa. Nele o poeta declara ter adormecido em sua cadeira após ter lido a seguinte frase do livro *Purchas's Pilgrimage*: "Aqui (em Shang-tu) o Kubla Khan ordenou que se construísse um palácio, e um jardim majestoso. E assim dez milhas de terreno fértil foram cercadas com um muro"[10].

Durante um sono profundo, todas as imagens surgiram diante de si como coisas, com uma produção paralela das expressões correspondentes. Ao acordar, o poeta tentou colocar o que lembrava no papel, quando foi, segundo relata, interrompido por uma visita inesperada após a qual descobre que só conseguira reter uma vaga reminiscência, um fragmento, do resto do conteúdo do que chamou de sua "visão num sonho". De acordo com o testemunho do poeta, as imagens recebidas em seu sonho tinham a objetiva nitidez de coisas – as *ocular spectra* de sua terminologia favorita[11].

John Lowes analisa, em exaustiva e detetivesca pesquisa[12], a história da gênese do poema de Coleridge em busca de algo inatingível: "o reino da criação ficcional". Baseado nas noventa páginas do pequeno bloco em que Coleridge anotava, caoticamente, as sugestões de suas aventuras entre os livros – o *Gutch Memorandum Book* – o trabalho do pesquisador inglês proporciona uma visão linear e transparente do complexo poema ao apontar suas fundações em recortes de uma multiplicidade de textos. No entanto, a forma coligida pela imaginação, por meio da combinação desses fragmentos, constitui-se numa nova unidade de sentido em que as partes se sustentam umas às outras, como num quebra-cabeça. Tal técnica de construção em muito se assemelha à técnica de montagem cinematográfica, que

10. S. T. Coleridge, *Poems and Prose*, p. 87.

11. No século XVIII, denominava-se *ocular spectra* as impressões retidas na retina, com luminosa precisão, após o brilho intenso de uma visão.

12. Cf. J. L. Lowes, *The Road to Xanadu*.

embora tão antiga quanto a própria arte, só adquiriu com o cinema essa especificidade que a caracteriza. Para Coleridge, essas imagens:

> Até as tomadas da natureza, mais ainda quando transplantadas de livros de viagens, navegações e trabalhos de história natural [...] mesmo que belas [...] só se tornam prova da originalidade de um gênio quando modificadas por um sentimento profundo, ou quando têm o efeito de reduzir a multitude à unidade, a sucessão ao instante, ou, finalmente, quando uma vida humana e intelectual é transferida a elas do próprio espírito do poeta[13].

Esse posicionamento aproxima-se, em certa medida, das teorias de Eisenstein. Para ele, "a imagem [...] começa a viver na consciência e na sensibilidade exatamente da mesma maneira que na obra de arte se destaca pouco a pouco, a partir de seus elementos, uma imagem una e total"[14]. Além da comprovada montagem com os recortes de outros textos, o fio condutor do poema/fragmento atravessa pelo menos três partes em que o gênio poético descreve, inicialmente, a criação de um domo de prazer seguido de uma seqüência de imagens agitadas, violentas e ameaçadoras que poderiam ser lidas como as de um segundo ato de criação, o da geração de uma vida humana até o nascimento, e termina ao vislumbrar o poder do seu engenho, inspirado pela música da donzela do Monte Abora, na execução do terceiro ato da criação, o da criação poética.

O texto que inspirou o sonho de Coleridge nada mais é do que um trecho de *As Aventuras de Marco Polo*, incluído na compilação de relatos de viagens encomendada a Samuel Purchas, em 1612, pela coroa inglesa preocupada em promover a colonização de novas terras. O livro intitulava-se *Purchas, His Pilgrimage or Relations of the World and the Religions Observed in All Ages and Places Discovered from the Creation on to this Present*. Visto que espanhóis, france-

13. S. T. Coleridge, *Biographia Litteraria*, p. 168.
14. S. Eisenstein, *The Film Sense*, p. 24.

ses e portugueses já haviam estendido seus impérios a vários continentes, editavam-se compilações dos relatos de descobertas já realizadas com o intuito de provocar o entusiasmo e os sonhos de seus cidadãos para participar no empreendimento colonizador inglês. Arma-se, assim, um novo horizonte de expectativas sobre o sonho por trás de todas essas construções. No caminho para encontrar a resposta, que se mostra serpenteante como um labirinto, descobre-se, emaranhada, a presença de uma profusão de textos, como num palimpsesto[15]. Jorge Luis Borges, em *O Sonho de Coleridge*, baseado também no texto de Lowes, afirma:

> O poeta sonhou em 1797 e publicou seu relato do sonho em 1816, à maneira de uma justificativa para o poema inconcluso. Vinte anos depois, apareceu em Paris, fragmentariamente, a primeira versão ocidental de uma das histórias universais em que a literatura persa é tão rica, o compêndio de histórias de Rashid ed-Din, que data do século XIV. Numa página se lê: "Ao leste de Shang-tu, Kubla Khan ergueu um palácio, segundo um plano que havia visto num sonho e que guardava em sua memória" [. . .]. O primeiro sonho acrescentou à realidade um palácio, o segundo, cinco séculos depois, um poema sugerido pelo palácio[. . .]. Se não falha o esquema, alguém, numa noite afastada de nós pelos séculos, sonhará o mesmo sonho e não suspeitará que outros o tenham sonhado e dar-lhe-á a forma de um mármore, ou de uma música[16].

E poder-se-ia acrescentar: de um filme, como aconteceu com *Cidadão Kane*, de Welles. Foi Marco Polo quem trouxe ao conhecimento do mundo ocidental a existência do grande Khan, de seu império e de seus palácios, num relato romanesco que, ao ressaltar os esplendores paradisíacos possibilitados pelo poder, estimula o surgimento de grandes sonhos. A busca de novas oportunidades de mercado havia conduzido o jovem veneziano à sua longa viagem de três anos até a China, em 1321. Fascinado pelo império do Khan e tendo conquistado sua confiança, Polo

15. Cf. M. L. Volpe, *Resgate de um Sonho: Cidadão Kane e Kubla Khan*.
16. J. L. Borges, *Obras Completas 2*, pp. 17-19.

permaneceu, durante dezessete anos, a seu serviço como seu embaixador, coletor de impostos e informante sobre a situação do império.

De volta à Itália, foi feito prisioneiro pelos genoveses durante um ano. Seu parceiro de cela, o hábil escritor de romances Rusticello, de Pisa, havia compilado uma coleção de romances de cavalaria escritos em *langue d'oïl*, intitulada *Meliadus*. Marco Polo relatou suas experiências de viagem e de permanência nos vastos domínios do Khan, e Rusticello as escreveu com seu estilo próprio. Embora só fosse publicado pelo diplomata veneziano Giovanni Battista de Treviso dois séculos mais tarde, sob o título *O Livro de Marco Polo, Cidadão de Veneza, Chamado Milhão, onde se Relatam as Maravilhas do Mundo*, o relato das aventuras de Polo passou a ser um dos grandes livros de todos os tempos[17].

Kubla Khan, neto do lendário Gengis Khan, após disputa com seu irmão pelo poder, estendeu, entre 1215 e 1294, o império mongol, desde a China, até o deserto da Arábia e à fronteira leste da Polônia. À medida que os mongóis foram avançando e conquistando a Ásia, juntaram-se aos tártaros, habitantes da atual Turquia, para invadir o leste europeu, e foram conhecidos como tais no continente. Quando Kubla estabeleceu sua capital em Khanbalik (Beijing, atual Pekin) e se tornou budista, seu império começou a sucumbir arrastado pela decadência do sedentarismo da corte chinesa. O Khan construía para si palácios paradisíacos em lugares estratégicos de seu império, onde permanecia isolado e de lá estendia uma ampla rede de comunicações e informações através de mensageiros qualificados como velozes cavaleiros. No contexto do império mongol, o palácio a partir do qual o senhor controla seus domínios configurar-se-ia como a metrópole (metro: meter/mãe; polis: cidade-estado), a cidade que exerce influência econômica, social e administrativa sobre as demais,

17. *Encyclopaedia Britannica*, p. 877.

também definida como a cidade centro no funcionamento, na administração e no campo da informação que adquire importância e influência nacional e até mundial. A eficiência no controle de tão vasto império era garantida por essa delgada teia informativa, comandada a partir de um refúgio paradisíaco, por meio de movimentos sutis e estratégicos de seu conquistador, que dependiam de seus enviados especiais, entre os quais estava Marco Polo, que assim descreve a residência de verão em Shang-tu:

> Do formoso palácio do Grande Khan na cidade de Shang-tu. Continuando durante três dias na direção nordeste, chega-se a outra cidade chamada Shang-tu, construída pelo grande Khan Kublai, nessa época reinante. Ele fez erguer um palácio de mármore e outras belas pedras, admirável, tanto pela elegância de suas linhas como pela habilidade destacada de sua execução. Os vestíbulos e as câmeras completamente cobertos de ouro são muito belos. Dentro dos limites deste parque real existem ricos e formosos prados, regados por muitos regatos e mananciais onde apascentam grande variedade de cervos e cabras. No centro deste parque, onde se encontra um belo bosque de árvores, o Grande Khan fez construir um pavilhão real apoiado sobre uma colunata de pilares dourados e envernizados[18].

Note-se que na abertura do documentário do filme de Welles, num ritmo de *stacatto* marcado pelas frases curtas e densas no conteúdo, a voz metálica de um locutor apresenta a personagem Charles Foster Kane à imagem e semelhança do grande Khan por meio da descrição de seu palácio. Escuta-se em *off*:

> Lendário era o Xanadu, onde o Kubla Khan decretou seu majestoso domo. Hoje, quase tão lendária é a maior área privada de prazer do mundo. Aqui, no deserto da costa do golfo, uma montanha particular foi encomendada e construída com sucesso. Cem mil árvores e quarenta mil toneladas de mármore são os ingredientes da montanha de Xanadu. Os conteúdos do palácio de Xanadu: telas, retratos, estátuas, as próprias pedras de muitos outros palácios.

18. *Las Aventuras de Marco Polo*, p. 74.

Uma coleção de tudo. Tão grande que não pode ser catalogada ou avaliada. O suficiente para dez museus. O espólio do mundo. Os animais de Xanadu: as aves do ar, os peixes do mar, os quadrúpedes das campinas e da selva. Dois de cada. O maior zoológico depois do de Noé. Como os faraós, o senhorio de Xanadu deixa muitas pedras para marcar seu túmulo. Desde as pirâmides, Xanadu é o monumento mais caro que um homem tenha construído para si mesmo. Aqui em Xanadu, semana passada, o senhorio de Xanadu foi sepultado. Uma poderosa personagem do nosso século. O Kubla Khan da América. Charles Foster Kane[19].

Os persas utilizavam a palavra *pairi-daeza*, que significa "parque, cercado por um muro, contíguo ao palácio real, com árvores irrigadas"[20], para descrever tais construções. Significativamente, de acordo com John Mackenzie, essa expressão deu origem à palavra "paraíso". O palácio de Shang-tu pode ser considerado, assim, uma emulação do Jardim do Éden como era construído pelos poderosos príncipes orientais para seus prazeres e como centros de seu poder sobre outras cidades e sobre o mundo. A partir da idéia de que uma cidade é uma reunião de cidadãos, estes podem ser vistos não só como os habitantes da cidade, mas, lembrando a concepção da *polis* grega, como os indivíduos que, membros de uma cidade-estado, se acham no gozo de direitos que lhes permitem participar das decisões de poder na vida política da mesma. Quando Atenas, com Sólon, transformou-se no centro de um império, estendeu-se essa condição de cidadania pelo mundo.

A história de um império dos tempos modernos, os Estados Unidos, registra o país não só como exemplo atual de democracia, mas também como uma terra da oportunidade em que co-existiriam os elementos do mito (paz-abundância-justiça)[21] que alimentariam em cada um de seus cidadãos o sonho de alcançar, por meio de seu próprio esforço (o *self-*

19. *El Libro del Ciudadano*, p. 210.
20. J. L. Mackenzie, *Dicionário Bíblico*, p. 693.
21. Como apontado por Marie Josette Bénéjam-Bontemps.

made man)[22], a felicidade, a riqueza e, além do direito de votar em seus representantes, a possibilidade do poder político: qualquer cidadão poderia chegar a ser presidente. Assim como o país, os cidadãos também poderiam construir seu império particular. A proposta do filme em discussão é a de contar a história da vida de um cidadão americano que construiu seu próprio império ao transformar-se, após ter enriquecido na corrida do ouro, na Califórnia, no maior magnata dos *mass media* de seu país.

Entre as variadas inovações técnicas de filmagem utilizadas por Welles – como o uso das grandes lentes objetivas angulares, a profundidade de campo para agilizar a narrativa, o emprego da luz para criar e destacar valores, o cenário com teto para dar maior intensidade à sensação de opressão nas cenas de conflito – destaca-se a montagem. Uma montagem de choque baseada na violência do ritmo das imagens. Fundidos, encadeados e sobreimpressões são utilizados com mestria em função da narrativa. O ritmo não está feito só de montagens e truques de câmera, mas da respiração da narrativa, da marcha dos episódios, da integridade impressionista das tomadas. Ritmo que manipula o tempo, sintetizando-o e telescopando-o em efeitos que, segundo Sartre, pareciam possíveis só na literatura. Para Welles, "a fita de celulóide deve ser executada como uma partitura musical e essa execução é determinada pela montagem. O essencial é, pois, a duração de cada imagem e o que se segue a cada imagem, criando assim a eloqüência do cinema que é fabricada na sala de montagem"[23]. Borges assim comenta o filme:

22. As palavras do historiador James Adams (1878-1979) registram a ligação da riqueza material com a felicidade do indivíduo no "sonho americano": "Esse sonho de uma terra em que a vida deveria ser melhor, mais rica e plena para todo e qualquer homem, com oportunidades para cada um segundo a sua capacidade de realização. Um sonho de uma ordem social em que cada homem e cada mulher estarão aptos a atingir a mais plena estatura de que são inatamente capazes e serem reconhecidos pelos outros por aquilo que são, independente das circunstâncias fortuitas de nascimento e posição".

23. A. Bazin, *Orson Welles*, p. 138.

Esmagadoramente, infinitamente, Orson Welles exibe fragmentos da vida do homem Charles Foster Kane e convida-nos a combiná-los e a reconstruí-lo. As formas da multiplicidade, da desconexão, abundam no filme: as primeiras cenas registram os tesouros acumulados por Foster Kane; numa das últimas, uma pobre mulher luxuosa e doente monta no chão do palácio, que é também um museu, um quebra-cabeça enorme[24].

No imenso Xanadu, palácio imperial de Charles Kane, a frágil Susan – que como a musa do poema de Coleridge inspirara sua criação e que, deslumbrada, havia se deixado levar pelo embalo do sonho de Kane esforçando-se para vir a ser "hábil nas canções" – diante do fracasso de seus sonhos passa seus dias a montar gigantescos quebra-cabeças. Nessa construção de imagens quase surrealistas em que se esfacelam os sonhos e os desejos do protagonista, expõe-se um enigma que tece relações paradoxais entre o desejo e a sua realização: a escritura enquanto técnica narrativa que aponta para a requintada arte de compor o texto, a vida. Da mesma forma, ao ser abandonado por Susan, Kane descobre em suas habitações a bola de cristal que segurava, no início do filme, em seu leito de morte, e chora. Note-se, sua descrição no texto do roteiro:

> Detenção brusca ante a bola de cristal. Kane a recolhe e, mais calmo, dirige-se ao fundo da habitação, titubeando. Seus olhos fixos na bola que segura na mão. Primeiro plano da mão de Kane segurando a bola. No interior dela, flocos de neve em movimento. Kane murmura, em *off*, "Rosebud". Panorâmica vertical sobre seu rosto. Tem lágrimas nos olhos[25].

Desvela-se, assim, o verdadeiro sonho por trás de suas construções paradisíacas e das ambições de poder que o levaram a criar seu império: a vida de Kane estava marcada pela perda do trenó que constitui, de forma elíptica, um tema recorrente do filme. Esse tema, que nada mais é que a

24. J. L. Borges e E. Cozarinsky, *Do Cinema*, p. 58.
25. *El Libro del Ciudadano*, p. 330.

história da tentativa de recuperação da perda de um objeto amado ou desejado constitui-se um dos caminhos possíveis para se acercar dessa narrativa. Os esforços para recuperar um Paraíso perdido tinham sido vãos. Como o Kublai de Calvino, Kane atinge o extremo; seu império esfacela-se, sua conquista reduz-se aos multiformes tesouros do imperador, que não passam de invólucros ilusórios, que se reduzem a nada.

Nas cenas finais, o pátio principal de Xanadu, cheio de caixotes e estátuas, simboliza o espólio da vida de um cidadão dedicado a substituir o que foi perdido pelo poder e as riquezas acumuladas. Kane está morto. Os detetives que se propunham investigar o habitante da cidade, fotógrafos e jornalistas, fazem o inventário de suas obsessões: coleções que formam um inusitado acervo. Uma demorada *plongée* mostra Thompson perdido nos corredores de um labirinto formado pelo amontoado de caixas. Devido à manipulação da câmera, os caixotes enfileirados parecem configurar-se como os prédios de uma cidade. Mas também podem ser vistos como um complicado conjunto de peças que se encaixam pois, enquanto manuseia um verdadeiro jogo de quebra-cabeças que pertencera a Kane quando criança, Thompson reconhece seu fracasso em recuperar e recompor a vida de Kane:

> O Sr. Kane foi um homem que teve tudo, e tudo perdeu. Rosebud talvez seja alguma coisa que não conseguiu obter ou que ele perdeu [. . .]. Agora acredito que uma só palavra não pode, seja qual for, explicar a vida de um homem [. . .]. Para mim Rosebud não é mais que uma peça de um quebra-cabeça [. . .] uma peça que se perdeu[26].

Os imensuráveis quebra-cabeças apontam para o impossível empreendimento de construção de uma escritura total e absoluta. O que se recupera, dos textos, das imagens, da vida, são ruínas, fragmentos, versões e relíquias de um sonho ou desejo que se intentou construir. Do sonho

26. *Idem*, p. 335.

do imperador mongol só restaram ruínas. Coleridge, em "Kubla Khan", ao se valer da estratégia romântica de narrar o sonhado, deixa entrever essa impossibilidade por meio do esquecimento do poema completo. O fragmento que resta é um poema inconcluso, visão de um sonho, obra aberta e inacabada. Orson Welles, em *Cidadão Kane*, monta as imagens de um quebra-cabeça do qual algumas peças foram perdidas. Os episódios narrativos que compõem o filme apontam para a vida enquanto versão e o império enquanto um acúmulo de relíquias, restos e fragmentos da vida de um cidadão.

O filme de Welles é uma construção de Dédalo, a busca de Thompson havia sido labiríntica, mas sua entrada no labirinto estava marcada pelo cartaz de "Entrada Proibida". Tal como Coleridge e Calvino, Welles envolve o espectador e o induz a participar ativamente na resolução do enigma selecionando os fragmentos para reconstruir um quebra-cabeça. O papel de Teseu fica reservado a esse espectador, a quem foi dado o fio de Ariadne que poderia levá-lo à saída que revela o "mistério da vida de um homem". Nas últimas tomadas de *Cidadão Kane*, a câmera volta, em panorâmica vertical, desce sobre as grades, os arames farpados e o grande "K" no portão que se fecha sobre o palácio ao fundo, para deter-se no cartaz de "Entrada Proibida". No fim se volta ao começo. O movimento circular e labiríntico que caracteriza *Cidadão Kane* em sua totalidade é o que os homens vêm percorrendo através dos tempos, atrás da recuperação impossível de uma perda. As muralhas construídas em torno do palácio não garantiram a inexpugnabilidade da cidade e do império.

Em seu poema, Coleridge apercebe-se que a tentativa do Khan de construir seu próprio paraíso, possibilitada pela violência da dominação por meio da força, é um fracasso e parte para a criação poética. No texto de Calvino, o Khan aparece debruçado nos balaústres dos terraços "para abranger com os olhos deslumbrados a extensão dos jardins do palácio real iluminado por lanternas penduradas nos cedros".

Ele comenta: "As cidades não existem [...] porque se enganar com fábulas consolatórias?" Isolado em seu palácio apoiado na montanha gigantesca de acúmulo de seu poder acredita que seu império "é feito com a matéria dos cristais [...] uma imensa montanha lapidada como um diamante perfeito". No entanto, parece-lhe que, nos relatos das impressões de suas viagem pelas cidades de seu império, Marco Polo detém-se em aparências ilusórias; ele explica:

> Ao passo que mediante o seu gesto as cidades erguem muralhas perfeitas, eu recolho as cinzas de outras cidades possíveis que desaparecem para ceder-lhe lugar e que não poderão ser nem reconstruídas nem recordadas. Somente conhecendo o resíduo da infelicidade que nenhuma pedra preciosa conseguirá ressarcir é que se pode computar o número exato de quilates que o diamante final deve conter[27].

A escritura – esse imensurável quebra-cabeça formado por apropriações, sonhos e fragmentos – como assinalado por Calvino – revela no poema "Kubla Khan", de S. T. Coleridge e no filme *Cidadão Kane*, de Orson Welles, momentos especialmente instigantes da história da narrativa das cidades. Afinal, "as cidades também acreditam ser obras da mente ou do acaso, mas nem um nem o outro bastam para sustentar as suas muralhas. De uma cidade não aproveitamos as suas sete ou setenta e sete maravilhas, mas as respostas que dão às nossas perguntas"[28].

Referências Bibliográficas

BAZIN, André. *Orson Welles.* Paris, Cerf, 1972.

_____. *What is Cinema?* Essays selected and translated by Hugh Gray. Berkeley, University of California Press, 1961, vol. I.

_____. *What is cinema*? Essays selected and translated by Hugh Gray. Berkeley: University of California Press, 1971, vol. II.

27. I. Calvino, *op. cit.*, p. 44.
28. *Idem, ibidem.*

BÍBLIA de Jerusalém. Trad. Euclides Martins Balancin *et al.* São Paulo, Paulinas, 1985.

BORGES, Jorge Luis & COZARINSKY, Edgardo. *Do Cinema*. Trad. Ana Fonseca e Silva e Salvato Teles de Meneses. Lisboa, Livros Horizontes, 1983.

BORGES, Jorge Luis. *Obras Completas 2*. Buenos Aires, Emecé, 1984.

BRUNEL, Pierre (org.). *Dicionário de Mitos Literários*. Trad. Carlos Sussekind. Rio de Janeiro, UNB/José Olympio, 2000.

CALVINO, Italo. *As Cidades Invisíveis*. Trad. Diogo Mainardi. São Paulo, Companhia das Letras, 1990.

CITIZEN Kane (filme). História, roteiro, montagem, produção e direção de Orson Welles. EUA, 1941.

COLERIDGE, S. T. *Biographia Litteraria*. London, J. M. Dent and Sons, 1930.

_____. *Poems and Prose*. Londres, Penguin Books, 1987.

DELEUZE, Giles. *A Imagem Tempo*. Trad. Heloísa de Araújo Ribeiro. São Paulo, Brasiliense, 1990.

DOS PASSOS, John. *The 42th Parallel*. Nova Iorque, Pocket Books, 1952.

EISENSTEIN, Serguei. *The Film Sense*. Trad. Jay Leyde. Londres, Faber and Faber, 1977.

EL LIBROL del Ciudadano. Conteniendo el Guión de filmación. Trad. Daniel Landes. Buenos Aires, Ediciones de la Flor, 1976.

ENCYCLOPAEDIA Britannica. Chicago, Enciclopaedia Britannica, 1968.

LAS AVENTURAS de Marco Polo. Trad. Miguel Posse. Buenos Aires, Acme, 1955.

LOWES, Jonh Livingston. *The Road to Xanadu: A Study in the Ways of the Imagination*. Boston, Houghton Mifflin, 1995.

MACKENZIE, John L. *Dicionário Bíblico*. Trad. Álvaro Cunha *et al.*, rev. Honório Dalbosco. São Paulo, Paulinas, 1983.

PECHMAN, Robert Moses. *Cidades Estreitamente Vigiadas; O Detetive e o Urbanista*. Rio de Janeiro, Casa da Palavra, 2002.

TEMAS de Cine. Orson Welles. Madrid, Film Ideal, ns. 24-25, set.-dec. 1962, tomo II.

VOLPE, Miriam L. *Resgate de um Sonho: Cidadão Kane e Kubla Khan*. São Paulo, Cone Sul, 1999.

DESCONSTRUINDO VENEZA

Davide Falcioni

Veneza que morre
Veneza apoiada no mar
a doce obsessão dos seus últimos dias tristes
Veneza vende-a aos turistas
que procuram no meio do povo
a Europa ou o Oriente
que vêem elevar-se pela noite
o fumo ou a raiva de Porto Marghera[1].

"Venezia", música de FRANCESCO GUCCINI

1. *Venezia che muore / Venezia appoggiata sul mare / la dolce ossessione degli ultimi suoi giorni tristi / Venezia la vende ai turisti / che cercano in mezzo alla gente / l'Europa o l'Oriente / che guardano alzarsi alla sera / il fumo o la rabbia di Porto Marghera.*

Fig. 6: Detalhe do cartaz para o filme O Talentoso Ripley, *de Anthony Minghella.*

Desde o primeiro *travelling* conhecido na história do cinema, registrado no pequeno filme *Arrivée en Gondole, Panorama du Grand Canal pris d'un bateau, Panorama de la Place Saint-Marc pris d'un bateau,* de 1896, quando o operador Alexandre Promio colocou a câmera dentro de uma chata em movimento para obter uma panorâmica de Veneza[2], esta cidade tornou-se o *set* ideal para alguns gêneros particulares de filmes: adaptações das duas tragédias venezianas de Shakespeare; aventuras de capa e espada; comédias românticas; e dramas psicológicos que envolvem paixões secretas, doentias e proibidas. A forma peculiar da cidade, a aparente imobilidade das coisas que a rodeiam, a água que a cerca e protege, mas que, ao mesmo tempo, parece querer engoli-la, reforçam o efeito mágico daquele *unicum* que encanta os cineastas: mais de mil filmes foram rodados entre as *calli* (ruas), *salizade* (estradinhas), *rii* (cursos de água) e *canali* (canais) de Veneza; talvez só Nova Iorque e Paris registrem maior número de filmes nela rodados[3].

Os alemães devotam uma fiel paixão por Veneza e, no cinema alemão, desde *Uma Noite Veneziana* (*Eine venetianische Nacht*, 1913), de Max Reinhardt, onde o filósofo Anselmus Aselmeyer (Alfred Abel) é introduzido nos mistérios de Veneza pelo vagabundo Pipistrello, a cidade transfigura-se no palco de acontecimentos mágicos que propiciam o romance. Um dos episódios de *A Morte Cansada* (*Der müde Tod*, 1921), de Fritz Lang, passa-se na Veneza renascentista, entre palácios ducais e estreitos canais construídos em Babelsberg[4]. Durante o fascismo, Veneza é o palco de filmes populares no gênero *capa e espada*, filmes históricos que exaltam as figuras heróicas, as autoridades, os homens do poder na cidade medieval e renascentista, onde a analogia

2. Cf. L. Nazario, *As Sombras Móveis*, p. 20.

3. *http://helios.unive.it/~riccdst/sdv/index.htm*. Para uma completa *filmografia veneziana*, consultar o sítio http://www.imdb.com.

4. Cf. L. Nazario, *op. cit.*, pp. 132 e 215.

entre o doge e o *Duce* se faz sempre presente, como em *Il fornaretto di Venezia* (1923) e *I Foscari* (1923), ambos de Mario Almirante. Em 1938, o Duce decreta o embargo dos filmes americanos, com crescente importação dos filmes produzidos na Alemanha nazista, invariavelmente premiados no Festival de Veneza[5].

Com *Venezia minore* (1940), o grande documentarista e historiador do cinema Francesco Pasinetti realiza um de seus melhores trabalhos, prenunciando o neo-realismo. Mas a cidade continua a ser usada preferencialmente para ambientar os dramas históricos do regime fascista – como em *Il ponte dei sospiri* (1942), de Mario Bonnard – nos quais Veneza é vista sempre a partir dos lugares do poder, das salas dos palácios majestosos, dos imponentes balcões do *Canal Grande*, das magníficas torres de sinos, muito acima do labirinto das *calli* baixas, que abrigam, sob a calma aparente, uma intrincada rede de complôs políticos e dificuldades existenciais, especialmente nos anos da guerra. Nesses *tableaux vivants* dos representantes do poder, dos quais a massa está ausente, mantida à distância por lúgubres cordões de segurança ou rígidas barreiras, quando os homens do povo aparecem, como figurantes, nunca se expressam no dialeto veneziano, e sim na língua italiana imposta a todos pelo fascismo.

Houve um momento em que a Veneza do cinema, aquela das vitrinas, parecia converter-se numa fábrica de sonhos: em 1943, quando a transferência de Cinecittà de sua sede em Roma para a *laguna* foi anunciada (pela República de Saló) e também consumada, com a fundação dos estúdios Scalera no bairro judeu da Giudecca. Na Scalera produziram-se filmes de propaganda do regime, agora ligados aos interventores alemães, mas também um filme no gênero capa e espada em dialeto, baseado nas tradições populares: *Canal Grande* (1943), com Cesco

5. Cf. J. A. Gili, *L'Italie de Mussolini et son cinema*. Paris, Henri Veyrier, 1985, p. 23.

Baseggio, grande intérprete goldoniano então simpatizante do regime, mas que mostra a resistência dos gondoleiros à introdução dos *vaporetti* – uma oposição que no começo do século também eruditos como Pompeo Molmenti sustentaram; e *La vita semplice* (1945), de Francesco De Robertis, uma história com a intenção de superar o fascismo e trazer, "depois de tantos lutos e dores, finalmente um sorriso".

Veneza Histórica

Cidade enamorada de suas antigas glórias, Veneza evoca o passado em sua própria arquitetura: o cinema não hesitará em recorrer à sua imagem para reconstituições dramáticas, privilegiando, contudo, alguns temas específicos. A Inquisição, por exemplo, é tematizada em *Il bravo di Venezia* (1941), de Carlo Campogalliani, livremente inspirado no romance homônimo de James Fenimore Cooper (1831); ou *The Thief of Venice* (1950), de John Brahm, narrando a tentativa do Grande Inquisidor Scarpa de tomar o poder numa Veneza renascentista, envenenando o doge, mandando ao exílio o almirante Disani, vencedor dos turcos, e depois sendo derrotado pela aliança entre o povo e o patriciado honesto. Mais tarde, o tema da intolerância da Igreja diante do inevitável avanço da ciência reaparece em *Galileo* (1968), de Liliana Cavani, e *Giordano Bruno* (*idem*, 1973), de Giuliano Montaldo.

Outro tema histórico predileto sediado em Veneza é o das aventuras amorosas de Giacomo Casanova (1725-1798) – vertente que produziu a obra-prima *Casanova de Fellini* (*Il Casanova di Federico Fellini*, 1976), de Federico Fellini, com a visão de uma Veneza fantasmática, inteiramente reconstruída em estúdio, e na qual Donald Sutherland transporta-se, entre uma e outra aventura grotesca, em gôndolas que ondulam sobre vastas extensões de plástico azul marinho. Mais comumente, as *Memórias* de Casanova inspiraram fantasias burlescas superficiais, protagonizadas por personagens que do original só possuíam as casacas vermelhas com botões dourados sobre camisas de mangas rendadas e peitilho com babados: assim foram alegres Casanovas no cinema os atores Vincent Price, em *Casanova's Big Night* (1954), de Norman McLeod; Leonard Whiting, em *As Primeiras Experiências Amorosas de Casanova* (*Infanzia, vocazione e prime esperienze di Giacomo Casanova, veneziano*, 1969), de Luigi Comencini; Tony Curtis, em *Casanova e Company* (*Casanova & Co.*, 1976), de Franz Antel; Richard Chamberlain, na produção televisiva *Casanova – O Maior Amante de todos os Tempos* (*Casanova*, 1987), de Simon Langton; e Alain Delon, em *O Retorno de Casanova* (*Le retour de Casanova*, 1992), de Edouarde Niermaus. Louvável exceção a essa iconografia estereotipada é o sedutor impotente vivido por Marcelo Mastroianni em *Casanova e a Revolução* (*La nuit de Varennes*, 1982), de Ettore Scola, que o desmistifica até espacialmente, já que o filme não se passa em Veneza, mas na França revolucionária. Seguindo o caminho inverso, a pornografia apenas reforça o mito masculino do sedutor, com uma série de "filmes de época" estrelados por Rocco Siffredi e John Holmes, supostamente passados em Veneza (um dos quais levando o sugestivo título de *Casanova – Introduções no Canal do Sexo*).

Ainda na linha da produção de filmes históricos localizados em Veneza, o império austro-húngaro aparece representado pela trilogia de Ernst Marischka – *Sissi* (*Sissi, die Deustchweister*, 1955); *Sissi, a Imperatriz* (*Sissi, die junge Kaiserin*, 1956) e *Sissi e seu Destino* (*Sissi Schicksalsjahre einer Kaiserin*, 1956) – que remonta a Veneza: numa das cenas mais originais de um desses clássicos *kitsch*, a jovem Romi Schneider é rodeada por um bando de pombos que formam o nome da imperatriz no centro da *Piazza San Marco*. Também em *Mayerling* (*idem*, 1969), de Terence Young, os habsburgos estão em Veneza como em sua própria casa. Já o período *garibaldino* será magnificamente abordado em *Sedução da Carne* (*Senso*, 1954), de Luchino

Visconti, aristocrata gramsciano que aí elabora, ainda mais explicitamente que no conto "Senso" (1880), de Camillo Boito, uma síntese de melodrama romântico, quadro histórico, referências pictóricas e literatura popular. O anarquismo do fim do século XIX encontra um belo representante em *San Michele Tinha um Galo* (*San Michele aveva un gallo*, 1971), dos irmãos Paolo e Vittorio Taviani, onde boa parte da ação se passa na laguna, entre Veneza e as ilhas que a cercam, apresentando uma imagem menos glamorosa da cidade. E o processo Murri, que escandaliza a Itália em 1905, é apresentado em *A Grande Burguesia* (*Fatti di gente per bene*, 1974), de Mauro Bolognini.

Outra série de filmes históricos que traz Veneza como pano de fundo são as adaptações das duas tragédias de Shakespeare ambientadas nesta cidade, e ambas marcadas por estereótipos étnicos: *O Mercador de Veneza* e *Othello*. A primeira teve apenas uma adaptação memorável, ainda no cinema mudo: *O Mercador de Veneza* (*Der Kaufmann von Venedig*, 1923), que Peter Paul Felner escreveu, produziu e dirigiu com locações em Veneza e cenografia de Hermann Warm. O filme foi lançado com toda a pompa a 13 de outubro de 1923, na Mozartsaal de Berlim, com entradas ao preço de um bilhão de marcos devido à inflação[6]. Sob o regime nazista, e já no fim da guerra, Joseph Goebbels projetou uma adaptação de *O Mercador de Veneza* cuja direção seria confiada a Veit Harlan, do infame *O Judeu Süss* (*Jud Süss*, 1941); a esta produção seria concedido um grande orçamento, e os melhores técnicos e atores do cinema da Alemanha seriam convocados para a empreitada; o filme iniciar-se-ia com uma placa de mármore na qual se inscreveriam em letras douradas ser aquela a "a visão que o maior dos poetas tinha dos judeus". Esta propaganda cinematográfica permaneceu, felizmente, apenas como um projeto[7]. São realizadas,

6. Cf. L. Nazario, *op. cit.*, pp. 181-182.
7. Cf. L. Nazario, "Diversão e Terror: Dos Autos-de-fé ao Cinema Nazista", p. 415.

contudo, pelo menos treze adaptações da peça, entre as quais: *The Merchant of Venice* (1955), de H. Burton; *The Merchant of Venice* (1969), de J. Miller, com Sir Laurence Olivier; *The Merchant of Venice* (1972), de C. Messina.

Talvez a primeira versão cinematográfica de peso do *Otelo* de Shakespeare seja o *Otelo* (1923) do russo Dimitri Buchowetzki, produzido na Alemanha, em que Veneza é precariamente representada por cenários montados em estúdio. A única ambientação da cidade, afora os interiores de falsos palácios, é um tanque de água com uma imensa escadaria simulando um porto de entrada e saída usado por todos os personagens do filme. Já em seu *Otelo* (*Othello*, 1952), Orson Welles, rodando em diversas locações, atingiu a máxima estilização cinematográfica de Veneza. Na Rússia, contam-se pelo menos duas adaptações: *Otelo* (*Othello*, 1955), de Sergei Yutkevich, com Serghei Bondarciuk no papel do mouro, com impressionante visual e narrativa fluente numa bela Veneza de estúdio; e outra, menos conhecida, de 1960, com Ciabukiani. Já *Ao Despertar da Paixão* (*Jubal*, 1956), do americano Delmer Daves, foi considerado um poderoso drama transportado para o faroeste. E no episódio "Che cosa sono le nuvole?", do filme *Capriccio Italiano* (1967), Pier Paolo Pasolini cria uma fábula na qual Totò, Laura Betti e Ninetto Davoli são fantoches que interpretam, respectivamente, Iago, Desdêmona e Otelo num teatro popular. Mas em todas as adaptações da tragédia veneziana de Shakespeare para as telas – da versão muda com Emil Jannings à célebre edição de *Otelo* (*Othello*, 1965), de Stuarte Burge, com Sir Laurence Olivier; da versão televisiva inglesa do *Othello* (1981), de Jonathan Miller, com Anthony Hopkins, ao *Otelo* (*Otello*, 1986), de Franco Zeffirelli, com Plácido Domingo, o mouro sempre foi interpretado por atores brancos com a cara pintada de preto. À parte o *Othello* (1979), de Joseph Papp, com o moreno Raul Julia, é o *Otelo* (*Othello*, 1995), de Oliver Parker, com Lawrence Fishburne, a primeira versão cinematográfica da obra na qual o mouro é interpretado por um ator negro. E, seguindo a moda, em *O.* (2001), de Tim Blake Nelson, a tragédia é transportada para nossos dias, com a tragédia do ciúme desenrolando-se numa escola privada do sul dos EUA, entre uma e outra partida de beisebol[8].

Veneza Decadente

Depois da Segunda Guerra, o cinema problematiza em Veneza questões sociais antes ocultas sob o peso da propaganda política do fascismo e do romantismo barato do cinema comercial. Em *La mano dello straniero* (1953), de Mario Soldati – baseado num tema de Graham Greene – narram-se as perseguições do período de guerra e aborda-se a degradação da cidade, com ênfase na questão da elevação da água: o filme antevê a catástrofe futura que, desde então, passa a assombrar os venezianos. Já muitos americanos passam a definir Veneza como "só um *luna-park* sobre a água", levando apenas impressões agradáveis do semáforo do rio Nuovo ou dos bombeiros de ca' Foscari. Em *Chi lavora è perduto e va in capo al mondo* (1962), de Tinto Brass, emergem problemas do duro cotidiano da cidade, como a falta de trabalho e a invasão dos turistas. A crítica social também está presente em *La ragazza di nome Giulio* (1970), de Tonino Valerii, no qual uma jovem veneziana, descuidada pela mãe e submissa à empregada-amante, aceita desposar um jovem tímido; antes das núpcias, ela

8. Entre as inumeráveis versões cinematográficas da peça, citemos: *Othello* (1907), de Franz Porten; *Grosse Arie* (1908), rodado na Alemanha; *Othello / Jealousy* (1908), de William V. Ranous; *Otello* (1913), rodado na Itália; *Othello* (1918), de Max Mack; *Ein Weisser Othello* (1922), de William Karfiol; *Othello* (1946), de David Mackane; *Othello* (1955), de T. Richardson; *Othello* (1969), de Maurits Balfoort; *Othello* (1980), de Liz White; *Othello* (1988), de J. Suzman, realizado na África do Sul; *Othello* (1989), de Ted Lange.

procura ter uma experiência sexual sem conseguir levá-la a cabo com nenhum dos homens com os quais dorme, nem mesmo depois de uma intervenção cirúrgica. E em *O Jardim dos Finzi Contini* (*Il Giardino dei Finzi Contini*, 1971), de Vittorio de Sica, baseado na obra homônima de Giorgio Bassani, a perseguição aos judeus durante os últimos anos do fascismo é descrita, em cenas passadas em Ferrara e Veneza, com grande sensibilidade e depuração plástica.

É com *Morte em Veneza* (*Morte a Venezia*, 1971), de Luchino Visconti, baseado no romance homônimo de Thomas Mann (1912), que a decadência veneziana assume novos contornos. Em imagens turvas, Veneza aparece como um balneário de luxo contaminado pela cólera, que faz afugentar os turistas, permanecendo sombria e vazia, como um cenário simbólico para a paixão irrealizável. Após a chegada do estafado compositor alemão Gustav Aschenbach a Veneza num *ferry-boat*, tudo passa a transcorrer nos floridos interiores – salão e quartos – do Hotel Des Bains; em sua praia particular, do outro lado da avenida em que está localizado; e nas ruas sombrias que o serpenteiam. O drama desenrola-se quase inteiramente em silêncio de palavras, já que não há quase diálogos no filme, que é inteiramente banhado pela música de Gustav Mahler, encerrando os últimos dias da vida do compositor impecavelmente interpretado por Dirk Bogarde. A opção pela cidade moribunda de Veneza, lentamente naufragando nas águas mortas que a cercam, é, desde então, uma constante no cinema, quando este decide apresentar, com um pano de fundo esplendoroso, a agonia de um personagem condenado por uma doença fatal. Este é o caso de *Anônimo Veneziano* (*Anonimo Veneziano/Anonimous Venetian*, 1972), de Enrico Maria Salerno, com Toni Musante (Enrico), sofrendo de câncer no cérebro e reconquistando o amor perdido de Florinda Bolkan (Valéria); de *Esquecer Veneza* (*Dimenticare Venezia*, 1979), de Franco Brusati, em que os amores homossexuais assumem contornos doentios; de *Em Noite de Lua Cheia* (*In una notte di chiaro di luna*, 1989), de

Lina Wertmüller, em que um sedutor incorrigível contamina homens e mulheres com Aids antes de atirar-se da janela do seu palácio em direção ao canal; ou até do mais recente *Asas do Amor* (*The Wings of the Dove*, 1997), de Iain Softlay, baseado no romance de Henry James, em que Helena Bonham Carter e Linus Roache, amantes pobres para se casarem, arquitetam um plano para embolsar o dinheiro de uma jovem amiga americana rica e moribunda; aqui, as cenas na *Piazza San Marco* são de extrema beleza, assim como os passeios de gôndola pelos canais e a pé pelas pequenas pontes que compõem o cenário romântico da ilha – cenário também explorado no filme *No Amor e na Guerra* (*In Love and War*, 1996), de Richard Attenborough, que narra o caso de amor entre o escritor Ernest Hemingway e Agnes von Kurowsky, enfermeira da Cruz Vermelha que o curou em Milão quando, durante a Primeira Guerra Mundial, foi ferido na frente italiana, história que inspirou um dos mais notáveis romances de Hemingway, *Adeus às Armas*. Richard Attenborough conta a história do ponto de vista de Agnes, de cujos diários foi tirado o roteiro. Muitas cenas foram rodadas entre Veneza e Vittorio Veneto.

Ao mesmo tempo, o tema do desemprego, a crise da família e, sobretudo, o problema da eterna elevação da água em Veneza continua a afligir o cinema que se quer "realista", como na comédia *Yuppi Du* (1974), de Adriano Celentano, onde o protagonista convive com a *alta marea* em sua casa; ou em *L'altro Dio* (1975), de Elio Bartolini, onde a Veneza turística cede espaço para a zona industrial de Porto Marghera num momento em que, sob o peso da crise econômica e política que atinge a sociedade italiana, a tradicional família operária se quebra, e as mulheres tornam-se independentes da casa, não mais esperando seus filhos e maridos operários. Na comédia grotesca *Culastrisce, nobile veneziano* (1976), de Flavio Mogherini, e em *Nudo di donna* (1981), de Nino Manfredi, o carnaval veneziano aparece atualizado.

Um dos *topos* da literatura e do cinema de terror é a família burguesa e aparentemente feliz tornando-se vítima de um pesadelo causado por forças malignas: basta pensar em *A Profecia* (*The Omen*, 1976), de Richard Donner, em que, com um ritmo sempre mais claustrofóbico, os pais descobrem que seu filho querido em realidade é o filho do Demônio; ou em *O Iluminado* (*Shining*, 1980), de Stanley Kubrick, em que as presenças demoníacas do Overlook Hotel possuem a mente do pai e rompem a harmonia da desventurada família; ou ainda em *Poltergeist, o Fenômeno* (*Poltergeist*, 1982), de Tobe Hooper, em que uma família em crise luta contra os espíritos malignos de um antigo cemitério índio depois do desaparecimento de uma menina capturada pela televisão.

Seguindo este mesmo padrão, na cena de abertura de *Inverno de Sangue em Veneza*, (*Don't Look Now*, 1973), de Nicolas Roeg, baseado no conto de Daphne de Maurier, vemos uma família feliz, num dia qualquer, mas já existem aí muitos indícios e pressentimentos ligados a vidros, espelhos e reflexos, que, neste gênero, são o símbolo e o aviso mesmo da morte – veja-se *Candyman* (*idem*, 1992), de Bernard Rose, em que o monstruoso *serial-killer* esconde-se e aterroriza atrás do espelho. *Inverno de Sangue em Veneza* tem muitos elementos do terror clássico: elementos sobrenaturais, mediunidade, visões, atmosferas lúgubres. A vida de uma tranqüila família no campo inglês é perturbada pela terrível morte acidental da menina Christine, trágica distorção da fábula de Chapeuzinho Vermelho. Enquanto o casal formado pelo restaurador John e sua esposa Laura está serenamente em casa, Christine brinca com seu irmão Johnny no jardim e, subitamente, ao correr atrás de uma bola, cai nas águas de um charco, enquanto seu pai olha um diapositivo de uma igreja através de uma lente de aumento que também distorce, pela sua natureza convexa, as imagens. A lente evoca uma bola de cristal, como lhe revelar o futuro, alertando-o para o perigo; ao mesmo tempo, a imagem vista através da lente é um vitral colorido, cujas cores predominantes são o azul e o vermelho – como o sangue que, subitamente, mancha o diapositivo. Simultaneamente, o filho Johnny passa com sua bicicleta sobre um vidro que se rompe e corta seu joelho – outro chamamento ao sangue. Na casa, há espelhos e, sobretudo, janelas, que permitem a passagem de muita luz, mas estas aberturas também são símbolos de vulnerabilidade, uma vez que o pai, não obstante a premonição, mostra-se impotente para salvar a menina da morte. E, antes do acidente, vemos Christine correndo atrás da bola através dos reflexos da água do charco onde ela se afogará. Assim que Laura e John vão para Veneza (ele provavelmente aceitou um trabalho na Itália para superar a dor da tragédia), a cidade parece representar a salvação do seu drama, mas é para logo se converter no palco de uma inquietante corrida contra o tempo, pressagiada pela primeira frase que o restaurador diz: "Aqui tudo é podre", referindo-se à pedra da igreja de San Nicoló – protetor dos meninos – que se esfarela "como tabaco". A cidade também está podre... Durante a pausa do trabalho o casal vai almoçar num restaurante e então eles são vistos por duas irmãs inglesas, ainda que descobrimos que uma delas é cega e tem poderes premonitórios. Laura ajuda-as a ir ao banheiro e a cega, Heather, conta-lhe que a sua filha está feliz e sempre perto dos seus pais, com a sua típica capinha vermelha. Mais espelhos (desta vez a tela aparece, em ótimo efeito, dividida em quatro partes) mostram duas cenas em que Laura conversa com as irmãs: na primeira temos dois espelhos com a imagem da mulher que escuta as palavras da cega e nos outros dois a mesma Heather; quando as irmãs se vão embora, e Laura fica sozinha, tomada de uma angulação oblíqua, reflexa nos dois espelhos centrais. Também na cena no banheiro do hotel, dois espelhos opostos projetam a imagem de Laura e John até o infinito. E, finalmente, na cena em que John sobe num andaime para controlar a cor de uma peça do mosaico, um tubo cai sobre o vidro que o protege e o rompe em mil pedaços. No filme descobrimos que John também tem poderes sensitivos (eis a explicação de que ele "sentiu" a morte de Christine), mas não quer admiti-lo. Laura, ao contrário, fica impressionada pelas palavras de Heather e procura sempre falar com ela, e por isso será convidada a uma sessão espírita. As irmãs intentam avisar John porque Christine lhe diz que Veneza não é segura. A corrida de todos os personagens pelas *calli* da cidade torna-se, em cada cena, mais inquietante, mais frenética, mais fatal. É uma Veneza fria e obscura aquela mostrada pelo diretor Roeg, com ratos, águas sujas, cartazes rasgados, criaturas horríveis – talvez corresponda à realidade – e uma ambientação que lembra as águas do Estige. A mesma Heather dirá: "Veneza é uma cidade de gelatina (*a city aspic*) que sobrou de uma festa e todos os convidados estão mortos".

Visões macabras ou sombrias de Veneza encontramos em outros filmes cujo o filão iniciado na década de 1970 multiplicou-se, desde o mais que esquecível *Drácula em Veneza – Nosferatu, o Retorno* (*Vampire in Venice*, 1987), de Alan Cummings (Augusto Caminito) – com trilha de Vangelis – em que o estranho vampiro encarnado por Klaus Kinski vive de dia, suga o sangue da boca de suas vítimas e parece ele mesmo um disfarce carnavalesco, até *Uma Estranha Passagem em Veneza* (*The Comfort of the Strangers*, 1990), de Paul Schrader, com roteiro de Harold Pinter, em que um casal de sadomasoquistas envolve um jovem casal em férias na cidade em sua teia de sedução até a morte. Em *O Último Trem para Veneza* (*Night Train to Venice*, 1995), de Carlo Quinterio, Hugh Grant é um jornalista viajando para a cidade a fim de encontrar seu editor, mas as imagens de Veneza aí parecem um clipe musical, com bonecos mascarados, e a um palácio da cidade é estranhamente atribuída a romântica cena de balcão de *Romeu e Julieta*, os eternos namorados de. . . Verona! Em *Hotel* (2002), Mike Figgis recupera de seu filme anterior, *Timecode* (2001), a divisão da tela em quatro janelas, contando simultaneamente diferentes planos de uma história complexa: uma *troupe* americana que roda, em Veneza, um filme baseado em *A Duquesa de Amalfi*, de John Webster, vê-se, sem saber, num hotel povoado e administrado por vampiros. Figgis roda com quatro câmeras digitais: enquanto ele manobra uma delas, seus operadores trabalham com as outras três.

Veneza Romântica

Com seus mais de três mil anos de história, Veneza é misteriosa, enigmática e, acima de tudo, romântica. Pode-se vagar sem rumo por seus becos, ruelas e canais, todos aparentemente iguais, mas que depois de algumas horas de caminhada, ganham contornos inesquecíveis e únicos. Piazza San Marco é o cartão-postal de Veneza. É ali que todos os turistas chegam, descobrindo o encanto das gôndolas e dos canais venezianos. Qualquer filme passado em Veneza acaba, invariavelmente, tendo seqüências rodadas na Basilica di San Marco, construída em 1094, nos moldes da Igreja dos Doze Apóstolos da antiga Constantinopla, na Torre dell'Orologio, no Palazzo Ducale e sob a Ponte dei Sospiri, que apesar de ter recebido esse nome por ser a ponte que conduzia os condenados locais aos calabouços, já que à caminho da execução, os presos supostamente suspirassem sobre o canal, dando adeus à vida, ao ver pela última vez o céu e o mar, suspiros sempre remetem ao amor, o que fez da ponte um lugar romântico e totalmente contrário ao seu passado tenebroso. Com tantas atrações turísticas e recantos acolhedores, Veneza tornou-se o principal alvo para os amantes em busca da realização de seu romance, em filmes de variada qualidade. Fred Astaire e Ginger Rogers aparecem em Veneza no clássico musical *O Picolino* (*Top Hat*, 1935), de Mark Sandrich. Mas a Veneza do filme foi totalmente criada em estúdio. Em nada se parece com a real: feita de papelão, madeira e laca, essa Veneza mais parece um balneário (figurantes mergulham e nadam nos canais da ilha, como se isso fosse possível e permitido!). Os interiores incluem móveis e objetos todos na cor branca (talvez em referência aos chamados "filmes de telefones brancos", produzidos pelo regime fascista, então em voga na Itália). Rodados em estudo, mas caracterizando Veneza, há ainda o clássico *A Fonte dos Desejos* (*Three Coins in the Fountain*, 1954), de Jean Negulesco, que se passa na maior parte do tempo em Roma, contendo, porém, algumas cenas em Veneza.

Mambo (1955), de Robert Rossen, fracassado melodrama onde uma dançarina interpretada por Silvana Mangano desposa por interesse um conde hemofílico, vale apenas por suas anotações sobre o modo de como chegar à cidade. Logo Veneza se converte numa meta obrigatória dos itinerários do turismo de massa, e de todas as partes do mundo fluxos contínuos de caravanas nacionais chegam de trem à estação Santa Lucia em busca de um *insight* da cidade. Essa massa de turistas já aparecia em *Quando o Coração Floresce* (*Summertime*, 1955), de David Lean, onde Katherine Hepburn, no papel de uma americana de meia-idade, em viagem à Veneza, entra numa loja de Campo San Barnaba, charmosa e convidativa, atrás de uma peça rara. Encontra não apenas a peça, mas também Rossano Brazzi, um sedutor homem casado que conquista seu coração; ficaram famosas as cenas em que ela tenta recuperar a flor presenteada que cai no canal e o desastrado encontro num café da Piazza di San Marco. Em uma das seqüências mais divertidas do romance, a atriz se distrai procurando o melhor foco para uma foto e cai no canal (a atriz não gostou de rodar a cena, alegando que contraiu nas águas do canal uma rara virose nos olhos, que a fazia lacrimejar o tempo todo). Desmistificada, a cidade passa a ser um fundo natural para comédias à italiana: em *Venezia, la luna e tu* (também conhecido como *I due gondolieri*, 1958), de Dino Risi, o gondoleiro Alberto Sordi (ator capaz de dar vida a toda uma galeria de tipos italianos com seus vícios e virtudes) é um improvável e simpático gondoleiro, falando um veneziano de arrepiar, com forte acento romanesco, passeando despreocupado pelos canais venezianos, numa verdadeira *summa* de estereótipos. Muito mais dramático, com tonalidades freudianas, é *Eva* (*idem*, 1962), de Joseph Losey, baseado na novela de James Hadley Chase, onde Jeanne Moreau vive uma mulher fatal que seduz e humilha um escritor que vive em Veneza causando a morte de sua esposa.

Uma Veneza, ao mesmo tempo mágica e real, diferente daquela vendida nos cartões postais cinematográficos, é apresentada em *Pão e Tulipas* (*Pane e tulipani*, 2000), de Silvio Soldini. Neste filme, a meta geográfica é Veneza, mas a meta interior é a libertação das regras sociais. A protagonista, esquecida num restaurante de estrada durante as férias com a família, decide não voltar para casa, mas viajar de carona até Veneza, só porque, tendo outrora sonhado com isso, nunca tinha antes realizado este sonho. O diretor Soldini é um colorista que transforma em arte a Veneza dos cartões postais, até incluir no jogo cromático as personagens com os seus vestidos e acessórios. Os personagens e lugares estão iluminados pelo sol numa Veneza perseguida pela câmara nos seus ângulos mais íntimos e autênticos. Uma Veneza que os venezianos facilmente reconhecerão, mas também uma cidade-sonho, com um sabor quase mágico. Assim como *Italiano para Principiantes* (*Italiensk for Begyndere*, 2000), de Lone Scherfig, que possui uma única cena rodada em Veneza, a última, quando o variado grupo de estudantes, depois de ter estudado a bela língua italiana durante o curso, parte numa viagem-prêmio pela sonhada cidade e tira uma fotografia com o fundo da laguna. E também Michelle Pfeiffer e Bruce Willis escolhem Veneza para tentar recuperar seu casamento, apostando numa segunda lua-de-mel em *A História de nós Dois* (*The Story of Us*, 2001), de Rob Reiner.

Explicitando em imagens as grandes paixões vividas em Veneza, o cinema erótico conta com uma infinidade de produções "situadas" nesta cidade: desde o *porno-soft Emmanuelle na América* (Emmanuelle in America, 1976), de Joe d'Amato, passando pelo hard-core *Stretta e bagnata* (1982), do mesmo diretor, até o erotismo "sofisticado" de *A chave* (*La chiave*, 1983), de Tinto Brass; de *A Veneziana* (*La Venexiana*, 1985) de Mauro Bolognini; de *Luxúria* (*Sen-*

so '45, 2002), de Tinto Brass, filmes onde Veneza é apenas suposta como cenário que se reduz a vielas e becos, não necessariamente autênticos, cujas protagonistas só procuram as alcovas de seus amantes.

Veneza é ainda uma das preferências do cultuado diretor americano Woody Allen. Em seu musical *Todos Dizem Eu te Amo* (*Everyone says I Love You*, 1996), ele se apaixona por Julia Roberts ao fazer seu *jogging* diário pelos canais e pontes de Veneza. E no documentário *Woody Allen in Concert* (*Wild Man Blues*, 1998), de Barbara Kopple, sobre sua paixão pela música e seu trabalho como clarinetista, Allen e a esposa Soon Yi aparecem várias vezes em férias pela cidade: passeando de gôndola ou em campanha pela reconstrução do teatro La Fenice, destruído num incêndio em 1996, Woody Allen desfruta da beleza da cidade e do luxo dos hotéis. Mas no cinema americano em geral, Veneza é apenas mais um *set* para as ações dos personagens, sejam essas ações cômicas, românticas ou aventureiras. Este *set* aparece em *Moscou contra 007* (*From Russia with Love*, 1963), de Terence Young, com Sean Connery eliminando a assassina numa suíte do Hotel Danieli. Em *007 contra o Foguete da Morte* (*Moonraker*, 1979), de Lewis Gilbert, Roger Moore vive grandes aventuras na Torre dell'Orologio, em Piazza San Marco, e persegue os vilões entre os *canali*. Em *Um Pequeno Romance* (*A Little Romance*, 1979), de George Roy Hill, Sir Laurence Olivier explica aos jovens apaixonados, Diane Lane e Thelonius Bernard: "Uma lenda veneziana diz que se dois namorados se beijam numa gôndola sob a *Ponte dei Sospiri* ao entardecer, quando os sinos do Campanário tocam, eles se amarão para sempre"; no final do filme a lenda romântica realiza-se para o jovem casal. Em *Era Uma Vez na América* (*C'era una volta in America*, 1983), de Sergio Leone, a praia do Lido converte-se naquela de Atlantic City, e o Hotel Excelsior num grande hotel com vista para o oceano, aonde Robert de Niro leva a bela Elizabeth McGovern para jantar, tendo como cenário a praia particular do hotel. Em *Indiana Jones e a Última Cruzada*

(*Indiana Jones and the Last Crusade*, 1989), de Steven Spielberg, o arqueólogo aventureiro não hesita em destruir bibliotecas seculares e monumentos históricos em sua luta contra os vilões nazistas. Em *Só Você* (*Only You*, 1994), de Norman Jewison, o ritual obrigatório de sentar-se num bar de Veneza é seguido à risca embora grande parte de suas locações realiza-se em Roma, mas é para Veneza que a protagonista Marisa Tomei vai com sua amiga Bonnie Hunt e se hospeda no Hotel Danieli, perto da praça, para encontrar seu antigo amor de infância, estrelado por Robert Downey Jr. Em *Escândalos no Hotel* (*Blame it on the Bellboy*, 1995), de Mark Herman, um simples camareiro de hotel transforma a bela cidade em um completo pandemônio, por causa de três visitantes com nomes muito parecidos. E no filme *Em Luta pelo Amor* (Dangerous Beauty, 1998), de Marshall Herskovitz, a jovem cortesã Catherine McCormick, encontra-se dividida entre os amantes a que atende profissionalmente e seu verdadeiro amor, Rufus Sewell, numa Veneza de cartão postal.

Veneza Secreta

O Talentoso Ripley (*The Talented Mr. Ripley*, 1998), de Anthony Minghella, é a segunda adaptação, em ordem cronológica, do homônimo livro de Patricia Highsmith, certamente mais fiel do que aquela realizada em 1959 por René Clement, intitulada *O Sol por Testemunha* (*Plein Soleil*), e constitui uma viagem para a descoberta do talentoso personagem. Durante uma prestigiosa *party* em Nova Iorque, o jovem Tom Ripley encontra o magnata Herbert Greenleaf e finge ser um colega de universidade de seu filho Dickie, que está vivendo ociosamente na Itália. O homem oferece dinheiro a Tom para convencer o filho a voltar para casa. Em Mongibello, Ripley conhece o fascinante Dickie e sua noiva Marge: logo o rico rapaz, cujo estilo de vida exerce sobre ele uma irresistível sedução, converte-se no seu objeto de desejo. Mas quando Dickie se cansa do novo amigo e recusa-lhe a sua afeição, aquele o mata e assume sua personalidade, fazendo nascer uma série de situações cada vez mais complicadas, enquanto a polícia segue-o em seu encalço. Uma viagem pelas paisagens mais belas da Itália: vai-se da deliciosa e fictícia aldeia da costa de Amalfi, Mongibello, passando pela costa da Ligúria de Sanremo até se chegar a Roma e Veneza, verdadeiras e vibrantes como nunca. Quatro localidades que curiosamente decalcam a posição geográfica das antigas Repúblicas Marinheiras: Amalfi, Genova, Pisa, Veneza, potências marítimas e rainhas dos tráficos comerciais com o Oriente desde o século X até o XIV.

O filme desenvolve-se como um percurso que vai do sul ao norte e é sublinhado pelo mar, que banha e caracteriza a península italiana. De fato, a presença do mar (ou, de qualquer maneira, do elemento água) marca de modo pujante os momentos de tensão, as ações de suspense, os assassinatos e as mortes, sempre trágicas. A água, pela sua natureza transparente e cristalina, remete ao mito de Narciso, símbolo do duplo, do desdobramento e da duplicidade, que, aliás, é um dos talentos de Ripley, intencionalmente constrangendo-se num mundo de aparências. Jean-Paul Sartre, a propósito de Veneza, escreveu:

> E, no entanto, esta cidade é narcisista; ela tem uma complacência por ela mesma: a água. Ela se contempla por pequenos pedaços de nudez, ela treme um pouco, rosa, na noite escura e rosa, dentro do céu; ela ondula, e tem por si mesma complacências vergonhosas [. . .]. Uma água servil e louca a reflete, a lisonjeia e de repente a contesta [. . .]. Não se sabe mesmo mais se o reflexo é um pequeno ser demoníaco ou se esta cidade surgida da água morta não é a aparência da aparência e o reflexo de um reflexo[9].

Exemplos de desdobramento no filme são as imitações que Tom faz das vozes do senhor Greenleaf, de Dickie, de

9. J.-P. Sartre, *La reine Albemarle ou le dernier touriste*, Paris, Gallimard, 1991, pp. 106-107.

Marge; e da de Chat Backer interpretando *My Funny Valentine*; também na cena do teatro, ficção dentro da ficção, quando durante a representação da ópera *Eugene Oneguin*, de Tchaicóvski, Tom revive o assassinato de Dickie. Os ótimos jogos de espelhos e os reflexos são uma constante em todo o filme, bastando citar a seqüência no trem, quando Tom se achega lentamente ao rosto de Dickie que dorme ao seu lado, de modo que a imagem refletida no vidro dá a ilusão de um beijo.

A estrutura narrativa é geométrica: cada uma das três partes do filme tem um "pano de cena" italiano diferente; a elas somam-se a introdução em Nova Iorque e o epílogo, que também é um novo começo, no Mar Mediterrâneo. Todas cidades de água, em que se sublinha a busca (inconsciente ou não) de Tom pela redenção: a água benta deveria lavar os pecados, mas ao mesmo tempo marca-os de modo indelével. Em cada cidade esconde-se um cadáver, enquanto a água, toda vez, batiza e purifica Tom Ripley. Nova Iorque, porto de mar por excelência e ponto de chegada de muitos emigrantes, representa para Tom, de partida para a Itália, a morte daquilo que ele era; em Mongibello, Silvana, a fruteira, depois de descobrir que está grávida de Dickie, suicida-se no mar durante uma peculiar procissão aquática; em Sanremo, Tom mata Dickie a golpes de remo dentro de uma barca alugada enquanto um mar calmo e raso contrasta com a crueza da cena; em Roma, Tom, depois de ter matado Freddie Miles, arrasta desajeitadamente o cadáver para o carro enquanto, do lado esquerdo do quadro, uma fonte (e, no fundo, o som de água que repica) acompanha os movimentos embaraçados de Ripley; por fim, durante a viagem no mar de Veneza a Atenas, ele estrangula Peter na cabina do *ferry-boat*.

É interessante notar como, nesta "viagem aquática", as características das cidades em que se desenrolam as vicissitudes de Ripley sublinham também o caráter dele, ou o seu humor. No primeiro encontro do diretor Minghella com a Itália explodem todas as cores, os sons e também os estereótipos do Sul. A solar Itália dos anos de 1950 do filme não corresponde à Itália real (ou, pelo menos, esta não se reduz a esta imagem), mas interpreta a expectativa que os estrangeiros têm de encontrar na Itália. Uma *Italietta* feliz, alegre e despreocupada, em rápida ascensão para o *boom* econômico, mostra-nos os sinos que tocam à festa, o grupo de homens dados ao jogo de bocha, a banca de frutas (onde Marge compra pão, laranjas, figos e presunto "como todos os dias!", diz Silvana, com sutil ironia), as canções napolitanas, a procissão, padres e freiras que aparecem em toda parte, a ponto de ser mesmo um padre que exclama: "Este é o país mais belo do mundo!", quando Tom chega a Mongibello. Mas a Itália (e no caso a do Sul) não é o país da pizza e do bandolim, em que os italianos (como no estereótipo) são expansivos com os turistas, assobiam para as raparigas que passeiam e começam espontaneamente a cantar no meio da rua.

Em Mongibello, Ripley mostra-se alegre e cordial, em harmonia com Dickie e Marge, experimenta o sentido de família, é acolhido, mimado, protegido: um pequeno paraíso no mar onde ele parece ter encontrado a sua América, ainda que, em realidade, tudo seja falso, construído, aparente, como a própria Mongibello (que, em realidade, é uma cidade de síntese, formada de cenas rodadas em Nápoles, em Palermo, nas ilhas de Capri e Prócida) ou o tipo humano satirizado na letra da canção *Tu vuo fa l'americano*, cantada num esfumaçado clube de jazz de Nápoles, para sublinhar o frenesi que Ripley tem de ser "qualquer outro":

> Você quer ser americano!
> 'Mericano! 'Mericano!
> Escuta aqui, a troco de quê?
> Você quer estar na moda
> E, quando bebe whisky and soda,
> ainda vem aborrecer[10].

(*Tu vuo fa l'americano*, música de Renato Carosone e Nicola Salerno)

10. *Tu vuò fa l'americano! / mmericano! mmericano! / Siente a me, chi t' ho fa fa? / Tu vuoi vivere alla moda / ma se bevi whisky and soda / po' te sente 'e disturbà.*

A música também é protagonista em Sanremo (reconstruída de modo fictício em Anzio, na costa do Mar Tirreno), em que Minghella ambienta ingenuamente um importantíssimo e improvável Festival do Jazz (na realidade, desenrola-se na "Cidade das Flores", anualmente, um Festival da Canção Italiana, decididamente mais popular). Mais interessante resulta a sua descrição de Roma. Na estimulante moldura romana a cidade assume uma particular relevância, os elementos característicos não são um mero fundo às vicissitudes, mas sublinham e fazem ressaltar a narrativa. A Itália de Minghella é um país sensual, portanto em Roma também tudo é sensualidade: as pessoas, os movimentos de câmara, a iluminação. No interior da cidade, a câmara move-se sinuosamente e toma os ângulos ocultos (ou não), tornando as cenas únicas e irrepetíveis, como a *lambretta* na qual viajam Tom e Marge, que traz à memória *A Princesa e o Plebeu* (*Roman Holiday*, 1953), de William Wyler, em que, em circunstâncias muito diferentes, o jornalista Gregory Peck e a princesa rebelde Audrey Hepburn giravam pela cidade.

Piazza Navona, Trinitá dei Monti, Piazza di Spagna, o Foro Romano, os Musei Capitolini, o Caffè Latino, o Grand Hotel, a viela dos antiquários (onde ocorre novamente um jogo de espelhos, num dos quais Tom divisa a imagem de Dickie), são o fundo ideal para a *dolce vita* de Ripley, suspenso entre os ternos de Battistoni[11] e as férias em Cortina. "Porque", como diz Freddie, "a coisa mais importante é comer" e também beber, visto que os momentos de tensão, na melhor tradição de Agatha Christie, são quebrados por Tom oferecendo um drink. Mas Roma é também caos, frenesi, confusão. Exatamente como a vida que Ripley está conduzindo (e fingindo). É muito estimulante manter duas identidades, ligar para si mesmo de um hotel a outro e fingir surpresa em não se encontrar! Mas no final os acontecimentos (ou melhor, os assassinatos) voltam-se contra ele,

11. Famoso estilista italiano, muito na moda nos anos de 1950.

que se vê preso na teia de aranha que ele mesmo teceu. O ritmo premente da cidade sublinha o seu estado de ânimo: frenético pela dupla vida, confuso e nervoso pelas investigações da polícia. Então, quando Roma se torna sinistra e parece não ter a luminosidade dos dias anteriores, Tom parte para Veneza (as últimas cenas em Roma desenrolam-se em ambientes fechados, à noite, e o último enquadramento feito aí é uma subjetiva de Tom, da janela do sótão, vendo os pés dos policiais). Em Veneza, Tom decide voltar a ser ele mesmo, depois de uma memorável e tecnicamente complicada cena em que o rosto de Matt Damon se reflete no tampo do teclado do piano. Primeiro aparece o seu rosto na versão de Dickie, mas pouco a pouco a imagem se desdobra, as duas identidades se separam sobre a curvatura do tampo e no final vê-se o reflexo de Tom, com os característicos óculos de primeiro da classe, que Dickie já tinha ridicularizado em mais de uma ocasião (é nesta cena que Tom mata "definitivamente" Dickie).

Em Veneza, a tensão (e a água) sobe. Se Nápoles e Sanremo são cidades banhadas pelo mar, e Roma fica muito perto dele, é Veneza que está completamente rodeada, e até submersa por ele, assim como Tom. A água da laguna converte-se numa espécie de banho purificador para "cancelar" os erros cometidos; então, o rapaz tem a possibilidade de empreender um novo começo, sobretudo graças a Peter, o amigo de Marge conhecido em Roma. A sua chegada na Piazza San Marco, num dia de sol sublinhado por um vôo de característicos pombos, transmite sensações positivas, ainda que muito em breve a cidade revelará o seu verdadeiro caráter: as condições climáticas não são ótimas, o céu é cinza, a umidade parece atravessar a tela, os palácios são mostrados tal como são, mofados e decadentes, e pressentimos pouca esperança pela sorte de Tom. A doce vida romana converte-se em doce inquietude, a mesma que faz o fascínio da *Serenissima*, uma cidade que ainda hoje vive uma dimensão atemporal atada à suas lembranças, buscando uma glória passada que já não existe mais. Também as cenas do interior (rodadas em Casa

Gredo e no Palazzo Mosto) mostram o antigo esplendor, como os afrescos entrevistos na cena em que Peter, emocionado e emocionante, dirige o *Stabat Mater* de Vivaldi.

Minghella, na descrição de Veneza, evita mostrar os estereótipos, como não fez em Mongibello, mas evoca a essências deles. Quando Marge chega à estação de trem de Santa Lucia, a cidade é apenas esboçada pelos reflexos das características portas espelhadas que refletem a laguna; o Caffé Florian, meta ambicionada e dispendiosa para muitos turistas, geralmente tem as mesas lotadas de gente, mas no filme aparece semideserto, só com o senhor Greenleaf, sob o pórtico, à espera de Marge e Tom; o Hotel Europa & Regina, outro símbolo do fasto veneziano, é sugerido só por um chapéu, vestido pelo rapaz que ajuda Marge a carregar as malas num *motoscafo*. Não há referências ao carnaval, às mascaradas, às camisetas listradas dos *gondolieri*. As gôndolas fazem apenas fundo na filmagem, e quando ouvimos uma canção típica dos *gondolieri* (esperamos que eles se aproximem e entrem no quadro), em realidade, graças ao áudio defasado das imagens, descobrimos que são as vozes de Tom e Peter na cabina do *ferry-boat* (na cena seguinte): o estereótipo por excelência é apenas sugerido, mas não mostrado:

> Sou chamado de gondoleiro
> Mas não é verdadeiro.
> Não é por dinheiro
> Que corro os canais[12].
>
> (Canção popular dos gondoleiros de Veneza)

Curiosamente na cidade decadente não ocorrem assassinatos, ao contrário, haverá a absolvição de Ripley e, depois de um encontro com o detetive, contratado pelo pai de Dickie, a conseqüente liberação, volta a resplandecer o

12. *We are called gondolieri / But that's a vagary / It's quite honorary / The trade we ply.*

sol sobre Veneza. Tom é salvo. Interessante notar como ele se sente: preocupado, acossado, mas também enamorado e, sobretudo, amado. Exatamente as características de Veneza: um lugar de sonho, pelo qual se pode facilmente se apaixonar, com suas águas lentas insinuando-se do mar até o coração da cidade e, como num verdadeiro amor, pode-se sentir subitamente a água até o pescoço. Tom, rodeado pelas águas do Mediterrâneo, precisa estrangular Peter para escapar novamente: ele está condenado à solidão.

Que paraíso fugaz
Que encanto de inocência
Amar
Ser amado
Uma canção de ninar
Depois o silêncio[13].

("Lullaby for Cain", música de Gabriel Yared, letra de Anthony Minghella, gravada por Sinead O'Connor)

No romance de Patricia Highsmith, Tom Ripley tem uma visão de Veneza que a realidade do local irá pouco a pouco desconstruir:

Achava que somente os sentimentais e os turistas americanos se interessavam por Veneza, e que, na melhor das hipóteses, não passava de uma cidade para casais em lua-de-mel que apreciavam a inconveniência de não poderem ir a lugar nenhum, a não ser como uma gôndola que se move a um quilômetro por hora. Achou Veneza muito maior do que supunha, cheia de italianos que se pareciam como os italianos de qualquer outro lugar. Descobriu que poderiam andar por toda a cidade através de pontes e ruas estreitas, sem ter que colocar os pés em uma gôndola, e que os canais maiores possuíam um sistema de transporte constituído por lanchas a motor tão rápidas e eficientes quanto o metrô. Descobriu também que os canais não cheiravam mal [. . .] e continuou caminhando, sobre uma pequena ponte curva, através de uma rua comprida que não chegava

13. *Such fleeting paradise / Such innocence delight / To love / Be loved / A lullaby / Then silence.*

a ter dois metros de largura, cheia de lojas de artigos de couro e camisarias, passando por vitrines que brilhavam como estojos de jóias, derramando colares e anéis, como Tom imaginara as caixas de tesouro dos contos de fada. Gostava do fato de Veneza não ter carros. Aquilo humanizava a cidade. As ruas eram como veias, pensou, e as pessoas eram o sangue, circulando por toda parte. Pegou outra rua para voltar e atravessou o grande quadrilátero da Praça de São Marcos pela segunda vez. Pombos em toda parte, voando, nas luzes das lojas – até mesmo à noite, os pombos caminhavam por entre os pés das pessoas como turistas em sua própria cidade![14]

Assim também as belas imagens de uma cidade histórica, decadente, macabra, romântica e secreta às quais associamos a Veneza imaginada pela literatura e pelo cinema são desconstruídas pela Veneza real, que não cessa, porém, de inspirar o cinema e a literatura a construir novas imagens da cidade para que possamos, a cada viagem à Itália, novamente desconstruir Veneza de nosso imaginário.

Referências Bibliográficas

GILI, Jean A. *L'Italie de Mussolini et son cinema.* Paris, Henri Veyrier, 1985.

NAZARIO, Luiz. *Diversão e Terror: Dos Autos-de-fé ao Cinema Nazista.* In: GORENSTEIN, Lina & CARNEIRO, Maria Luiza Tucci (orgs.). *Ensaios sobre a Intolerância: Inquisição, Marranismo e Anti-semitismo.* São Paulo, Humanitas/Fapesp, 2002.

HIGHSMITH, Patricia. *O Talentoso Ripley.* Trad. Alvaro Hattnher. São Paulo, Companhia das Letras, 2002.

NAZARIO, Luiz. *As Sombras Móveis. Atualidade do Cinema Mudo.* Belo Horizonte, Ed. da UFMG/midia@rte, 1999.

14. P. Highsmith. *O Talentoso Ripley*, pp. 208-209.

ARQUITETURA DA CASA DE TODOS NÓS

Carlos Antônio Leite Brandão

A Sônia Viegas e
José E. Ferolla

Enquanto arte, a arquitetura procura construir e exprimir, simultaneamente, a relação do homem consigo mesmo, com seus semelhantes, com o universo que o cerca e com o Absoluto. Enquanto habitação, ela se dedica a construir uma "habitalidade", uma familiaridade, uma espacialidade amiga que abrigue nossa vida e nossos hábitos, enquanto indivíduo e enquanto comunidade que compartilha princípios e valores comuns. O filme *O Sacrifício* (*Offret*, 1986) de Andrei Tarkovski (1932-1986), por meio da metáfora da casa, discute justamente o sentido trágico com que habitamos a modernidade e os modos com que

---

Fig. 7: Cartaz tcheco para o filme O Sacrifício, *de Andrei Tarkovski.*

conformamos nossa relação com o mundo que nos cerca, com o Absoluto e conosco mesmo.

Tarkovski começa seu filme celebrando uma relação familiar do indivíduo com o mundo calcada na esperança de que, atrás da repetitividade e aparente inutilidade dos nossos atos, uma surpreendente revelação aconteça. No momento de seu aniversário, porém, essa esperança é problematizada em Alexandre, quando lhe chega o carteiro e o telegrama que o colocam frente ao seu passado. Retornar ao passado é uma solicitação inevitável, a qual é reforçada pela bicicleta amarrada à arvore e pelo mapa antigo com que Otto, o carteiro, o presenteia. Esse retorno abre o confronto com sua própria vida e põe sob suspeita a maneira pela qual Alexandre, ex-ator e professor de estética, "habita" o mundo. Nasce-lhe a dúvida e, da dúvida, a angústia e o filosofar que inquire pelo sentido de seus hábitos. Tal sentido é inexistente. Entre seus gestos e o mundo abre-se um abismo e torna-se estranho o que antes lhe parecia familiar. A visão desse abismo impõe uma consciência do absurdo e do não-sentido que permeia nossa existência. E a razão é incapaz de compreender e domar essa absurdidade original, este exílio do homem diante do mundo ao redor e esta perpétua diáspora de si consigo mesmo, de seu presente e seu passado. Colecionador de um mundo inexplicável e de fenômenos sem sentido, Otto sabe disso, como o *grylle* em frente ao santo na *Tentação de Santo Antão*, de Hieronymus Bosch. Esse saber vislumbrará o caminho da evasão simbólica de amar Maria, a mãe de Cristo. Frente ao absurdo, Otto desmaia e diante de um Alexandre sem sentidos, o Filho – chamado apenas de Menino – desaparece no jardim.

Sendo impotente a razão para dar conta do mundo absurdo, apela-se para a religião. Inicialmente, a grande preocupação dos personagens é de que o Menino permaneça a salvo e adorável. É sua sobrevivência o que parece conferir o único sentido verdadeiro a todas as ações. A própria Júlia prefere sofrer a incomodar o sono do Menino. Só Alexandre se permite suprimir sua existência. No final, ao contrário dos demais, Alexandre não se preocupa em preservá-lo do incêndio. Como o Kirílov de *Os Possessos*, de Dostoiévski, Alexandre torna-se a imagem do homem que não admite a existência de Deus para justificar os seus gestos: ele é ser histórico e o único responsável por seu destino na Terra.

Essa ausência de Deus e a não intervenção do sobrenatural na habitação do mundo torna trágica nossa condição mortal e doloroso o fardo da liberdade. Se Deus existisse, nossos atos seriam justificados por uma ordem transcendente. Mas admitindo o desinteresse divino pelos mortais – e há uma cena onde Alexandre chama o Filho no meio do mundo e este o abandona – tornamo-nos os responsáveis por nossas ações e assumimos o que antes delegávamos à Providência. Ora, trazer para si a origem e a responsabilidade dos próprios atos é constituir-se como ser livre e autônomo sobre a terra, não servir a nenhuma entidade imortal e extrair todas as conseqüências dessa dolorosa independência. Alexandre não é agnóstico e nem desacredita em Deus: apenas não considera que ele intervenha na imanência do mundo histórico e sobre o qual somos totalmente responsáveis.

Essa responsabilidade, Alexandre vislumbra no destino do ator. A obra do ator não tem outro sentido, outra origem e outro objeto senão ele próprio representando um personagem no palco e habitando um cenário. A obra mora no próprio artista e é este o único material de que aquela se faz. A obra se vai quando o artista sai, ao contrário da tela que nos deixa o pintor ou o edifício do arquiteto. Como o ser humano, o trabalho do ator é um evento fugaz, reina no perecível e se sabe finito: quando morre o ator e seu personagem, o cenário deve ser outro para que um novo personagem seja construído.

Assim, a ausência de Deus confere um caráter ambíguo à nossa condição: heróica e inútil, sagrada, mas efêmera. É sobre essa ambigüidade, shakespeariana e moderna, que se ergue a personagem de Alexandre, "in-divíduo" em perpétua divisão e conflito. O mesmo conflito também constrói a arquitetura da Casa. Seu andar superior é o Céu onde dorme o Menino e reina a paz, o silêncio, a harmonia. O andar inferior é o lugar do absurdo, do mundo enlouquecido com o qual é impossível reconciliar-se. Entre os dois patamares, a escada menos une que separa. Metáfora de dois mundos incongruentes – uma cidade terrena impossível de espelhar a *civitas dei* agostiniana – a Casa expressa e promove o conflito entre a beatitude e o profano, entre a alma e o corpo, entre a infinitude que aspiramos e as limitações de nossa condição mortal. É uma arquitetura maneirista: se fosse mais plasticamente trabalhada, seu arquiteto poderia ser Michelangelo.

Exilado do Mundo e de Deus, Alexandre vê-se em conflito tanto com o universo que o cerca quanto com o Absoluto: nenhuma alteridade apresenta-se para dialogar com a sua solidão. Resta-lhe mergulhar para dentro de si mesmo, na infinitude de seu *pathos*, como se fosse Narciso. Mas, ao invés de encontrar sua identidade neste mergulho, acaba inaugurando outra dualidade e encontrando o antagonismo radical de sua condição. Esse antagonismo, similar à natureza humana na pessimista visão de Leon Battista Alberti estabelecida lá nos umbrais da modernidade[1], dilacera o "in-divíduo" em várias faces que se tensionam reciprocamente: o real e a sua imagem, a arte e a vida, a razão e a paixão, a subjetividade e a transcendência. Como na arquitetura de Borromini ou na pintura de Caravaggio, a luminosidade do filme evita as transições tonais e opõe duramente luz e sombra até que elas dividam a face dos atores e os posicione na fronteira entre o clarão exterior e a íntima escuridão. O espelho duplica o real e a alma explode fora do corpo, fora da Casa, para dentro do mundo abismal. Sobre os quadros de Leonardo, projetam-se os rostos dos personagens.

1. Sobre a natureza trágica do homem em Leon Battista Alberti, cf. C. A. L. Brandão, *Quid tum? O Combate da Arte em Leon Battista Alberti.*

Habita-se o real e vive-se o imaginário. Quando o hábito habita o imaginário e o mundo é "intimado", aprisionado dentro da subjetividade recôndita de um *pathos* exilado, se é D. Quixote. Nele, por uma estratégia de sobrevivência e nostalgia de uma identidade perdida, fora e dentro não mais podem ser divergentes e se separarem: a verdade e falsidade são suspensas, tornadas irrelevantes. Na ausência de sínteses, verdades e convicções, uma sobreposição de fracassos sobrepõe-se à aparência de sucessos: o pós-modernismo, como consciência crítica do moderno, instala-se na fita. Como na obra de Dostoiévski, o filme celebra a humanidade dos fracos e dos fracassados. E a ruína, alegoria deste mundo de vencidos, propõe-se como o ambiente. Quando Alexandre vai ao encontro da feiticeira, ele leva o interior da Casa a escapar para o exterior. Neste momento, a Casa já começa a ser destruída, por contaminação. Entre o mundo e a consciência, cai uma lâmina que rasga Alexandre ao meio e o coloca face a face com o absurdo de sua condição. Ou da natureza humana, para retomarmos Alberti.

A partir deste ponto do filme, Alexandre passa a buscar um lugar que salve sua relação com o mundo, um ato ou uma habitação que o redima e recomponha a identidade fraturada. Já vimos que ele e o mundo já não se compreendem mutuamente. Catatônico, Alexandre não se dá a entender nem entende o mundo, as palavras desaparecem: só resta-lhe encontrar um gesto radical e significativo, capaz de abrir o caminho para uma nova ordem das coisas: o sacrifício. Ele pensa, então, em suicidar-se.

É preciso aprofundar o dilema de Alexandre para compreender porque ele abandona essa idéia. Matar-se lhe surge como solução imediata para aliviar-se do conflito e do dilaceramento e dar passagem para Deus regressar ao Mundo, aos homens e a si mesmo. O amor por Maria é maior que o desejo do suicídio. Ele o faz perceber que se matar não resolve o absurdo de nossa condição. Como Kirílov, o já citado personagem de Dostoiévski, Alexandre talvez imagine que Jesus (o Verbo) não se tornou a achar no paraíso após sua morte e viu revelado o fracasso de sua vida e a inutilidade de todo o seu calvário.

Tarkovski mostra-nos que tal solução seria apenas aplicar um sedativo para esquecer-se da absurdidade instalada e fazer calar a consciência radical em que agora é vista a relação do indivíduo com Deus, o Mundo, consigo mesmo e seus semelhantes. Alexandre, mantendo-se na radicalidade de sua condição, propôs-se ao gesto heróico e significativo. Mas essa idéia significaria, como diz Albert Camus, "confessar que se foi ultrapassado pela vida ou que não se tem como compreendê-la"[2]. Alexandre, épico, se recusa a ser ultrapassado e a voltar a disfarçar-se para si próprio. Recusando suicidar-se ele reconhece que a loucura não está totalmente nele, mas na carne do contato dele com o mundo. Esse reconhecimento é o que falta a D. Quixote.

Ao reconhecer a inutilidade do suicídio, Alexandre se convence também da inutilidade de todo princípio e discurso explicativo a respeito do mundo e da condição humana. Volta a ser o Filho que foi e adota o olhar nostálgico e doce de quem reconhece um lugar onde, uma vez, se sentiu seguro: um lar. Sua loucura começara quando a razão, buscando o sentido de sua existência, violara a Casa, a sua habitual "maneira de viver", o Mundo, o Verbo. Desta violação só surgiu um muro absurdo a cortar os encantos do pensamento. Esse muro angustia Alexandre por uma única razão: ele faz parte do mundo e, simultaneamente, exila-o dele. Com esse muro umbilical, vivemos e morremos. Aí só resta ao professor ser substituído pelo artista, à reflexão ceder lugar ao gesto e à filosofia ultrapassar-se na Arte, ao contrário do sentido do movimento hegeliano.

Só resta a Alexandre escapar do meio do seu sistema e de sua filosofia para colocar-se diante da obra, ou melhor, diante si mesmo e diante do mundo por meio de um outro tipo de reflexão, menos lógica e mais especular. Seu apelo é por uma experiência sensível capaz de superar os espectros

2. A. Camus, *O Mito de Sísifo*, p. 25.

e os fantasmas acordados, ultrapassar seus fracassos e a idéia premeditada de sua morte para tentar um contato mais estreito com a carne nua de sua realidade[3]. Maria, a feiticeira, leva-o a passar da lógica da razão à lógica do gesto e do corpo: como predisse Otto, ela o salva. Se não da morte, ao menos da prisão, do charco pantanoso que lhe atola os pés e derruba-lhe a bicicleta. O amor que une o homem a Deus faz deste o Ser mais forte que calcula e comanda enquanto aquele se torna o apaixonado a quem cabe todo gesto e toda ação. Alexandre prova a tese de Camus: "a obra de arte nasce da renúncia da inteligência a raciocinar sobre o concreto"[4]. Ou de Nietzsche, para quem temos a Arte para não sermos mortos pela verdade ou pela busca dela. Quando o pensamento encontra o muro umbilical intransponível, a expressão começa. E Alexandre prepara, como Hamlet, a "armadilha que apanha a consciência do rei". Essa renovada noção do espetáculo e da arte autoriza-o a mergulhar nos seus excessos e na paixão sem amanhã do gesto livre, louco e dramático nascido da coragem de seu não-suicídio.

O gesto eleito, a ação que volta a enraizar Alexandre no mundo e no presente é destruir em minutos toda uma maneira de viver e habitar, que a Casa construía e representava. A necessária reciclagem da vida já fora apontada por Otto no início do filme ao trazer a essência da interpretação nietzschiana do "eterno retorno": a construção do cosmos e a destruição do caos se alternam, segundo a lei de Dioniso. Esse movimento, próprio ao deus da terra e da renovação, é o que reconduz a vida ao estado originário onde uma ordem e uma maneira de viver novas podem vir a surgir. A bicicleta de Otto, amarrada ao pé do arbusto, e seu presente (o mapa antigo) reforçam essa solução possível: depois de tantas violações, um Alexandre deve morrer para que outro possa nascer. O quixotesco ato de atear fogo à Casa queima a carne do seu contato com o mundo exterior inexplicável e permite

3. *Idem*, p. 136.
4. *Idem*, p. 119.

aparecer a cicatriz da reconciliação possível aos que passaram pela experiência do auto-reconhecimento, a catarse.

Como diz Martin Heidegger, a arquitetura é uma estratégia que transforma provisoriamente a terra em mundo, ou seja, torna-a "familiar, habitual, habitável". Quando a casa é queimada, a familiaridade, antes suspensa no plano conceitual, passa a sê-lo também no plano existencial e estético. Ao final, o que resta é a Terra, ctônica e indomável, sobre a qual vaga o louco, o estrangeiro, o exilado que já não mais traz as lembranças das origens, da pátria distante, da casa infantil e materna que tinha um jardim, não um charco. Mas que não traz também nenhuma esperança de terra prometida, de uma Casa feita de sucessos e felicidades, símbolo do local seguro e certificado de uma história vencedora. Salta-nos aos olhos o divórcio entre o homem e sua vida, entre o habitante e seu habitat. Exibe-se a vontade de aniquilamento daquilo que se opõe à habitação de uma nova intimidade de si consigo mesmo. Como no teatro, o personagem morre junto com seu cenário.

Também no filme *Zabriskie Point* (*idem*, 1970), Michelangelo Antonioni explode a construção e o cenário, sob a música de Pink Floyd. Mas aí a destruição é o avesso da moeda do suicídio: o absurdo não se localiza no suicida, mas nas coisas, no mundo, lá fora. Destruo o mundo com o qual não compartilho para não destruir a mim mesmo. Tarkovski não situa o absurdo exclusivamente dentro do sujeito ou no mundo, mas no enfrentamento de ambos, recusando qualquer conciliação. Os personagens de Antonioni estão no "cosmos" e não problematizam sua relação com ele, consigo mesmo e com o Absoluto.

Alexandre, mais primitivo ou dionisíaco, ainda luta para pôr-se no contato original que plasmou tudo e para assistir à sua "arché": a arquitetura negativa de um caos, a beleza de uma natureza desordenada que ele só agora descobre no velho jardim da casa materna. Sua consciência mantém-se violadora. Ávida de um novo cosmos, ela persegue o caos até retornar à terra sobre a qual uma nova árvore deve florescer e sobre a qual se deita o Menino. Alexandre destrói a natureza antitética da Casa a fim de que o símbolo "árvore" – templo que reúne o Céu, a Terra, o Mar; o que está acima e abaixo; síntese dos opostos e superação dos conflitos – se revele na plenitude da tela e conclua o filme como na tela de Leonardo Da Vinci. Agora, então, o Menino fala, torna-se Verbo, "humaniza-se". Quando o Pai emudece, faz-se o retorno e a fala do Menino aparece.

Alexandre acredita redimir-se. Está bem com sua loucura e num misto de ansiedade e carinho despede-se dos seus familiares. Ele já sabia que a loucura seria o preço que, num mundo em que nos descobrimos os únicos responsáveis por nossos atos violadores e reveladores, ele deveria pagar por sua redenção. Como em Hamlet, essa loucura é castigo, mas é também salvação. D. Quixote termina no leito de morte com a lucidez recuperada. Alexandre não morre. Ele sai de cena e, como o Pai, deixa no mundo seu Filho.

No momento em que se humaniza e fala, esse Filho abre dois futuros possíveis. Numa primeira forma, ele se humaniza enquanto o Verbo original que Alexandre anteriormente recusara. Neste caso, a fala final do Menino revelaria a absurda situação do homem num mundo sem Deus e a tolice de nele procurar qualquer sentido. O divino sobrevive sempre, como a Fortuna, e a loucura de Alexandre seria o castigo por ele ter ultrapassado sua medida mortal, seu metron ("métron"), e querer igualar-se a Deus ao abolir a distância que o separa do conhecimento absoluto. Sua punição, seu destino cego, sua moira ("moira") foi voltar-se contra si mesmo, tal como na tragédia grega[5].

Mas uma segunda possibilidade pode ser imaginada. Nela, todo sacrifício é inútil, pois não há redenção alguma: a tortura de Alexandre, como a do Cristo de Kirílov, não encontrou o paraíso ou qualquer lugar seguro. Em *Zabriskie Point*, o que Antonioni retira da explosão é a beleza plástica da destruição. Voam os pedaços do mundo numa ordem

5. Cf. J. de S. Brandão, *Mitologia Grega*, p. 132.

cósmica. Não há sacrifício, não há reconciliação. Tarkovski não privilegia o que foi destruído, mas o elemento do caos e a destruição. Nele, o que sobrevive não são os cacos da Casa, mas a fumaça e o moribundo que vê o mundo ser desfeito. Contudo, o "eterno retorno" da condição humana não permite esperança alguma: seu Filho que fala, humano, abandona o cotidiano dos gestos e sob a árvore florida reinaugura a reflexão absurda, reinstala a absurdidade de nossa condição e revela a risível natureza humana como diria Alberti. Agora, não é mais o Filho de Deus, mas o filho de Alexandre começando a se perguntar pelo sentido de sua existência e por que, no princípio, era o Verbo.

O cenário que ele herda, destruída a Casa, é o vazio, como o das telas de Salvador Dalì, mas sem a luminosidade da Catalunha. Só lhe resta a árvore, o fogo e a água, elementos de uma antiarquitetura primeva. O resto é a "arquitetura do não", como o deserto de *Paris, Texas* (*idem*, 1984), de Wim Wenders, cujo protagonista descende de Alexandre. *O Sacrifício*, de Tarkovski, é a construção de uma "familiaridade" com o absurdo de nossa moderna existência exilada, enquanto permanentes trânsfugas. O deserto é a sua absurda arquitetura. E o filme, um épico retorno à casa inexistente que é o berço de todos nós[6].

Referências Bibliográficas

ALBERTI, Leon Battista. *On Painting and on Sculpture: De pictura/De statua* (a cura de Cecil Grayson). Trad. Cecil Grayson. Londres, Phaidon, 1972.

_____. "Prólogo". *Da pintura*. Trad. Antonio da Silveira Mendonça. Campinas, Unicamp, 1989, Livro I.

_____. *Opere volgari* (a cura de Cecyl Grayson). Bari, Gius. Laterza & Figli, 1960-1973.

_____. *De re aedificatoria. L'architettura* (a cura de Renato Bonelli e Paolo Portoghesi). Texto latino e trad. Giovanni Orlandi. Milão, Il Polifilo, 1966.

6. Este artigo faz parte de nossos estudos na pesquisa "Arquitetura e Humanismo", desenvolvida junto ao CNPq.

ARGAN, Giulio Carlo. *História da Arte como História da Cidade*. Trad. Pier Luigi Cabra. São Paulo, Martins Fontes, 1988.

_____. *Storia dell'arte italiana*. Florença, Sansoni, 1992.

_____. *Clássico Anticlássico*. Trad. Lorenzo Mammì. São Paulo, Companhia das Letras, 1999.

BRANDÃO, Carlos Antônio Leite. *Quid tum? O Combate da Arte em Leon Battista Alberti*. Belo Horizonte, Editora da UFMG, 2000.

BRANDÃO, Junito de Souza. *Mitologia Grega*. Petrópolis, Vozes, vol. II, 1987.

BURKHARDT, Jacob C. *La cultura del Renacimento en Italia*. Trad. José-Antonio Rubio. Madri, Escelicer, 1941.

CAMUS, Albert. *O Mito de Sísifo*. Trad. Mauro Gama. Rio de Janeiro, Guanabara, 1989.

KRAUTHEIMER, Richard, "La tavole di Urbino, Berlino e Baltimora riesaminate". In: MENDONÇA, Mário Mendonça de Oliveira. *Desenho de Arquitetura Pré-Renascentista*. Salvador, Edufba, 2002.

MILLON, Henry & LAMPUGNANI, Vittorio (org). *Rinascimento da Brunelleschi a Michelangelo*. Milão, Bompiani, 1994.

MOROLLI, Gabrielle. "Nel cuore del Palazzo, la città ideale. Alberti e la prospettiva architettonica di Urbino". In: POGGETTO, Paolo (org.). *Piero e Urbino. Piero e le corti rinascimentali*. Veneza, 1992, pp. 215-230. (Catálogo da mostra).

SCHLOSSER, Giulio. *Xenia – saggi sulla storia dello stile e del linguaggio nell'arte figurativa*. Trad. Giovanna Federici Ajroldi. Bari, Gius. Laterza & Figli, 1938.

WITTKOWER, Rudolph. *La arquitectura en la edad del humanismo*. Trad. Justo Beramendi. Buenos Aires, Nueva Visión, 1958.

NOSSA SELVA DE PEDRA

Mariângela Paraizo

Caminho por uma rua
que passa em muitos países.

CARLOS DRUMMOND DE ANDRADE

"Não estou entrando em nenhum lugar... mas saindo de todos os outros". Essa frase de Chico Buarque abre o sítio oficial do filme *Estorvo* (1999), de Ruy Guerra. Essa, a expectativa da personagem, e, de uma maneira peculiar, a proposta do filme. A narrativa de Chico Buarque[1] encena a estranheza, o desconforto e a ansiedade, e, à medida que acompanhamos a trajetória do protagonista, ele se vai transformando no estorvo que conduz e atravanca o percurso da leitura. Etimologicamente, *exturbo* é o que se lança fora,

1. C. Buarque, *Estorvo*.

Fig 8: Cuba como parte da cidade mista de Estorvo *(1999).*

o que é banido; é aquilo que atrapalha a marcha, que congestiona o trânsito. O narrador-personagem, que se identifica unicamente pelo pronome "eu", abandona sua casa por se sentir perseguido por alguém que ele reconhece e desconhece. Age no sentido de se tornar um problema para todas as pessoas com quem convive ou que cruzam seu caminho, sentimento que se estende ao leitor, tornando o texto árido, difícil de ser digerido. Ora, isso seria um entrave para a leitura, não fosse a extrema delicadeza da escrita um atrativo suficiente para que nos mantenhamos presos ao texto, ainda que do lado de fora.

Ao construir uma narrativa coesa em que os fragmentos de memória e de imaginação caracterizam a personagem central, Chico Buarque promove uma estranha costura: tudo que sabemos provém da transcrição dos pensamentos de uma personagem que se prima pelo não-saber. É um "eu" que foge sem saber de quem, para quê, por quê ou para onde. Está sempre convicto de qual deve ser seu próximo passo; entretanto, cada uma de suas atitudes resulta despropositada. Ele depende constantemente de um objeto qualquer que, uma vez obtido, torna-se um empecilho em seu caminho. Oscila de maneira a pôr a nu a relação em que a falta e o resto se unem e se confundem ao objeto de desejo que, aqui, adquire diversas roupagens, valiosas ou inúteis, obturando a falta de maneira insuportável para, então, ser descartado e produzir alívio, ainda que apenas para ser percebido de novo como falta, e assim incessantemente.

O que a narrativa acaba por descortinar é uma situação insustentável que, no entanto, parece ser vivida mais rotineiramente do que suspeitamos, sempre precisando de algo que tenha um valor de troca, ainda que aparentemente destituído de valor em si, sem o qual o sujeito não pode circular pela cidade. O resultado, na obra, é que o que se desvaloriza até o limite da degradação é o próprio sujeito que o transporta e trafica. Esse é o universo que o filme procura traduzir. Segundo o próprio Ruy Guerra, a principal idéia da narrativa que ele busca reproduzir é sua estrutura, que coloca em xeque as noções de tempo, já que, no relato da personagem, entrelaçam-se o tempo passado, o presente e o tempo imaginado, de maneira que um é tomado pelo outro até o limite do absurdo.

Para explorar esse esvaziamento do tempo que atravessa a personagem, Ruy Guerra encena uma desterritorialização, filmando em três países diferentes. Assim, o filme tem locações no Rio, em Havana e em Lisboa, de sorte a fazer com que mesmo quem conheça as três cidades não as possa identificar. As imagens, apesar de estarem lá, recortadas em prédios antigos, com traços peculiares, como o dos pisos que formam mosaicos de ladrilhos, tornam-se irreconhecíveis pela costura que promove o trânsito da personagem e já não contam a história da cidade. E não apenas nos territórios arquitetônico e urbanístico as cidades filmadas se tornam irreconhecíveis: também no sotaque das personagens transitamos por um emaranhado em que o português do Brasil, o de Portugal e o de Moçambique se entrelaçam ao acento espanholado de uma pronúncia cubana, de maneira que a língua materna apresenta-se maquiada por diferentes dicções, dependendo do ator que está em cena, mesmo que as personagens representadas sejam da mesma família.

Ao identificar território e linguagem, ainda que para desconstruí-los, Ruy Guerra faz com que, efetivamente, a personagem não entre em lugar algum, mas seja expulsa de todos os outros. Emprestando som e imagem à narrativa de Chico Buarque, o filme a traduz para um contexto em que os fragmentos são identificáveis, mas o todo se deforma. Aliás, é no contexto da deformação que a câmera trabalha. Filmadas em contraluz, as imagens, que não nos deixam identificar dia ou noite, tempo da realidade ou da imaginação, são constantemente distorcidas por lentes que reproduzem a visão através do olho mágico, onde a história tem início. Através desse buraco pelo qual o morador poderia ver sem ser visto, mas que seu entressonho inverte em lente de não ver e de ser inexoravelmente visto, passa-se toda a história filmada. Assim, o olho mágico, encenado pela câmera, torna-se um instrumento que se assemelha ao Panóptico concebido por Bentham que, segundo Michel Foucault, parte do princípio de que o poder devia ser visível e inverificável[2].

A câmera utilizada no filme torna-se, assim, a metáfora de um olho mágico invertido de que nada escapa, e que, no entanto, se fixa em pequenos detalhes, que vão retalhando as pessoas e as cenas em *closes* e distorções. Essa metáfora se desdobra, ainda, nos vários instrumentos eletrônicos que povoam o enredo: na reportagem de televisão em que se filma um trágico acontecimento com requintes de grotesco; no controle remoto da TV que corta um *flashback* entre o protagonista e sua ex-mulher, e, em uma construção em abismo, quando vemos na tela do filme a tela projetada pelo circuito interno de TV que aparece na guarita do condomínio onde mora a irmã do narrador.

Também os sons e os silêncios se reproduzem pelos aparelhos em cena de forma inusitada. Além do sotaque, já mencionado, curiosamente, a mãe atende ao telefone, mas permanece em silêncio, assim como o amigo do protagonista possuía o hábito de ligar para nada dizer, identificado pela mudez, pelo menos na fantasia apresentada. Além disso, todo o filme é marcado por ruídos de campainha, como a que o inicia, pelo grito das sirenes que cortam as ruas da cidade, pelo som eletrônico da rodoviária e de um videogame, por burburinhos, cacos de voz, ou pelo som das batidas do coração do protagonista em contraponto com o tic-tac de um relógio invisível. A tudo isso, acrescenta-se a trilha sonora composta por Egberto Gismonti, tantas vezes monocórdia, causando-nos o sobressalto do estranhamente parado, como preste a eclodir. Como a própria estrutura da narrativa, a música é atonal, não se resolvendo em um acorde como ocorre na música tonal, em que, de alguma maneira, sabemos que ela terminou. Também a

2. M. Foucault, *Vigiar e Punir. Nascimento da Prisão*, p. 167.

narrativa parece não ter fim, suspensa pela interrupção da fala do narrador. Ambas acabam como começam, à revelia do que delas espera o leitor ou o ouvinte. Em tal contexto de cacofonias e de imagens partidas, não é circunstancial que a música – de Chico Buarque – que se ouve sempre na limusine da amiga da irmã do protagonista seja a que se intitula *Pedaço de Mim*[3].

Ao contar essa história, tanto Chico Buarque quanto Ruy Guerra acabam por traçar um perfil da cidade contemporânea, ainda que a focalizem de maneira enviesada, ou por seu extremo. Feita de casas, prédios, ruas, avenidas, praças, pessoas e palavras, a cidade é aquela que contracena com o protagonista, disputando com ele o papel principal. Seguindo um planejamento projetado pelas instâncias oficiais – que são movidas por razões políticas muitas vezes perversas –, mas também crescendo pelas bordas, por meio das pessoas que a ela se agregam à revelia dessas instâncias, a urbe vem avultando seu tamanho e importância nos relatos contemporâneos. Se, no final do século XVIII e início do XIX, ela aparecia como cenário pelo qual transitavam as personagens dos romances, ganhou o centro da narrativa e hoje, indubitavelmente, fornece-lhe o motor, quando não também o mote.

Se as cidades são únicas em sua topografia, elas se assemelham a cada dia em sua dinâmica. Se elas abrigam a cada um de nós em sua particularidade, cada cidade também nos expõe em nosso trânsito por seus espaços abertos, tantas vezes metaforizados como o nosso próprio corpo pelas artérias de circulação. Há algum tempo percebemos que deixamos de ser aqueles que dela usufruem para nos convertermos em seu estofo. Da mesma maneira, se por tanto tempo insistiu-se em supor que a chamada marginalidade constituía um universo e um poder paralelos e, como tais, pelo menos metaforicamente im-

3. C. Buarque de Hollanda, *Ópera do Malandro*, Philips 6349401, Rio de Janeiro, 1979.

possibilitados de cruzar o caminho dos chamados cidadãos respeitáveis, há muito a marginalidade tomou de assalto seu território, e não estamos aqui utilizando um sentido figurado. É assim, violenta ou amorosamente, que as muitas vozes das múltiplas narrativas que atravessam constantemente a cidade contemporânea vão escrevendo sua história, e não há facções vencedoras ou prevalentes nesse embate sem fim.

Para Henri Lefebvre, o conceito de sociedade urbana deve suceder o de sociedade pós-industrial, designando "mais que um fato consumado, a tendência, a orientação, a virtualidade"[4]. Essa fórmula pretende dar conta do desaparecimento do par cidade-campo, substituindo essa polarização pelo predomínio absoluto de uma linguagem urbana. Na realidade, o próprio conceito de urbano, em sua virtualidade, estrutura-se como uma linguagem, por possuir um conjunto e uma ordem da mesma natureza que a do código lingüístico[5]. Nessa maneira de se conceber o urbano, entrelaça-se o espaço físico da urbe ao espaço político e moral da polis, sem particularizar a cidade como um território delimitado.

Assim, o conceito de urbe – segundo Fustel de Coulanges, o território sagrado onde se erguia a cidade antiga – engloba o de pólis – as regras compartilhadas que lhe conferiam organização política e moral – e, por sua vez, desvanece-se, transposto de um lugar no espaço para um lugar no discurso; mais exatamente, o espaço urbano transforma-se em uma sorte de discurso capaz de promover o encontro entre os opostos, tal como no par cidade-campo[6]. Um dos dois conceitos teria mesmo desaparecido, subsumindo-se no outro? Se a urbe atualmente compreende a pólis e já não tem o caráter sagrado que a gerou, o que se oferece hoje como lastro das leis que regem a cidade?

4. H. Lefebvre, *A Revolução Urbana*, p. 16.
5. *Idem*, p. 56.
6. F. de Coulanges, *A Cidade Antiga*, p. 142.

Para Angel Rama, nos territórios americanos, a escritura tinha o peso de uma religião secundária que a dotava de força suficiente para tornar-se a sustentação do poder, quando, no século XIX, as religiões começaram a se enfraquecer. Assim, é a Universidade, enquanto ponte para a "cidade das letras", a grande herdeira das funções da Igreja[7]. Entretanto, não será no discurso universitário que o espaço urbano vai traçar o seu perfil. O poder continua tendo seu lastro no capital, que subsidia as ações políticas, enquanto a literatura, por exemplo, que desde sempre teve um caráter urbano, vai alimentar ou confrontar o poder instituído por meio das utopias que constrói. Se o suporte da cidade é a letra, seja ela empregada na escrita literária ou na escritura da lei, também é verdade que é no espaço urbano que a palavra escrita pôde se desenvolver e ganhar terreno. Assim, podemos indagar, ainda com Henri Lefebvre:

> A cidade se escreve, nos seus muros, nas suas ruas. Mas essa escrita nunca acaba. O livro não se completa e contém muitas páginas em branco, ou rasgadas. E trata-se apenas de um borrador, mais rabiscado que escrito. Percursos e discursos acompanham-se e jamais coincidem. O paradigma do urbano, a saber, o conjunto de oposições pertinentes que conferem um sentido a essas coisas (centro e não-centro, informação e redundância, aberto e fechado, público e não-público etc.) pode se fechar?[8]

Ao pensar esse entrelaçamento entre urbe e pólis, entre a escrita e a escritura, temos de considerar até que ponto a cidade contemporânea, em seu texto polifônico, continua sendo um local de encontro das oposições pertinentes e até que ponto termina por inviabilizar o seu sentido carnavalesco – tomado como em Bakhtin –, sentido que favorece "o livre contato familiar entre os homens".[9] Dito de outra maneira, os centros urbanos ainda são habitáveis?

7. A. Rama. *A Cidade das Letras*. Trad. Emir Sader, São Paulo, Brasiliense, s. d., pp. 50 e 84.
8. H. Lefebvre, *op. cit.*, p. 114.
9. M. Bakhtin, *Problemas da Poética de Dostoievski*, p. 106.

Aqui nos propomos a pensar essa questão tomando a configuração que lhe atribui Martin Heidegger, quando nos adverte sobre a íntima conexão entre "habitar", "construir" e "ser", que ele desentranha da etimologia da língua alemã:

> ¿Qué significa entonces construir? La palabra del alto alemán antiguo correspondiente a construir, buan, significa habitar. Esto quiere decir: permanecer, residir. El significado propio del verbo bauen (construir), es decir, habitar, lo hemos perdido [. . .]. Los verbos buri, büren, beuren, beuron significan todos el habitar, el habitat. Ahora bien, la antigua palabra buan, ciertamente, no dice sólo que construir sea propiamente habitar, sino que a la vez nos hace una seña sobre cómo debemos pensar el habitar que ella nombra [. . .]. Construir (bauen) significa originariamente habitar. Allí donde la palabra construir habla todavía de un modo originario dice al mismo tiempo hasta dónde llega la esencia del habitar. Bauen, buan, bhu, beo es nuestra palabra "bin" ("soy") en las formas ich bin, du bist (yo soy, tú eres), la forma de imperativo bis, sei, (sé). Entonces ¿qué significa ich bin (yo soy)? La antigua palabra bauen, con la cual tiene que ver bin, contesta: "ich bin", "du bist" quiere decir: yo habito tú habitas. El modo como tú eres, yo soy, la manera según la cual los hombres somos en la tierra es el Buan, el habitar. Ser hombre significa: estar en la tierra como mortal, significa: habitar. La antigua palabra bauen significa que el hombre es en la medida en que habita [. . .]. El construir como el habitar, es decir, estar en la tierra, para la experiencia cotidiana del ser humano es desde siempre, como lo dice tan bellamente la lengua, lo "habitual"[10].

Habitar é construir, na medida em que não se restringe à construção do habitat. Desse ângulo, é a construção do ser, pois o homem é, na medida em que habita. E Heidegger reitera: "Solo si somos capaces de habitar podemos construir"[11]. Mas, por isso mesmo, é imprescindível que não se confunda o habitat com o habitar, uma vez que o primeiro não é garantia de obtenção do segundo, o que se esclarece ainda mais quando sabemos que, em outro momento,

10. M. Heidegger, "Construir, Habitar, Pensar", *Conferencias y Artículos*, trad. Eustaquio Barjau, Serbal, Barcelona, 1994, p. 2.
11. *Idem*, p. 9.

Heidegger associa o habitar e a ética. Partindo do pressuposto de que o etos é o modo de ater-se entre os homens, dirá que "a 'ética' tenta entender como o homem se atém, se detém em si mesmo e se contém nessa morada"[12]. O habitar, então, situa-se ao lado do Logos, que seria justamente "a coletividade originária, a que confere origem e se contém na origem, enquanto essência do próprio ser"[13]. A relação entre o logos humano e o Logos traduziria a própria essência do habitar, pela maneira com que, guiado por uma ética, o homem situa-se no mundo em que pode vir a ser. Na esteira dessa formulação, Lefebvre coloca os termos habitar e habitat em forte oposição, denunciando o progressivo desaparecimento do habitar, a partir do século XIX, no contexto urbano. Quanto mais se valoriza o habitat, mais se restringe o ser humano a gestos elementares, como comer, dormir e atividades do gênero. E acrescenta: "Diferentes, a linguagem e a morada aliam-se indissoluvelmente"[14].

Em *Estorvo*, verificamos que, para o narrador-personagem, o habitat era praticamente o último vínculo que ele estabelecia com o habitar. No desenrolar do enredo, vamos perceber que há muito se estavam esgarçando seus laços sociais. O narrador-personagem é assim desenraizado e passa a fazer da enunciação o último cordão que o mantém ligado ao mundo que o circunda e que o faz oscilar da angústia ao alívio como um títere, movido ao sabor da ficção que ele constrói e que, por sua vez, faz com que ele exista enquanto personagem de seu discurso. Para ser, ele fala, ainda que sua voz não se volte para ninguém a seu redor. Sua palavra não faz laço com as outras personagens do enredo, mas possibilita que, enquanto narrador, construa um lugar para si em uma suposta relação com um ouvinte/leitor prenunciada pela própria palavra que enuncia.

12. M. Heidegger, *Heráclito*, p. 225.
13. *Idem*, p. 301.
14. H. Lefebvre, *op. cit.*, p. 80.

A voz narrativa tece virtualmente um lugar a partir do qual o sujeito se situe e ela flui continuamente, narrando sonho e vigília do "eu", última máscara que não se identifica por quase nenhum outro traço além de seu estilo narrativo. Eventualmente, apresenta-nos a barba por fazer, ou as roupas que veste, e ou são inadequadas ou marcadas pela ausência de características especiais. O ator Jorge Perrugoría traduz esse modo de narrar mantendo uma fisionomia que praticamente não se altera. Em contrapartida, as outras personagens se definem pelas relações que com ele estabelecem, mesmo que os vínculos estejam em deterioração. Tomemos então novamente a idéia de "estorvo". O título do livro, segundo declaração do autor [15], inicialmente poderia ter sido "olho mágico", mas a hipótese se descarta quando, durante a escrita, surge a palavra "estorvo" que, no texto, é substituída por "incômodo" e transposta para a capa:

> O carro da polícia, de tanto forçar passagem, acaba dando um nó no tráfego. Cantando e girando sem sair do lugar, sua sirene mais parece uma propaganda. A calçada não comporta mais tanto público, que acorre das transversais e não gosta de me ver querendo avançar no sentido oposto. Vejo a multidão fechando todos os meus caminhos, mas a realidade é que sou eu o incômodo no caminho da multidão. Ando prensado contra os muros, até ser expelido pela porta frouxa de um tapume[16].

Verifica-se que a polícia acorre ao local, com o canto de sua sirene que provoca a aglomeração de transeuntes, justamente devido à cena criada pelo narrador-personagem ao deixar cair e abrir, dentro do prédio de seu amigo, sua mala de maconha. Assim, o narrador, que busca afastar-se da mala, anda em sentido oposto ao da multidão que, involuntariamente, ele mesmo reuniu. É assim que, ao longo da narrativa, sua voz tenta transitar na contramão das

15. C. Buarque e A. Massi, "Chico Buarque Volta ao Samba e Rememora 30 Anos de Carreira", *Folha de S. Paulo*, São Paulo, 9.1.1994; http://www.chicobuarque.com.br/texto, p. 4.
16. C. Buarque, *Estorvo*, p. 106.

outras vozes com que a cidade trama sua história cotidiana. No filme de Ruy Guerra, tal cena tem lugar diante da fachada de um edifício – não por acaso denominado Edifício Continental – que nos apresenta sombras de letras, juntamente com o resto do letreiro que dela desaba.

A questão da força criadora da palavra que nomeia, posta a nu nessa história em que os nomes próprios foram suprimidos e substituídos pelo *shifter* "eu", revela a máscara esvaziada que nos implica na narrativa. A partir dela, somos o outro para aquele que identifica as demais personagens por meio da relação que com elas guarda, sabendo-se ou dizendo-se distanciando cada vez mais de cada uma delas. Em *Estorvo* – filme e livro – desmascara-se a função da palavra nesse ponto em que ela transpõe o imaginário para moldar a realidade pela qual circulamos, deixando de fora o Real que lhe escapa. Mas a letra, uma vez impressa, deixará sua marca como ferro em brasa no flanco da cena que a palavra emoldurou. E a cidade é o espaço privilegiado para se apresentar como tela, suporte necessário para que a virtualidade das relações venha a se desenhar como realidade possível.

É assim que assistiremos ao filme contrapondo a voz em *off* com os trechos transcritos em plaquetas, sempre representando os pensamentos da personagem que ganham materialidade em seu relato, o que termina com talvez a única frase que Ruy Guerra realmente acrescentou à narrativa do livro. No final do filme, contracenam as vozes de Jorge Perugorría, do narrador em *off*, que é o próprio Ruy Guerra: "Ou é o túnel", e as palavras que se escrevem na tela, completando a frase: ". . . ou morri". Pela declaração final, a única impossibilidade lógica da narrativa, uma vez que o sujeito pode passar a vida tentando inutilmente dizer a própria morte, Ruy Guerra se trai apanhado nas armadilhas que a palavra traz, no ato da enunciação. É assim que o mal-estar da civilização acaba por se fundir ao quase insuportável sentimento de fragmentação e esfacelamento incorporados, no filme, tanto pelo sujeito quanto pela cidade, resquícios da antiga e renovada divisão, que vivemos como falantes e que a cidade representa em sua assim chamada selva de pedra, sede dos cartórios e das bibliotecas que constituem a cidade das letras, percebendo-se como estorvo tudo aquilo que traz à tona o Real da letra que a palavra encena.

Referências Bibliográficas

BAKHTIN, Mikhail. *Problemas da Poética de Dostoiévski*. Trad. Paulo Bezerra. Rio de Janeiro, Forense-universitária, 1981.

BUARQUE, Chico. *Estorvo*. São Paulo, Companhia das Letras, 1991.

COULANGES, Fustel de. *A Cidade Antiga*. 4ª ed., trad. Fernando de Aguiar. São Paulo, Martins Fontes, 1998.

FOUCAULT, Michel. *Vigiar e Punir. Nascimento da Prisão*. Trad. Raquel Ramalhete. 25ª ed. Petrópolis, Vozes, 2002.

HEIDEGGER, Martim. *Heráclito*. Trad. Márcia Sá Cavalcante Schuback. Rio de Janeiro, Relume Dumará, 1998.

LEFEBVRE, Henri. *A Revolução Urbana*. Trad. Sérgio Martins. Belo Horizonte, Editora UFMG, 1999.

A CIDADE TRANSPARENTE

Juliana Duarte Weinberg

Em *Playtime – Tempo de Diversão* (*Playtime*, 1967)[1], de Jacques Tati, um grupo de turistas americanos desembarca no aeroporto de Orly para visitar uma imaginária Paris *ultramodernista.* Monsieur Hulot também está lá para atender a um compromisso num escritório moderno, que nunca ocorre devido a uma série de incidentes e desencontros. No decorrer desse dia em Paris, Hulot encontra velhos amigos do exército e conhece a charmosa turista americana Bárbara. Como em outros de seus filmes, Jacques Tati explora um inusitado *repertório* de banalidades do cotidiano urbano para

1. Diretor: Jacques Tati; produção: Spectra Films; cenários: Jacques Tati, com a colaboração de Jacques Lagrange; fotografia: Jean Badal (70 mm) e Andréas Winding. Filmado entre janeiro de 1965 e outubro de 1967.

Fig. 9: Construção da cidade cenográfica de Playtime *(1967).*

compor uma elaborada crítica ao comportamento social do homem moderno. Dando continuidade a alguns temas abordados em *Meu Tio* (*Mon oncle*, 1958), Tati agora concentra sua atenção na arquitetura moderna e nas influências da nova organização urbana nos comportamentos sociais. Entretanto, diferentemente de *Meu Tio*, que explora o antagonismo entre dois universos distintos, *Playtime* concentra-se num universo único: enquanto, no primeiro, o diretor comparava um encantador bairro antigo com os novos e frios subúrbios modernos, neste filme ele abandona de vez o antigo, focalizando sua atenção apenas no moderno.

Se a cidade de *Meu Tio* era ainda capaz de abrigar a diversidade em seus dois universos distintos, inscrevendo o antigo dentro do moderno, o mesmo não acontece na metrópole de *Playtime*, onde o antigo foi totalmente suplantado pelo moderno. Enquanto em *Meu Tio* a *modernidade* concentra-se na rigidez espacial das ruas no bairro moderno, nas linhas arquitetônicas da casa da irmã de Hulot e na materialidade de seus objetos, em *Playtime* o domínio do moderno tornou-se absoluto, invadindo toda a cidade e compondo uma unidade arquitetônica assustadora. Em *Playtime*, a esterilidade do moderno tomou conta de toda a paisagem urbana, submergindo os traços de seu passado histórico. Agora caracterizada por largas avenidas e imponentes edificações de vidro e aço extremamente semelhantes, Paris desenvolveu uma fisionomia estranha e irreconhecível. Esse grande centro urbano imaginário é uma crítica ao crescimento descompassado das cidades e a urbanização feroz, numa visão pessimista do futuro da urbe, submetida à voracidade construtiva da modernidade.

A sátira à sociedade industrial e aos valores relativos ao bem estar, conforto e funcionalidade, abordada em *Meu Tio*, é continuada em *Playtime*, na descrição irônica de como os homens das grandes cidades se relacionam entre si e com o espaço à sua volta. Zombando dos novos hábitos sociais urbanos, Tati denuncia o desaparecimento da humanidade nas ruas das cidades pós-industriais e as mudanças do comportamento e dos valores dessa nova sociedade carente de tradição e identidade. *Playtime* não aborda mais uma sociedade em transformação, mas uma borboleta metamorfoseada. A modernidade é agora onipresente e a sociedade, sugada por ela, foi enquadrada na nova ordem.

Como em outros filmes de Tati, é a arquitetura cenográfica que irá apoiar o diretor na construção de seu imaginário. Para abrigar esse universo que é uma caricatura do moderno, Tati fez construir sua própria *cidade ultramoderna*, que ficou conhecida como *Tativille*[2]. Auxiliado pelo arquiteto e cenógrafo Eugene Roman, ele edificou um extraordinário cenário artificial num terreno de quinze mil metros quadrados em Vincennes, a leste de Paris. Essa superprodução cenográfica custou cerca de 1,5 bilhões de francos e empregou mais de cem pessoas durante quase sete meses, consumindo cinqüenta mil metros cúbicos de concreto, 3.200 metros quadrados de madeira e 1.200 metros quadrados de vidro[3]. Grandiosamente desenhada, e extremamente flexível, esta cidade cenográfica era composta por uma coleção de arranha-céus modernistas e blocos de fachadas em escala real que se moviam sobre rodas de modo a permitir a composição adequada a cada ângulo de filmagem. Miniaturas também foram usadas esporadicamente.

Tati chegou a cogitar em filmar em locações, mas concluiu que a construção dessa cidade cenográfica seria mais vantajosa, justificando a ousadia de tal empreendimento como decorrência da impossibilidade de interromper o trânsito urbano e o movimento do comércio e do aeroporto para realizar suas filmagens. Entretanto, é evidente e inegável que esses cenários foram fundamentais para ilustrar o imaginário do diretor. Delinearam uma paisagem urbana peculiar e capaz de incorporar totalmente sua visão crítica: nenhuma cidade real teria dado tal *flexibilidade* ao

2. A alcunha *Tativille* também remete ao filme contemporâneo *Alphaville* (*idem*, 1965), de Jean-Luc Godard.
3. Cf. L. Nazario, *As Sombras Móveis*, p. 85.

realizador, permitindo que seus prédios fossem literalmente transportados pelas ruas para compor a paisagem urbana desejada a cada ângulo de filmagem. Ressalte-se que essa metrópole modernista não é uma cidade qualquer. Segundo o próprio diretor, ela foi concebida para ser "a verdadeira vedete do filme", e como o filme não apresenta personagens principais ou uma estrutura narrativa muito rígida, ela pode aspirar a um papel central nesse imaginário, tornando-se o estandarte de sua crítica à modernidade.

A paisagem urbana ultramoderna de *Playtime* é profundamente marcada pela arquitetura de vidro, concreto e aço, que segue à risca os cânones modernistas – linhas retas, volumes geométricos regulares, cores neutras, materiais industrializados, funcionalismo e racionalidade. Tal arquitetura de concreto, vidro e aço não era novidade em 1967. As possibilidades construtivas desses materiais industriais já vinham sendo exploradas pelos arquitetos desde o final do século XIX, como no famoso *Crystal Palace* (1851), de Joseph Paxton para a Exposição de Londres, em 1851, um dos primeiros a utilizar materiais construtivos pré-fabricados; ou o famoso Pavilhão de Vidro, de Bruno Taut, para a Exposição da Werkbund em Colônia, em 1914. Os avanços da engenharia trouxeram novidades significativas para as construções: os materiais pré-fabricados, como os vidros e as estruturas metálicas prontas para serem montadas haviam modificado a materialidade das edificações; as estruturas em ferro ou concreto, que substituíam as paredes em sua função de sustentação, haviam permitido uma maior verticalização[4]. Entretanto, esse estilo e esses elementos construtivos, que se haviam tornado *sinônimos da arquitetura moderna*, iriam apoiar Tati, dando forma a seu mundo imaginário e transformando seus cenários em componentes simbólicos de sua representação do moderno.

4. Cf. K. Frampton, *História Crítica da Arquitetura Moderna*, p. 31 (ilustração do Crystal Palace de Paxton) e p. 140 (ilustração do Pavilhão de Vidro de Taut).

Na arquitetura moderna, os novos materiais e métodos construtivos exercem um papel fundamental. São eles, ao lado de outros fatores sociais importantes, que irão tornar aquela uma arquitetura essencialmente diferente da anterior ao século XX. Isso porque a evolução das técnicas construtivas e a aplicação de novos materiais abriram um imenso leque de novas possibilidades. As novas estruturas de concreto, ferro ou aço – industrialmente transformados em vigamentos – tornaram dispensáveis as paredes que já não mais se responsabilizavam pela sustentação vertical. Tornadas desnecessárias enquanto elementos estruturais, as paredes são suprimidas, dando lugar a amplos vãos livres ou em balanço. A possibilidade de recuo das estruturas de apoio e a eliminação das paredes externas permitiram que as edificações se "soltassem" do solo, gerando os pilotis: as construções modernas não mais descansam sobre o solo, mas são suspensas, criando uma nova área livre no térreo que se integra com a rua e os espaços do entorno.

O vidro, outro material industrial muito celebrado pelos modernistas, irrompe nessa arquitetura, tornando seus ambientes mais iluminados e quebrando as barreiras da visibilidade, de modo a permitir uma maior integração entre interior e exterior. Estas superfícies transparentes, que iriam promover, de forma inédita, a integração dos espaços, contribuiriam para a formação de uma nova espacialidade na arquitetura moderna, permitindo que ela respirasse a atmosfera externa trazendo para dentro da construção o espaço da rua. A desvinculação das paredes da estrutura de sustentação vertical possibilitou ainda total *liberdade na concepção das plantas*: livres das exigências de paredes como elementos estruturais, os projetos adquirem uma *flexibilidade* antes inédita na arquitetura. Desde então, os amplos vãos não divididos solicitariam a introdução de mais um produto industrial: as *divisórias*, que passariam a assumir a função de dividir e separar os espaços conforme a conveniência do uso. As novas estruturas permitiriam também uma maior *verticalização*, fazendo surgir uma nova tipologia, essencialmente moderna, que assinalaria um novo aspecto na arquitetura: os *arranha-céus*[5]. Esses enormes volumes, criados pelos modernistas para *abrigar o maior número de pessoas num menor espaço*, expandiram o espaço da cidade sobre um novo eixo cartesiano – o vertical – e embora solucionassem, em curto prazo, as *necessidades da nova era*, acabaram por determinar uma *nova escala urbana*, que traria sérias conseqüências a longo prazo.

O conjunto de novos materiais – ferro, vidro, aço, concreto – e novas técnicas construtivas trouxeram um amplo leque de possibilidades de *design* para a arquitetura moderna. No princípio, muita experimentação se deu em função da forma, aproximando a arquitetura das outras correntes da arte moderna como o Expressionismo, o Abstracionismo, o Purismo e, principalmente, o Cubismo. Mas logo a arquitetura moderna voltar-se-ia para uma geometria rígida e padronizada. Isso se deu basicamente em função de três fatores distintos. Primeiramente, a utilização do concreto e do aço determinou prioridade para as *formas geométricas rígidas*, resultantes precisamente das exigências materiais. Em segundo lugar, surge um aspecto relacionado às exigências impostas pela indústria: como essa arquitetura utilizava intensamente os produtos industriais pré-moldados, logo se tornou necessária a adoção de

5. O arranha-céu é uma criação tipicamente norte-americana, e os Estados Unidos foram o país que mais se distinguiu por suas edificações de vários andares, fazendo vasto uso de esqueletos metálicos monolíticos. Um dos primeiros edifícios de vários andares é o Monadnock (1891), de J. W. Root, em Chicago, construído ainda em tijolo, mas já revelando uma disposição característica que mais tarde encontraríamos nos arranha-céus de estrutura metálica. De 1893 a 1930 um revivalismo neoclássico mergulhou os EUA no mais retrógrado academismo renascentista, transformando os arranha-céus numa autêntica miscelânea gótico-assírio-babilónico-helénica, sobreposta a um esqueleto de aço. Fazem parte desse período os infindáveis templos amaneirados de Chicago e Washington, e também os espetaculares Chrysler Building (1930), de Van Alen, o Empire State Building (1931), de Shreve, Lamb e Harmon, e o celebrado Rockefeller Center (1932) – todos em Nova Iorque. A era do arranha-céu moderno inicia-se propriamente com o P.S.F. (1932), de William Lescaze e George Howe, na Filadélfia.

uma *padronização* relativa a *tamanhos*, de modo a *facilitar a fabricação e a construção*. Contudo, graças a essa modulação, as fachadas das novas construções modernistas passaram a aspirar o *ritmo*: um elemento da arquitetura que, embora tivesse que se curvar aos padrões ditados pela indústria (tamanhos de painéis de vidros e peças metálicas), tornou-se o maior responsável por sua elegância e beleza. O terceiro fator deve-se ao fato de que cedo os arquitetos modernos tomaram uma posição severa *contra toda ornamentação*, passando a tratar suas construções com uma *frieza purista e geométrica*: trabalhando basicamente com linhas retas e volumes geométricos rígidos (cúbicos e retangulares), essencialmente despojados de qualquer ornamentação, os modernistas transformaram a arquitetura moderna numa arquitetura rígida e extremamente racional; buscando a funcionalidade e a clareza das formas, eles negaram com vigor qualquer elemento decorativo estranho à estrutura do edifício e, assim, de certo modo, padronizaram as construções.

Devemos também ter em mente que essa arquitetura moderna que surgiu no pós-guerra, período em que epidemias mataram milhões e dizimaram cidades inteiras, veiculava sérias preocupações com a assepsia e o saneamento urbano. Seguindo os preceitos da *racionalidade* cujos precursores são Peter Beherens e Adolf Loos, ela buscou ser prática, limpa e "social". Adotando a *funcionalidade* preconizada pela Bauhaus, ela buscava *unir o útil ao belo*, empregando materiais que refletissem as necessidades técnicas e econômicas do projeto. Finalmente, não podemos perder de vista que a arquitetura moderna *destina-se a um homem padrão* – um homem-tipo, genérico e universal, com necessidades básicas comuns – e concentra, numa mesma estrutura, pessoas e atividades diversas sem se preocupar com as peculiaridades e particularidades desses indivíduos. Essa arquitetura rígida e impessoal em pouco tempo cobriu as ruas da cidade com construções geométricas e uniformes, criando a impressão de que são protótipos padronizados que se repetem inúmeras vezes. Essa arquitetura *transformou a paisagem urbana com rapidez vertiginosa*, convertendo a cidade numa massa de edificações homogêneas.

São estes os perfis característicos da arquitetura moderna, que Tati explora para tecer os laços entre seu universo cinematográfico e o moderno. Justamente por ser uma arquitetura fundamentalmente nova e criada para suprir as novas exigências sociais modernas, ela se tornou o pano de fundo ideal para o universo crítico de Tati. Justamente por ter se expandido com rapidez, transformando a paisagem urbana, ela se torna perfeita para representar o súbito crescimento urbano e a evolução social que ele aborda. E se *Playtime* é um filme em que os assuntos pertinentes à arquitetura têm um papel principal, Tati foi capaz de compor elaborações primorosas de arquitetura moderna: trabalhando sempre com linhas retas e volumes geométricos rígidos despidos de elementos decorativos, ele criou imensos arranha-céus, massivos, mas plenos de ritmo, conforme suas estruturas e modulações determinassem; eliminando as paredes divisórias e recuando as estruturas, ele criou os amplos vãos em balanço e os tão aclamados pilotis, com pés-direitos altíssimos; fazendo vasto uso dos materiais construtivos modernos (vidro, concreto e aço), ele criou uma arquitetura sofisticada, completamente voltada para a nova materialidade industrial; abusando das superfícies transparentes de vidro, ele permitiu a integração dos espaços internos e externos, gerando ambientes em plena simbiose com os espaços da cidade[6].

6. O estilo arquitetônico da metrópole ultramoderna de *Playtime* reflete as idéias propostas pelos arquitetos da Bauhaus: as edificações, suspensas sobre estruturas recuadas, criam os pilotis tão divulgados pela arquitetura moderna; as paredes externas, substituídas por painéis de vidro, passam a funcionar como uma casca transparente destinada apenas à proteção do edifício e não mais a isolar o interior do exterior. A nova arquitetura de vidro, que promove a integração do público e privado, almejando conjugar individual e coletivo por meio da comunhão interior-exterior, reflete também um dos temas prediletos de Gropius: a integração entre o homem e a sociedade.

Figs. 10 a 12: Tativille, uma cidade moderna inteiramente cenografada.

Como um verdadeiro arquiteto modernista, Tati criou uma arquitetura plena de poesia; entretanto, quando vista em seu conjunto, ela nos parece extremamente uniforme e padronizada. Buscando a clareza das formas e suprimindo quaisquer detalhes estranhos ao binômio "forma-função", Tati tornou suas construções homogêneas, criando uma paisagem urbana *fria* e *funcional*. Sua coleção de edifícios similares construídos em alumínio e vidro comporta uma *unidade arquitetônica assustadora*[7] e transforma Paris num *labirinto urbano uniforme e monocromático*.

Essa uniformidade arquitetônica da paisagem urbana de *Playtime* retrata uma crítica à padronização do chamado Estilo Internacional[8] e à exacerbação funcionalista dos modernistas. Por meio dela Tati ressalta a falta de tradição e identidade da metrópole moderna. Essa crítica à padronização, como já havia observado Luiz Nazario[9], está ainda mais visível na cena da agência de turismo, onde os *displays* publicitários apresentam diversas metrópoles modernas, como Londres, Estocolmo e Brasília (participantes

7. Massiva e monumental esta arquitetura moderna de Tati chega a ser profundamente intimidante. Regular e homogênea, ela se mostra extremamente impessoal e carente de originalidade.

8. O Estilo Internacional, uma exacerbação do funcionalismo de Gropius e Le Corbusier que se alastrou pelo mundo desenvolvido na época da Segunda Guerra Mundial, sem jamais se tornar verdadeiramente universal, aboliu todo o decorativismo e disseminou o amplo uso de materiais sintéticos modernos e da modulação padronizada de modo a facilitar a fabricação e a construção. Como regra geral, ele buscava a flexibilidade da planta livre e explorava princípios intimamente relacionados à limpeza, linearidade e ao conhecido postulado do belo ligado ao útil.

9. L. Nazario, *op. cit.*, p. 83.

ativas do Estilo Internacional), como se fossem capitais idênticas, que trazem como estandartes seus edifícios de concreto e vidro[10]. Ridicularizando a arquitetura moderna que tudo padroniza e transformando todas as paisagens urbanas em ícones similares, Tati nos deixa a seguinte indagação: o que, então, faz aquele grupo de turistas viajar? Num exercício lírico que busca comprovar que a cidade não se faz apenas de suas imagens concretas, mas também de suas memórias, Tati brinca com o reflexo da velha Paris nas superfícies de vidro, fazendo-nos perceber que Paris é também uma atmosfera na qual podemos respirar a tradição: mesmo que os monumentos arquitetônicos como o Arco do Triunfo ou a Torre Eiffel não possam ser vistos na Paris moderna de *Playtime*, sua presença é sentida como um fantasma etéreo. Assim, Tati nos prova que mesmo em meio ao aparato urbano e aos dispositivos da vida moderna, a cidade ainda é capaz de comportar elementos de mistério, inspiração e poesia. Esse tom saudosista dedicado à velha Paris é um apelo do diretor pela conservação de sua tradição diante da voracidade construtiva do modernismo: sua mensagem é como um alerta para que a sociedade pare a depredação de sua história antes que seja tarde demais, e que seus verdadeiros valores arquitetônicos se tornem apenas reflexos fugazes que desmancham no ar.

Figs. 13 e 14: A velha Paris só aparece, como miragem, nos reflexos das portas de vidro.

10. Retratando em todas o mesmo edifício quadrado de vidro, critica-as pela adesão ao movimento arquitetônico moderno, que massificou a paisagem urbana das grandes metrópoles.

Essa paisagem urbana que varreu das ruas todos os remanescentes do antigo e do humano em troca da assepsia, organização e conveniência moderna, é uma projeção pessimista de Tati que pretende, através dela, mostrar o que a modernização poderia fazer de pior a uma metrópole tradicional como Paris. Conforme já prenunciava *Meu Tio*, o mundo antigo era um mundo em extinção. Na nova paisagem urbana hiper-moderna de *Playtime*, o passado não é mais que uma lembrança: invadida pela modernidade, ela teve seus monumentos arquitetônicos substituídos por estéreis edificações modernas de vidro e aço e sua nova fisionomia só nos deixa ver pobres reflexos de sua memória. Na Paris quase futurista de *Playtime*, o que restou da velha cidade e de seus monumentos arquitetônicos, como o Arco do Triunfo ou a Torre Eiffel, são apenas reflexos nos vidros que, como fantasmagorias, surpreendem turistas distraídos. Apenas por um breve instante Tati nos revela que a velha Paris não se perdeu por completo, e que ela pode ainda ser vista ao longe, do alto das edificações modernas: à distância, a Torre Eiffel é vista por Hulot que, maravilhado diante de tal paisagem, sai ao terraço para apreciar a vista. Essa tomada que nos revela que o antigo ficou a quilômetros de distância também ressalta o vasto crescimento da malha urbana: a velha Paris de *Meu Tio*, separada do moderno por um frágil muro, ainda existe, porém muito distante do novo mundo.

A versão de Tati para a metrópole moderna pós-industrial – selva desalmada de construções modernas regida pelos cânones de organização e funcionalidade – também comporta uma crítica ao desenvolvimento contemporâneo de Paris, que habitou a paisagem urbana com condomínios suburbanos infames como o Sarcelles (1959-1966), além de outros tantos projetos gigantescos como o edifício de vidro na Gare Montparnasse (1958-1964)[11]. Mesmo que a Paris moderna de *Playtime* só tenha existido como cená-

11. Cf. D. Neumann, *Film Architecture*, p. 142.

rio, ela é uma cidade em pleno funcionamento. Tati desejava criar uma malha urbana repleta de transeuntes, automóveis e semáforos que fosse capaz de representar um centro urbano ativo, como uma cidade real. Para alcançar esse *realismo*, ele introduziu em seus cenários diversos carros e centenas de figurantes, que lotam ruas e calçadas, e coreografou seus movimentos de forma a simular o pesado trânsito urbano e a movimentação da população de uma metrópole. Assim, como as verdadeiras ruas de qualquer cidade, as ruas de *Playtime* são ora cortadas por um trânsito intenso de veículos e pedestres ora estacionárias; ora engarrafadas, ora desertas.

Para comportar o tráfego intenso e o grande contingente de pessoas que caracterizam a metrópole moderna, Tati fez suas ruas largas e instalou em cada esquina semáforos e faixas de pedestres, de modo a organizar seu fluxo de trânsito. Estas ruas, regularmente traçadas e urbanizadas, que representam as vias de circulação funcionais da cidade moderna, receberam também um minucioso trabalho de sinalização gráfica. É curioso perceber que o trânsito intenso da metrópole já não é tão organizado como o do bairro moderno de *Meu Tio*: agora mais cheias de movimento e anarquia e, em algumas horas do dia engarrafadas e caóticas, essas ruas nos comunicam que estamos não mais num bairro moderno, mas no centro de uma grande cidade. Pode-se observar que as ruas dessa metrópole moderna perderam de vez sua função de lugar social para se transformarem no espaço do transitório, do eventual. Dominadas por um trânsito intenso de pessoas e veículos, essas ruas convivem com homens anônimos que transitam de um lado para o outro sem jamais trocarem uma palavra entre si. Desenhando uma convivência fria e racional, elas ressaltam uma característica peculiar dos grandes centros urbanos contemporâneos.

A caótica mistura de pedestres e automóveis reflete não só o enorme crescimento populacional das cidades modernas como também a expansão da malha urbana, pois nos faz considerar o fato de que o aumento do contingente populacional nas grandes cidades acarretou a expansão de seu espaço físico, empurrando seus limites e aumentando as distâncias, causando um reflexo imediato no trânsito ao tornar indispensáveis os meios de transportes motorizados, sejam públicos ou particulares. Dominadas por veículos automotivos, essas ruas denunciam a invasão da paisagem urbana moderna pelo automóvel. Fato reforçado pelos inúmeros estacionamentos repletos de carros que logo se espalham pela cidade. Mas como o automóvel é um bem moderno ainda não acessível a todos, os transportes coletivos urbanos têm ainda um papel fundamental nesse imaginário, demonstrando quão indispensáveis se tornaram nos meios urbanos: os ônibus, sempre lotados, estão por toda a cidade e, no final do expediente, homens civilizados com seus sobretudos, chapéus e pastas na mão, aguardam em filas pela condução que os transportará para casa.

A malha rodoviária da cidade cenográfica de *Playtime* conta ainda com uma extensa rodovia periférica iluminada por uma ampla rede elétrica, que conduz ao aeroporto, um terminal de trânsito internacional, que agora também tem sua posição de destaque na cidade moderna. Para completar esta paisagem urbana ativa: a cenografia incluiu vários blocos de edifícios comerciais e residenciais, lojas e vitrines. Tati não tinha como excluir de seu universo uma série de ambientes auxiliares, uma vez que as fachadas de vidro tornam devassáveis os interiores das construções. Muitos deles foram bem explorados pela narrativa, outros são apenas vitrines e escritórios complementares que compõem um pano de fundo para as ruas da cidade.

À medida que a narrativa vai se desenrolando, alguns interiores dessa arquitetura moderna são colocados em evidência. De um modo geral, eles também tendem à homogeneidade que imprime a esse universo uma uniformidade estilística assombrosa[12]. Os ambientes internos

12. Idênticos entre si, tanto pelo estilo arquitetônico, pelos materiais construtivos, pela decoração e pela proposta funcionalista, esses interiores modernistas espelham a falta de identidade percebida exteriormente.

comunicam-se com a cidade de forma inusitada por meio de sua materialidade e com ela comungam dos preceitos de organização e funcionalidade. Os mesmos materiais construtivos do exterior, que tornam a paisagem urbana uniforme, estão presentes em praticamente todos os interiores: o mesmo aço que compõe as fachadas recobre as paredes dos ambientes; as cascas de vidro que vemos por fora envolvem esses ambientes sem os isolar, permitindo uma integração entre ambientes internos e cidade à volta. Essas superfícies de vidro, não mais opalescentes como as dos filmes expressionistas, mas agora caracterizadas por uma transparência que dá ampla visibilidade à vida privada, não só conferem uma luminosidade generosa e um ar de assepsia aos ambientes, como também os faz compartilhar da ambiência da rua. Rompendo as barreiras da visibilidade antes impostas pelas paredes maciças, os vidros, com sua transparência bilateral, integram espaços públicos e privados criando uma nova concepção espacial: se por um lado essa arquitetura de vidro torna devassáveis os interiores ao exibi-los para a rua, por outro fazem com que a rua se integre ao interior, confiscando uma espacialidade que não é sua, de modo a conferir uma amplidão ainda maior aos espaços da arquitetura moderna. Entretanto, nesse universo caricato criado para criticar o modernismo, o vidro, um dos materiais mais exaltados pelos modernistas, é mostrado como um elemento enganador, que ora age como superfície refletora, ora como barreira invisível, atrapalhando constantemente Hulot. Essas cascas de vidro permitiram que Tati mostrasse o interior de sua arquitetura através das fachadas e a cidade que os envolve a partir dos interiores.

O aço e o vidro, base material na construção de praticamente todos os cenários, conferem aos ambientes uma iluminação peculiar: graças às superfícies de vidro, os ambientes de Tati são extremamente bem iluminados e essa luz, refletida pelas superfícies aluminizadas que recobrem as paredes, adquire uma tonalidade prateada, criando fantásticos efeitos de luz. Esses materiais exercem também um papel fundamental na representação do moderno, simbolizando a nova materialidade da arquitetura voltada para a produção industrial e os métodos construtivos modernos. Entretanto, sua presença constante torna todos os ambientes idênticos, exacerbando a crítica de Tati à falta de personalidade da arquitetura moderna.

A uniformidade desses interiores não se resume ao estilo arquitetônico e aos materiais construtivos, ela também afeta a decoração, pontuando ainda mais a homogeneidade estilística desse universo moderno. Um único modelo de cadeiras – estrutura de aço, *design* reto e assento/encosto de couro sintético na cor preta – figura em quase todos os ambientes. A exceção pertence curiosamente àqueles ambientes voltados para o lazer e a alimentação: o restaurante e a *drugstore*. Em todos os ambientes comerciais, Tati implementa também arrojadas lixeiras de aço inox. Esses dois elementos de decoração, além de revelar traços da nova materialidade moderna, denunciam a natureza industrial dos artefatos de consumo modernos. Em conjunto com os demais elementos de decoração, tais como luminárias e mesas, eles destacam a participação do *design* nos ambientes modernos. Elevadores e escadas rolantes estão por toda parte, frisando a verticalidade da nova espacialidade moderna. Esses inventos da modernidade, projetados para solucionar o problema do transporte vertical nos arranha-céus modernos, são agora elementos indispensáveis à arquitetura e refletem a invasão tecnológica na construção. Os painéis de chamada, sempre visíveis nas paredes ao lado dos elevadores, nos revelam os inúmeros andares destas edificações; a malha de trânsito particular dentro das edificações (por vezes tão engarrafada quanto as ruas da cidade) revela como a tecnologia altera a relação do homem com o espaço.

Existem sete ambientes principais explorados sucessivamente durante o filme: o aeroporto; o edifício de escritórios; a feira de exposições; a agência de viagens; o edifício de apartamentos; o restaurante sofisticado; a *drugstore*. Cada um desses cenários é um exercício emblemático da vacuidade e da ineficiência arquitetônica modernista. Todos eles demonstram uma profunda preocupação com a organização e racionalidade do espaço. Seus amplos vãos não divididos refletem a flexibilidade proposta pelos modernistas: uma pseudoliberdade espacial que demandaria a disposição racional do mobiliário, balcões e divisórias para demarcar uma setorização do espaço de acordo com funções específicas. Mobiliados apenas com o essencial, distribuído pelo espaço de forma racional, esses ambientes internos encarnam pretensos ideais de conforto e funcionalidade.

O aeroporto, última parada de Hulot em *Meu Tio*, é o espaço inaugural de *Playtime*. Mas, enquanto naquele filme Tati nos deixou do lado de fora, insinuando sua função apenas pela trilha sonora, aqui ele nos apresenta em detalhe sua estrutura interna. Amplos e bem iluminados, os interiores do aeroporto são quase monocromáticos: fazem uso exclusivo de cores frias e neutras com a predominância do preto e dos tons de cinza. Os pisos de vinil, brilhantes e reflexivos; as paredes revestidas em aço inox; e os grandes panos de vidro já nos introduzem à nova materialidade industrial. O mobiliário e as arrojadas lixeiras de aço inox representam a participação do *design* e compartilham desta materialidade. Os ambientes internos do aeroporto demonstram uma preocupação extrema com os preceitos de organização, racionalidade e funcionalidade. Caracterizados por uma rígida disciplina espacial que setoriza e distribui diversas funções num mesmo espaço, eles são mobiliados apenas com o essencial para atender às necessidades de cada ambiente. Essa organização racional, além de demarcar territórios específicos para cada função, favorece imensamente a circulação, deixando transparecer ideais de conforto, ordem e funcionalidade. Sua arquitetura, caracteristicamente moderna, comporta os amplos vãos livres e o pé-direito alto que só puderam existir graças às estruturas e aos métodos construtivos modernos. A ausência de paredes é compensada pelas divisórias, novos componentes industriais que agora se tornam os responsáveis pela divisão do espaço.

Os amplos panos de vidro permitem a penetração de generosa iluminação, que se reflete nas superfícies brilhantes das paredes e pisos, conferindo ao ambiente uma luminosidade fria e incomum.

Para transformar esse ambiente num símbolo do cotidiano moderno, Tati trabalha apenas com personagens comuns que poderiam ser vistos em qualquer aeroporto real. Para aproximá-lo do real, coreografa também o ritmo de seu movimento: ora estacionário, ora tumultuado, o ritmo coincide com a rotina da ambiência de aeroporto comum, e a chegada de um grupo de turistas agita o ambiente, criando uma atmosfera sonora tumultuada. O saguão de espera reflete organização e racionalidade. A organização do espaço define uma circulação central através da paginação do piso em dois tons de cinza e ainda demarca um território de espera no lado direito, decorado exclusivamente por estofados pretos e lixeiras de aço inox e uma área de serviços no lado oposto, compartimentalizada por uma infinidade de boxes criados com divisórias. O pé-direito extremamente alto e a vacuidade de seu espaço transformam esse imenso saguão num genuíno propagador de ecos, permitindo que os ruídos produzidos pelos saltos dos sapatos sobre o piso duro pontuem a *mise en scène* de cada personagem. O som robótico das frases pronunciadas no sistema de alto-falantes e umas poucas frases humanas soltas no ar completam a ambiência sonora. Embora as pessoas que aí circulam sejam comuns, a assepsia do local e o figurino de alguns personagens que entram e saem de cena, como num balé ensaiado, nos fazem pensar, a princípio, que se trata de um hospital[13]. As três mulheres de perfil no fundo à frente dos imensos painéis de vidro demonstram que Tati também se ocupa da utilização da figura humana como elemento de decoração.

O segundo ambiente deste aeroporto é o saguão de desembarque. Seu arranjo também segue os preceitos de organização e funcionalidade. Dividido de forma a expor as

13. Cf. L. Nazario, *op. cit.*, p. 82.

diversas funções que co-habitam o mesmo espaço, este saguão se assemelha a uma galeria, onde cada espaço é uma vitrine para um fim específico: de um lado, o balcão de atendimento, composto por uma estrutura leve de aço inox e *design* arrojado; do outro, modernos *stands* metálicos que funcionam como quiosques de venda; ao fundo um bar e as cancelas de desembarque. Assim como o pavimento superior, o saguão inferior também tem um pé-direito altíssimo e um espaço amplo e vazio de móveis ao qual as paredes revestidas em aço inox conferem um brilho incomum. A decoração, mais uma vez composta por poucos acessórios neutros que quase passam desapercebidos, deixa que a arquitetura exerça o papel principal. Exceto as cancelas de saída, a única peça de mobiliário é um banco quadrado do tipo que freqüentemente encontramos em *shoppings* e aeroportos. Esse aeroporto é uma reprodução exata do Aeroporto de Orly, genuíno exemplar da arquitetura moderna francesa que teve seus primeiros hangares de cimento construídos ainda em 1916, segundo o projeto de E. Freyssinet. Sua fachada externa, caracterizada por rígida geometria, tem a parte superior recoberta por painéis de vidros e esquadrias de alumínio, que lhe dão um ritmo peculiar. No térreo, ele é fechado por amplos painéis de vidro, com modernas portas deslizantes que se abrem automaticamente. As duas extensas marquises em balanço que recobrem a frente da edificação e demarcam sua entrada retratam a leveza das novas estruturas modernas.

A próxima parada de *Playtime* é o escritório da STLC, um edifício moderno no centro da cidade para o qual Hulot se dirige a fim de cumprir um compromisso que acaba não se realizando devido a uma série de desencontros e incidentes bizarros. Aqui encontramos uma série de ambientes internos, amplos, bem iluminados e decorados com pouco mobiliário, que comungam com os pretensos preceitos modernistas de conforto, funcionalidade e racionalidade. O *hall* de entrada dessa edificação dá para um extenso corredor, no qual somos obrigados a esperar junto com Hulot pelo Sr. Giffard. Nesse universo funcional, um complexo painel de controles parece confundir o velho porteiro com sua infinidade de botões e luzes piscantes. Logo descobrimos que tal parafernália eletrônica que mais parece um sintetizador inebriante não passa de um simples interfone. Ele é capaz, no entanto, de provocar uma bagunça com seus zumbidos e sons jocosos. Esperando numa das extremidades desse extenso corredor, descobrimos que os longos corredores dessa arquitetura moderna, amplos e bem iluminados, nada têm a ver com os "escuros esconderijos da alma" dos cenários expressionistas, mas representam agora a amplidão da arquitetura moderna. Os ruídos dos saltos batendo no piso duro são como um metrônomo pontuando o ritmo mecânico da modernidade, cronometrando a longa espera de Hulot. Em seguida, somos colocados, junto com Hulot, numa ampla sala de espera situada no pilotis desse edifício moderno. Esta sala é uma caixa de vidro sofisticada emoldurada pelos amplos painéis de vidro que compõem as fachadas e uma única parede recoberta de aço. Essa casca de vidro transparente parece integrar o espaço público da rua ao espaço interno da construção, dando-nos a impressão de amplidão e comunhão.

Decorado com extrema economia e racionalidade, esse grande salão tem um par de cadeiras pretas de assento sintético em cada canto e três mesinhas dispostas simetricamente no centro. Os vários *displays* com retratos dos diretores da empresa conferem ao ambiente uma atmosfera de galeria de arte. Os rostos aborrecidos desses retratos parecem lançar olhares de reprimenda e expressões de desaprovação na direção de Hulot. Tati aproveita a vacuidade do ambiente e a longa espera de Hulot para denunciar a natureza escorregadia dos pisos encerados e brincar com a materialidade artificial dos assentos sintéticos, compondo *gags* sonoras hilariantes. Aproveitando a frieza desse espaço moderno, ele brinca também com o comportamento anti-social do outro homem que se senta por vários minutos ao lado de Hulot, remexendo seus papéis e pertences sem jamais trocar uma palavra ou um olhar com aquele que está a seu lado.

Fig. 15: Racionalidade e funcionalidade: arquitetura desumana.

Correndo atrás do Sr. Giffard, Hulot vai parar num saguão repleto de gabinetes "encaixotados" por divisórias metálicas que mais parecem arquivos ou gavetas de fichários. Só chegamos a perceber o que realmente são quando Hulot os vê de cima pelo mezanino superior. Esses gabinetes de trabalho sem tetos conferem a tal ambiente de trabalho uma estrutura que comunga com a do *Panóptico* de J. Bentham, descrito por Michel Focault[14]: aqui este olho invisível e onividente, ferramenta para controle e disciplina do cidadão, instalado num nível hierárquico superior, vigia o desempenho dos funcionários de menor escalão que se encontram no nível inferior. Essas ilhas de trabalho, dispostas em fileiras regulares, entremeadas por amplos corredores de circulação, são uma exacerbação caricata dos conceitos de padronização, organização e funcionalidade. No centro desse saguão, uma atendente, engaiolada num pequeno quiosque de vidro, fala sem parar ao telefone, emitindo sons num monólogo incompreensível. Além de sua voz, os únicos sons que ouvimos são os das máquinas de datilografia – sons do trabalho. Ainda procurando o Sr. Giffard, Hulot se confunde com os reflexos no vidro e, pensando tê-lo visto no prédio ao lado

14. Cf. M. Foucault, *Vigiar e Punir*, pp. 173-199.

(quando na verdade ele está apenas alguns passos adiante no mesmo corredor) sai atrás dele, perdendo de vez a oportunidade de encontrar aquele que procurava. Por meio da fachada, Tati mostra-nos uma sala de reuniões localizada no segundo pavimento desse mesmo edifício, logo acima da sala de espera. Ali, um grupo de empresários reúne-se em torno de uma longa mesa. Ao fundo desse cenário funcional, vemos um gráfico que demonstra o progresso ascendente dos negócios da empresa.

No edifício comercial ao lado acontece uma feira de exposições que reúne novidades e engenhocas do mundo moderno. Dentre a coleção de materiais de construção, acessórios de decoração e equipamentos domésticos modernos expostos nessa feira, há luminárias com *design* arrojado, portas anti-ruídos, lixeiras *kitsch* e uma vassoura com faróis. Conforme exclama uma turista americana entusiasmada: "Venham rápido... é tudo tão moderno, tem até coisas americanas". Esses objetos ali expostos têm a função de ironizar e criticar a sociedade de consumo sufocada pela automação e pelas bugigangas industriais modernas. A vassoura equipada com faróis para iluminar embaixo dos móveis, enquanto varre, tem, não apenas um, mas dois faróis, satirizando o exagero dos inventos modernos. Essa novidade prática que atrai as donas de casa americanas dá continuidade à sátira da tecnologia doméstica abordada no lar de *Meu Tio*. Mais adiante, um estande vende portas que, conforme diz o anúncio na parede, permitem que você "bata suas portas em perfeito silêncio". Ironizando o entusiasmo relativo ao progresso da indústria da construção, Tati rebaixa a nova tecnologia a produtos de consumo da moda. Mas, crítico que é, Tati não se contenta com superficialidades: disposto a denunciar como a modernidade despreza a cultura, ele apresenta um estande que vende lixeiras de *design* que imita colunas dóricas. Como observou Luiz Nazario[15], essa aplicação

15. Cf. L. Nazario, *op. cit.*, p. 82.

kitsch equipara a cultura clássica a lixo, e também ironiza o desdém moderno pelo antigo. "É antigo" diz uma voz; "estilo Grego", diz o cartaz na parede; "é uma lixeira", demonstra a mímica da vendedora. Por fim, um último estande expõe luminárias modernas, ressaltando a importância dessas peças de *design* para a arquitetura moderna. A organização geral do galpão de exposições deixa transparecer extrema preocupação com os ideais de ordem e funcionalidade: o espaço é setorizado e os territórios são demarcados por meio de ilhas de pisos elevados e divisórias, liberando largos corredores de circulação.

Na agência de turismo, mais uma vez, são os tons cinzas e os pisos brilhantes que compõem o cenário. O balcão de atendimento é um móvel de aço, como o do aeroporto, atrás do qual vemos um painel que representa o mapa mundial costurado por rotas aéreas. Esse mapa, feito de recortes metálicos de continentes sobre um fundo preto, é provavelmente uma remontagem do mapa usado no fundo do escritório da SDRC em *Meu Tio*. O avesso desse painel – visto da rua através da fachada de vidro – é confundido por Hulot com uma obra de arte moderna em exposição. Curioso, ele tenta entrar no local para observar a "obra" de perto, mas é expulso e trancado do lado de fora: como se a Hulot não fosse mais permitido viajar. Os *displays* da agência fazem propaganda de cidades modernas como Londres, Estocolmo, Brasília e países como México e Estados Unidos – que adotaram com vigor o Estilo Internacional – retratando sempre um edifício quadrado de vidro, como se criticasse sua adesão ao movimento arquitetônico moderno, que massificou as paisagens urbanas das grandes metrópoles. É curioso perceber, no entanto, que cada um desses pôsteres possui um elemento característico do país ou da cidade que representa: no do México, um sol asteca ao fundo e uma pirâmide identificam esse país com sua cultura; no do Havaí, a vegetação cactácea e a paisagem praiana caracterizam o local; no dos Estados Unidos, uma criança e caminhões vermelhos representam o fordismo num país novo em pleno desenvolvimento; no de Estocolmo, a neve e um esportista esquiando dão o tom; no de Londres, um guarda britânico em trajes característicos e um ônibus vermelho de dois andares, no primeiro plano, e ao fundo o Big-Ben[16], sintetizam a cidade; no do Brasil, um índio e palmeiras identificam aquilo que ontem era uma selva, enquanto o de sua capital, Brasília, apresenta as gêmeas da Praça dos Três Poderes representando os candangos que ajudaram a construir a modernidade (curiosa mutação antropológica: o brasileiro curvado e rude ligado à natureza transformou-se em homem de lata que, por seu *design* e materialidade, muito se aproxima da representação que Tati pretende dar ao homem da modernidade). Quase todos os cartazes incluem algum tipo de veículo de quatro rodas, num reflexo dos novos tempos.

Figs. 16: Playtime, a cidade inumana.

Perambulando pelas ruas da metrópole, Hulot encontra um ex-companheiro de exército que o leva para co-

16. Percebemos de imediato que o que chama a atenção de Bárbara no painel de Londres é o Big-Ben que se esgueira por trás do edifício moderno. Bem mais sensível que os outros turistas, ela é também a única a perceber os reflexos da velha Paris na porta de vidro.

nhecer o apartamento moderno onde vive[17]. Este integra um edifício residencial sofisticado e moderno, cujos imensos painéis de vidro da fachada expõem por completo o ambiente doméstico para a rua, como se fosse uma vitrine destinada ao olhar dos transeuntes. Nessa vitrine que torna pública a vida privada, todos parecem estar constantemente posando para uma foto ou se ajeitando para ela. Esses aquários que exibem publicamente a intimidade das pessoas demonstram como a vida moderna se baseia em aparências. Percebemos, pela mímica do proprietário, que ele se gaba de poder ver tudo à sua volta através das amplas superfícies de vidro, sem se importar com o fato de que sua intimidade está sendo invadida. Como observou Luiz Nazario[18], esse recurso cenográfico permite que Tati exponha a "intimidade" do lar sem precisar penetrar no ambiente: assim, ele nos deixa o tempo todo do lado de fora, como se estivéssemos observando um teatro de bonecos. Por essas fachadas de vidro acompanhamos a rotina semelhante dos moradores urbanos modernos: em todos os apartamentos as famílias reúnem-se na sala e ligam o televisor, no mesmo canal, à mesma hora. Esse quadro revela uma profunda crítica de Tati à forma como a TV vinha se impondo à sociedade moderna e ditando a rotina cotidiana dos habitantes dos grandes centros urbanos[19].

17. Os ex-companheiros de exército que Hulot reencontra nas ruas da grande cidade exercem um importante papel na construção do imaginário da metrópole, refletindo o fato de que elas atraíram grande contingente de soldados que se instalaram nas cidades grandes em busca de trabalho e oportunidades: o primeiro é um *nouveau riche* que exibe com orgulho seu carro último modelo e seu apartamento novo conquistados recentemente com seu trabalho; o segundo é um trabalhador simplório. Com suas diferenças, eles representam essa população de origens e costumes diversos que compõe a nova sociedade urbana moderna.

18. Cf. L. Nazario, *op. cit.*, p. 85.

19. Assim como o programa do Professor Platov em *Meu Tio*: todos os dias, no mesmo horário, a TV reúne os familiares.

Figs. 17 a 20: Morando em vitrines: o fim da privacidade.

É extremamente curioso o jogo que Tati promove ao observar os quatro eixos narrativos paralelos que se desenvolvem concomitantemente nas quatro janelas que subdividem o espaço cênico. Explorando o *timing* e a semelhança para correlacionar as ações paralelas que se desenrolam em cada um dos apartamentos contíguos, ele compõe um hilário jogo de ações e reações imaginárias. Temos a exata sensação de que estão todos interagindo entre si, ou criticando a rotina de seus vizinhos, enquanto na verdade só estão reagindo ao programa que assistem "'em conjunto". Merece destaque também o fantástico efeito de luz que Tati consegue nessas suas "vitrines da vida real". Enquanto os rostos são iluminados por um foco branco de luz que emana do aparelho de TV, o ambiente é todo banhado por uma luz prata que é puro reflexo das superfícies aluminizadas, dando-nos a impressão exata de que estamos assistindo a imagens de um televisor. Essa composição de Tati prenuncia uma linguagem que será muito explorada pela vídeo-arte, manifestação artística que já começava a virar moda na década de 1960.

As linhas retas e formas geométricas que caracterizam a arquitetura do edifício residencial predominam também na decoração interna dos apartamentos, que são mobiliados com peças de *design* reto e sofisticado distribuídas pelo espaço de forma "racional". As cadeiras, mais uma vez, são iguais às que vimos nos demais ambientes – o mesmo modelo de estrutura metálica e assentos de vinil preto – ressaltando como a padronização torna semelhantes os diversos ambientes, ainda que tenham funções tão diversas. Até o jardim à frente desse edifício comunga com os preceitos de organização para unir beleza e funcionalidade. O quarto do hotel, que também nos é revelado através da janela como uma vitrine, segue os mesmos preceitos de organização e funcionalidade, buscando integrar praticidade e conforto. Decorado apenas com o mobiliário necessário para expressar sua função, ele inclui as mesmas cadeiras, quadradas e pretas, que decoram os outros ambientes modernos. Internamente, esse ambiente é banhado por uma luz prata que, no entanto, não é mais reflexo de superfícies aluminizadas, pois a parede não é recoberta com aço inox que tornaria o ambiente demasiado frio para o repouso. A cama sobre rodinhas, em conjunto com o figurino (lençóis cinzas, camisola de Bárbara, uniforme da camareira) e a assepsia do recinto, transmite-nos mais uma vez a ambiência de um hospital. Com sua habitual ironia, Tati aproveita para criticar o costume americano de oferecer gorjetas indiscriminadamente: encarando a oferta com sua moral pessoal, a velha camareira não aceita o dinheiro oferecido. O saguão desse hotel, que também é decorado com extrema economia e racionalidade, mostra, mais uma vez, as mesmas cadeiras pretas de assento sintético e as lixeiras de aço comum aos ambientes comerciais. Por ser um lugar turístico de consumo, o saguão possui vitrines nas paredes que tomam o lugar das obras de arte. Ao fundo, um balcão de atendimento em aço, com o mesmo *design* e estrutura daquele que vimos no aeroporto e na agência de turismo. No *display* ao lado desse balcão, Tati mostra novamente o pôster com a imagem modernista de Brasília coroado por um edifício moderno de vidro e aço.

No centro da cidade, fica o Royal Garden, um restaurante sofisticado que se prepara para a noite de sua abertura.

O ritmo alucinado para terminar a obra a tempo da inauguração é ideal para Tati compor suas *gags*. Explorando a rotina de colocação dos vidros na parte superior da fachada do restaurante, o cineasta transforma os movimentos dos operários em uma *performance*, que é observada com atenção pelos transeuntes curiosos da rua. Esse ambiente de encontro social, espaço *kitsch* por natureza, muito se diferencia dos demais cenários modernos, chegando a ser uma antítese da organização e funcionalidade anteriormente representada. Sofisticado e excessivamente decorado, ele atinge as raias do mau gosto. A coroa que é a logomarca do restaurante está "silkada" nos vidros da fachada e impressa em alto relevo nas floreiras junto à porta de entrada. Ela se repete também no *design* das arandelas de iluminação e nos espaldares das cadeiras, que aparentam um desconforto atroz: esta prótese *kitsch* com 'garras e bolinhas', além de antiestética e torturante, marca as costas dos fregueses e rasga as roupas dos garçons. Outro elemento de decoração *kitsch* do qual Tati extrai uma *gag* hilariante é o boneco que segura o cardápio no *hall* de entrada do restaurante: essa 'réplica' do *chef* vestida de avental e chapéu branco é transportada pelo salão como um corpo sobre uma maca quando no final da noite as opções do cardápio acabam. Os fregueses, obviamente, vêem aquilo com estranhamento. O fundo do palco é decorado com um painel luminoso que lembra um pouco as divisórias de Frank Lloyd Wright. Descobrimos a artificialidade do piso da pista de danças, que imita *marmorite*, quando uma de suas placas descola-se do chão, grudando no sapato do *maître*.

Irônico que é, Tati ridiculariza sem piedade essa arquitetura moderna tola, que comete erros grosseiros: a entrada e a circulação são colocadas bem na reta da coluna, e o vão livre é ocupado por um anteparo que só serve para barrar a passagem, pois, por ser vazado, podemos ver tudo o que acontece do outro lado; o passa-pratos da cozinha é menor que as travessas que devem passar por ele, e a superfície de apoio do lado do garçom é estreita demais para elas;

as bandeirolas de madeira que enfeitam o balcão de bebidas foram projetadas para os baixinhos – como o próprio arquiteto – e atrapalham imensamente o *barman* que parece um malabarista ao tentar contorná-las para servir os clientes. E, se não bastassem os erros arquitetônicos, o mau funcionamento da construção piora muito a situação: o circuito elétrico está em pane conforme já prenunciam as falhas elétricas na iluminação do degrau de acesso à plataforma mais elevada no fundo do restaurante. Tratado com desdém, o problema vai se agravando, até que, por fim, o sistema entra em curto e explode. Esses ataques às incoerências do projeto são destinados diretamente aos arquitetos, numa crítica certeira de Tati ao papel imperativo dado a eles pela Bauhaus. Tanto que o próprio personagem do arquiteto está lá correndo de um lado para o outro com suas plantas na mão para anotar seus erros e planejar a próxima reforma. Nas paredes da cozinha, os grafismos – desenhos e cálculos – parecem anotações do arquiteto indicando acertos necessários.

Figs. 21 a 24: Uma arquitetura tola: nada funciona no restaurante moderno e sofisticado.

A falta de funcionalidade reflete-se no *layout* desse espaço que, preocupado em abrigar o maior número de clientes segundo a racionalidade imposta pela lógica do lucro, posicionou as mesas muito próximos umas das outras, obrigando os fregueses a arrastá-las para sair de seus lugares. Essa disposição, além de entulhar o ambiente, dificulta a circulação. E, embora as mulheres de gostos sofisticados que freqüentam o restaurante estejam mais preocupadas em desfilar seus vestidos de *griffe* e suas finas estolas de *vison*[20], o ambiente em si reflete uma falsa sofisticação, que é, em síntese, a própria antítese do chique que tenta aparentar. Tanto que, com o passar da noite, ele assume sua verdadeira identidade, vendo sua atmosfera aparentemente elegante e sofisticada transformar-se num caos profundo, enquanto a polidez dos freqüentadores transforma-se em interatividade frenética para culminar no mais profundo anarquismo. As fachadas sofisticadas do restaurante são também de vidro. Entretanto, para esconder esse espaço público que pretende tornar-se um esconderijo privado da alta classe, cortinas brancas são acrescidas a elas. A imensa laje inclinada que marca a entrada foi provavelmente inspirada na marquise da Villa Stein (1925), erigida em Garches, pelo mestre da arquitetura moderna, Le Corbusier.

Fig. 25: O restaurante de Jacques Tati em Playtime *(à esquerda).*
Fig. 26: A Villa Stein (1925), de Le Corbusier, em Garches *(à direita).*

20. Tati explora o *figurino* como elemento iconográfico para identificar o *status* dos personagens: estolas de peles, vestidos de *griffe* e jóias exuberantes carregam uma carga valorativa disposta a retratar o estilo das mulheres *elegantes*. Claudia é criticada por seus sapatos: "É uma turista, veja seu sapato" diz uma voz. Os garçons têm um uniforme próprio que deve estar impecável: assim, o primeiro que rasga a roupa é obrigado a permanecer no terraço, trocando peça por peça com aqueles que arruínam outras partes de seus uniformes em meio à confusão. Também o *chef* e o *maître* têm seus uniformes próprios. Já os bêbados, que chegam mais tarde atraídos pela música e pela confusão, vestem roupas simples.

Fig. 27: A barata arquitetura do restaurante moderno.

Nessa marquise, Tati acrescenta uma placa em néon com um desenho esquisito que aponta para a entrada. Dela, o diretor extrai *gags* interessantes: um bêbado distraído que passa pela calçada segue seu movimento luminoso e entra; outro, jogado para fora do restaurante, seguindo o movimento da luz, dá um giro e retorna para dentro. O painel de controles, com seus inúmeros botões e luzes piscantes, reaparece nesse cenário, agora embutido na pilastra atrás do revestimento de aço inox. Mais uma vez, ele está ali representando a tecnologia que comanda a vida moderna com seus botões incompreensíveis, e vai servir de ponto de apoio para a irônica confusão armada por Tati. Inaugurado prematuramente, o restaurante ainda não possui uma estrutura capaz de suportar o movimentado sucesso que experimenta na noite de estréia. À medida que ele vai enchendo, seu atendimento vai piorando, culminando numa disfunção que faz tudo despencar. Uma série de acidentes e de incidentes leva ao colapso o sistema de atendimento e finalmente mergulha os clientes num caos, com o desmoronamento físico de uma parte interna do restaurante e o curto circuito no sistema elétrico. O público animado, no entanto, não se deixa intimidar por essas disfunções. Quando o painel do teto vem abaixo, um capitalista norte-americano logo se apossa do novo espaço, rearranjando os escombros para criar uma cancela e delimitar um espaço particular onde possa comandar a fuzarca. Em meio a essa confusão, Tati ainda satiriza um bêbado incapacitado de encontrar seu caminho na cidade: tentando orientá-lo, Hulot encosta um mapa na coluna de mármore desenhada, confundindo o bêbado, que estuda os desenhos da pedra como se fossem os traçados das ruas da cidade. Mas o mais estranho desse restaurante é que, embora ele esteja no térreo, suas janelas apresentam uma vista que parece ver a cidade de cima. Trata-se, na verdade, de uma ilusão óptica, genialmente criada por Tati, afastando o prédio vizinho de modo a dar essa falsa impressão de altura.

Na esquina contígua ao restaurante, estão os últimos cenários explorados na cidade: a *drugstore* e a loja de departamentos. A *drugstore* é uma mistura moderna de lanchonete com farmácia inventada pelos americanos. Criticando a incompatibilidade dessa mistura de funções, Tati compõe um cenário irônico, onde confronta um balcão de apetitosas guloseimas com uma iluminação verde do balcão de remédios, dando a impressão de que os alimentos ali expostos estão estragados e que os fregueses que dela se alimentam são doentes. Ainda que esse ambiente reúna diversas funções, mais uma vez nos deparamos com uma setorização peculiar, que reflete as preocupações com a organização e a funcionalidade: há ali um balcão específico para lanches, outro para venda de bebidas alcoólicas e outro para cosméticos e remédios; a área destinada a lanches fica junto à fachada de vidro, expondo os consumidores que se recostam em suas modernas bancadas de vidro expostas para a rua, como uma vitrine. Nesta lanchonete onde Hulot encontrara outro velho companheiro do exército que o levou ao restaurante, reúnem-se os sobreviventes da noitada tumultuosa para tomar um café matinal. Logo amanhece o dia e a cidade volta a funcionar, vendo ressurgir o trânsito e os transeuntes. Nas agitadas ruas da cidade, que não se importa com aqueles que fugiram à sua rotina, as pessoas comuns retomam suas tarefas diárias. Ao lado da *drugstore*, numa loja de departamento, onde há um pouco de tudo – vinhos, queijos, frutas e legumes, artigos de casa, cosméticos, artigos femininos etc. –, Hulot tenta comprar um presente para Bárbara que vai partir, mas, confuso com as rígidas regras da vida moderna, acaba não conseguindo entregá-lo pessoalmente. Assim, enquanto os turistas partem para o aeroporto, Hulot permanece embaraçado na cidade moderna. Se, em *Meu Tio*, ele foi obrigado a partir, deixando para trás as tradições, em *Playtime* ele permanece preso à modernidade, sendo obrigado a conformar-se com ela, lutando agora sozinho para nela apenas sobreviver. Para fechar esse ciclo de 24 horas na metrópole moderna, Tati apresenta-nos uma vista panorâmica da praça circular onde ônibus, carros, caminhões e motocicletas circulam em meio a um engarrafamento, como se brincassem de ciranda. Esse imenso carrossel urbano ressalta que o dia-a-dia na cidade grande é uma rotina cíclica da qual o homem moderno não pode escapar. Essa é a maneira de Tati nos dizer que os eventos cotidianos se repetem, dia, após dia com seus incidentes particulares, mas extremamente similares.

Fig. 28: O "carrossel vivo" dos veículos na cena final de Playtime.

Várias tomadas equiparam essa praça a um parque de diversões: na oficina mecânica, os elevadores automotivos levantam e abaixam os carros como cavalinhos num carrossel; em meio ao engarrafamento, um carro de sorvetes estaciona para atender uma criança; e as fachadas, decoradas com bandeirolas coloridas, preparam-se para mais um dia de festa. Conforme observou Luiz Nazario[21], assim como fizera em *Meu Tio*, Tati planta aqui as sementes para seus próximos filmes: enquanto o trânsito intenso prenuncia o imaginário de *As Aventuras de M. Hulot no Tráfego Louco* (*Trafic*, 1971), seu filme seguinte, a comparação da rotina urbana com um parque de diversões parece já nos dizer que Tati vê o mundo como um picadeiro, prenunciando o universo que vai abrigar *Parade* (1974), seu último filme.

No ônibus, a caminho do aeroporto, Bárbara percebe que as flores do pequeno arranjo que traz consigo parecem miniaturas das luminárias urbanas, equiparando a densa paisagem urbana com um frio jardim tecnológico repleto de luminárias de aço. Observando atentamente percebemos que várias maquetes dos edifícios modernos que compuseram a cidade podem ser vistas espalhadas pelos cenários como elementos de decoração sobre as mesas. Ressaltamos ainda a notável preocupação de Tati, durante todo o filme, em combinar o figurino com os cenários, transformando-os também em elementos cenográficos: buscando utilizar um figurino neutro que não associasse seu universo a nenhuma época específica, Tati não deixou em nenhum momento de preocupar-se com sua estilização, de modo a colocá-lo em constante sintonia com o cenário. Predominam as cores neutras, como o preto, o branco e os tons de cinza, aos quais se misturam esporadicamente algumas cores pastéis, como o azul ou o laranja. As cores fortes, como o vermelho e o verde, estão presentes apenas em detalhes tais como xales, chapéus e bolsas dos turistas. Esses acessórios que enfeitam os personagens sempre nos dizem algo sobre o *status* social e econômico deles.

Também os carros, muitas vezes mais marcantes no meio urbano que os seres humanos, são tratados como ele-

21. Cf. L. Nazario, *op. cit.*, p. 86.

mentos cenográficos seguindo uma rígida palheta de cores neutras para cobrir a paisagem urbana com um tráfego estilizado, em total sintonia com o cenário. Esporadicamente vemos um carro azul ou um ônibus verde que se destaca da homogênea frota urbana. O *design* desses carros revela-nos uma evolução da indústria automobilística desde *Meu Tio*: os modelos, mais modernos que aqueles retratados dez anos antes, são mais compactos e deixam de ser um bem associado à família para, agora, em muito maior quantidade, transportarem apenas os motoristas para o trabalho; paralelamente, surgem os ônibus apinhados que assumem a função de transporte coletivo da população urbana que cresceu em enormes proporções.

Para nos dar condições de fruir com tranqüilidade a riqueza de detalhes cenográficos de seu universo imaginário, Tati usa tomadas longas e amplos planos gerais. Combinando esses dois elementos especificamente cinematográficos, ele dá tempo ao espectador para explorar toda a cena, reconhecendo e fixando seus detalhes[22]. Realizando seu filme em película de 70mm com som estereofônico de quatro canais – uma ambição técnica típica de filmes de ação e daqueles que retratam paisagens exóticas – Tati soube tirar proveito de todas as vantagens que a ampliação do quadro e a composição sonora lhe ofereciam. Ocupando até mesmo as regiões periféricas da tela e explorando com liberdade e criatividade a ampliação do espaço proporcionada pelo formato *widescreen*, ele foi capaz de concentrar numa mesma cena grande quantidade de informações, criando vários eixos paralelos de ação. Sem se importar em dirigir a atenção do espectador para as diversas atividades simultâneas que ocorrem em seu espaço cênico, Tati o deixa livre para escolher o que apreciar a cada momento, e para construir sua própria narrativa à medida que vai colhendo as informações disponibilizadas. Assim, Tati não guia o espectador para suas *gags*; ao contrá-

22. Vale observar que *Playtime* é composto quase exclusivamente de tomadas longas e estáticas em planos gerais: não há no filme um único *close* e quando a câmera se move, é geralmente uma *dolly* curta.

rio, deixa que ele as encontre por si mesmos[23]. Entretanto, quando ele deseja correlacionar as ações, ele trabalha o *timing* de forma primorosa, como no caso da seqüência dos apartamentos.

O formato *widescreen* favoreceu imensamente a exibição dos detalhes cenográficos, dando a Tati a oportunidade de criar composições requintadas e repletas de detalhes. Sim, pois, enquanto uma tomada em 35mm não permite mostrar mais que uma porção da fachada com algumas janelas, a tomada em 70mm pode mostrar toda a edificação sem perder a visibilidade de seus detalhes. E se, por um lado, Tati aproveitou a ampliação da tela para filmar com mais detalhes suas composições arquitetônicas, por outro ele tira dessa ampliação outro efeito ainda mais interessante: ao decorar pouco o espaço amplo, ele ressalta ainda mais a vacuidade e a amplidão da arquitetura que desenhava.

Com todas essas formidáveis características, *Playtime* assinala a apoteose do estilo visual e da criatividade cômica de Tati. Essa obra de arte cinematográfica chegou a ser elevada por alguns críticos à categoria de um *épico do mundo moderno*. *Playtime* foi o filme mais caro da história do cinema francês, e ocupou Tati por quase uma década. Contudo, essa ousadia cinematográfica foi um fracasso comercial que arruinou financeiramente o diretor, levando-o à falência e encerrando logo depois sua carreira[24]. Tati

23. *Playtime* requer mais atenção e participação imaginativa do espectador que qualquer outro filme; o espectador escolhe seu próprio recorte de visão, liberado, de certa maneira, da submissão passiva às decisões do diretor. Ao mesmo tempo, a proliferação frenética de *gags* que ocorrem em todos os espaços da tela torna impossível ao espectador acompanhá-las todas de uma vez: é preciso assistir várias vezes a este filme para se perceber todos os seus detalhes.

24. A *opção pelo formato 70mm* pode ser apontada como uma das causas do fracasso de *Playtime* no cinema, vez que *não haviam muitos cinemas preparados para este formato de exibição*. Contudo, houve diversas falhas de Tati: a liberdade dada por ele aos atores – já que como diretor acreditava que os atores atuavam melhor quando não conheciam todos os detalhes – exigiu diversas repetições nas filmagens de cada seqüência, acarretando *desperdício financeiro* e um *atraso cumulativo*. *Playtime* tor-

nunca mais filmaria em seu país e jamais conseguiria superar-se: *As Aventuras de M. Hulot no Tráfego Louco* seria rodado na Holanda e *Parade* em Estocolmo, e nenhum deles acrescentou muito às conquistas de *Playtime*.

Obra-prima hoje incontestável, *Playtime* dividiu opiniões na época de seu lançamento: alguns chegaram a acusá-lo de reacionário e antiquado; outros aclamaram o esforço cenográfico de Tati laureando seu talento "urbanístico e arquitetônico". O crítico Jean-André Fieschi destacou o esforço de Tati em dar um sentido de contemporaneidade à arquitetura de sua cidade:

> Desde o começo, o diretor parece um arquiteto, e um dos mais atrevidos dentre eles. (Tão audacioso quanto Antoni Gaudí, tão puro quanto Frank Lloyd Wright). Peça por peça, painel por painel, ele construiu uma fantástica metrópole azulada de vidro e ferro, a qual habitou conforme sua coreografia, como o deus bailarino de Nietzsche [. . .]. Ao habitar este tabuleiro de xadrez logicamente e misteriosamente, Tati mostra-se um estrategista melhor que De Mille, um coreógrafo melhor que Berkeley. Esta seqüência de mecanismos espaço-temporal é uma das mais complexas que o cinema criou até agora[25].

Para Jacques Belmans, *Playtime* poderia intitular-se *Um Homem que Anda pela Cidade*, pois a cidade está em toda parte. O crítico Dave Kehr equiparou-o a uma "pedra fundamental da cinematografia moderna"[26]. *Playtime* conquistou o Grande Prêmio da Academia de Cinema de Paris (1968), a Medalha de Prata no Festival de Moscou (1969), o Prêmio do Festival de Viena (1969) e o Oscar do cinema

nou-se um desastre irrecuperável para Tati, que teve de hipotecar sua casa, investindo todos os seus filmes como aval para as promissórias, mesmo assim o que levantou não foi suficiente. Nem o sucesso de *Trafic* conseguiu evitar sua falência em 1974: ele foi obrigado a leiloar os negativos de suas obras, e partiu para Estocolmo, onde realizou *Parade*, uma produção em vídeo na qual usou três ou quatro câmeras ligadas ininterruptamente por três dias. Tati morreu em 1982.

25. J.-A. Fieschi (1968), cit. por D. Neumann (ed.), *Film Architecture: Set Designs from Metropolis to Blade Runner*, p. 142.

26. D. Kehr (1985), cit. por D. Neumann, *op. cit.*, p. 140.

sueco (1969). Doze anos após seu lançamento, em 1979, o presidente francês Georges Pompidou e o bilionário comunista Jean-Baptiste Doumeng promoveram o lançamento de *Playtime* na cópia original em 70mm – o filme então só circulava na bitola de 35mm – e essa reprise atraiu multidões na França.

Referências Bibliográficas

FOUCAULT, Michel. *Vigiar e Punir. Nascimento da Prisão.* Petrópolis, Vozes, 1977.

NAZARIO, Luiz. *As Sombras Móveis. Atualidade do Cinema Mudo.* Belo Horizonte, Editora da UFMG / mídia@arte, 1999.

NEUMANN, Dietrich (ed.). *Film Architecture. Set Designs from Metropolis to Blade Runner.* Munique/Nova Iorque /Londres, Prestel, 1999.

LUCAS, Meize Regina de Lucena. *Imagens do Moderno. O Olhar de Jacques Tati.* São Paulo/Fortaleza, Annablume/Secretaria da Cultura e Desportos, 1998.

FRAMPTON, Kenneth. *História Crítica da Arquitetura Moderna.* São Paulo, Martins Fontes, 2000.

DORFLES, Gillo. *A Arquitetura Moderna.* Lisboa, Edições 70, 1986.

INTERNET: http://www.tativille.com, ativo em 11/02/2004.

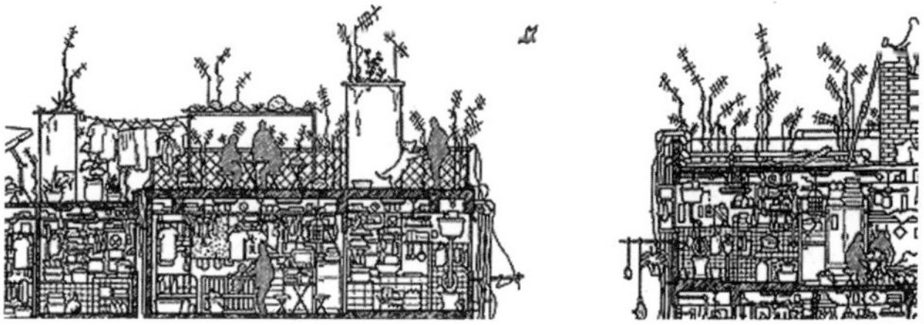

TÓQUIO CIBERPUNK

Alcebíades Diniz Miguel

A distopia – desde seus momentos mais afastados na história, como em *As Viagens de Gulliver,* de Swift – sempre foi um poderoso elemento de crítica. A sociedade opressiva, cuja essência a denúncia realista não pode absorver, recebe uma crítica muito mais direta e uma negação ainda mais total por meio dessas complexas parábolas deslocadas. Com o surgimento da ficção científica, no final do século XIX, as narrativas e descrições de distopias ganharam um novo relevo e uma nova complexidade: H. G. Wells, em obras como *A Máquina do Tempo, O Alimento dos Deuses,* e Karel Capek, com *A Guerra das Salamandras* e *Fábrica do Absoluto,* representam o momento mais expressivo nessa estética fortemente crítica, que mescla ficção científica e

Fig. 29: Desenho da Cidade Murada de Kowloon, cujo nome original é Gau Lon Sen Chai.

crítica social. Com a polarização política e ideológica do Ocidente, vivida nas décadas de 1920 até o final da Segunda Guerra Mundial e a constituição da Guerra Fria, um novo rumo norteia a ficção sobre a distopia: a politização. *Admirável Mundo Novo*, de Aldous Huxley, e *1984*, de George Orwell, são os exemplos desse momento, cujo antecessor imediato é *Nós*, de Ievgueni Zamyatin. Outro grande ficcionista que projeta os problemas políticos da sociedade em suas fantasias futuristas, esboçando um futuro onde a sofisticação do controle e da destruição do indivíduo alcançariam a perfeição é Ray Bradbury, crítico da Internet e autor do extraordinário *Farenheit 451*. Os anos 1950-1960 marcam a despolitização e a "desradicalização" progressivas das utopias distópicas. Mais um passo – o golpe de misericórdia contra qualquer esperança de redenção – e a distopia passa para o campo da cultura de massa e é dotada de sinais positivos, como o verdadeiro sonho de libertação da humanidade.

Esse passo, que havia sido efetuado no plano filosófico por Cioran em seu estudo *História e Utopia*, foi dado no plano ficcional por William Gibson, em seus romances *ciber*, cuja melhor expressão é *Idoru*. Novela futurista cujo sofisticado acabamento externo, da capa e de outros elementos, – seja da edição brasileira, seja da edição americana – já indica que o conteúdo busca o fascinante. Como no caso de um contemporâneo seu, o escritor de narrativas de terror Clive Barker, Gibson descobriu que o escritor moderno – se quer ser bem aceito no mercado – deve se transformar em uma mistura de *popstar*, *guru* empresarial e – para preservar uma aura de charme e de distanciamento – "intelectual". Assim, se Barker produziu e participou de filmes e histórias em quadrinhos, Gibson apareceu no palco durante um *show* da banda irlandesa U2. O romance de estréia de Gibson, *Neuromancer*, ganhou adaptações para os quadrinhos e para o mundo dos *games*. Um de seus contos, "Johnny Mnemonic", foi adaptado para o cinema sem sucesso, apesar do entusiasmo de alguns críticos, e os autores do filme

Matrix (*idem*, 2001) não deixaram de citar, de modo reverente, suas obras. Gibson é um dos mentores intelectuais do grupo de *digiterati*[1], responsáveis pelos sítios/revistas *Wired* ou *ArtByte* e é citado como o criador de termos hoje em moda: ciberpunk e ciberespaço[2].

Em *Idoru*, temos duas narrativas entrelaçadas, aparentemente com pouco em comum, envolvendo – por sua vez – dois personagens centrais: Laney, *netrunner* profissional, mutante vítima de testes com drogas experimentais, que possuía uma capacidade inumana de processamento e síntese de dados aleatórios; Chia, adolescente fã de uma banda de rock, a qual também é uma corporação e uma instituição, a Lo/Rez. Tentaremos resumir a trama rocambolesca e deliberadamente desconexa do romance. Laney, que perdera o emprego em uma corporação de notícias e entretenimento devido ao seu envolvimento com uma jovem mulher vítima dessa corporação, é indicado para um novo emprego em outra obscura corporação, numa fervilhante e ultramoderna Tóquio. Lá, Laney descobre que irá trabalhar na segurança da mundialmente conhecida banda de rock Lo/Rez ameaçados por uma suposta conspiração contra seus membros. Paralelamente, Chia McKenzie é enviada ao Japão com a missão de descobrir se os boatos que envolvem o casamento de Rez – vocalista da já citada Lo/Rez – com a idoru – ou seja, um ídolo, de cinema, música, televisão etc., digital criado pelas indústrias de entretenimento para agradar a demanda dos consumidores – Rei Toei. Nessa viagem, Chia acaba se envolvendo com traficantes, mafiosos russos, *hackers*, gangues virtuais e até com uma ruinosa e multicolorida cidade virtual secreta. As tramas paralelas vão se aproximando em um ritmo frenético, que lembra os

1. Também chamados de "digiteratos", ou seja, "um conjunto indefinido de pessoas reconhecidas como conhecedoras e especialistas em tudo o que se refere à tecnologia digital", cf. Microsoft Press, *Dicionário de Informática*, p. 289. O equivalente digital para os escritores e intelectuais do passado.

2. Cf. *Idem, op. cit.*, p. 264.

games modernos. E o final, pretensamente alegórico, também se aproxima do vazio final nos *games*.

Gibson, que parece entender mais de *marketing* que de literatura, sabe utilizar os recursos que sugerem – ao mesmo tempo – complexidade narrativa, ousadia formal, sofisticação e, até, uma dimensão crítica. Existe uma forte ressonância das novelas policiais *noir* em *Idoru*: na capa da edição brasileira, lemos que "Gibson é o Raymond Chandler da Era Digital" (segundo o *New York Daily News*); na orelha do livro, lemos, escrito por Hartford Courant: "Gibson, como Hemingway, possui a habilidade de pintar retratos vívidos do mundo em volta de seus personagens". Com efeito, em seus melhores e mais apocalípticos momentos, a ilusão é palpável e convincente: parece que nos aproximamos de autoras como Patricia Highsmith e Muriel Spark, que implodiram e renovaram o gênero. Mas a ilusão é logo desfeita: como no caso dos filmes atuais de Hollywood ou das ilustrações e animações criadas com *softwares* de modelagem tridimensional, o que conta são efeitos especiais megalomaníacos e a sofisticada pós-produção, sendo o filme, propriamente dito, totalmente esquecido. Ao descrever, mesmerizado, o admirável mundo novo digital, Gibson se esquece continuamente de seu livro, tornando clara suas ideologias e posições.

O referido "aspecto crítico" é o primeiro a se tornar, claramente, um engodo. A ambivalência desinteressada diante do fenômeno digital se transforma rapidamente em entusiástico apoio. A utilização do surrado clichê "máfia russa neocomunista" não significa apenas falta de imaginação, mas a utilização consciente de um estereótipo bem definido na consciência americana. A máfia-estado russa fictícia criada no romance, *Kombinat*, combina uma série de preconceitos esquemáticos: os russos são grandes e fortes, impiedosos e sem qualquer compaixão; mais que tudo, suas vestimentas e trejeitos são referências diretas à imagem do comunista glorificada pelos meios de comunicação de massa durante a Guerra Fria. Já o "sacrifício" final da personagem Zona é uma medíocre redução de um conceito que norteia certas produções *noir*. Se, nos filmes de Hitchcock, segundo Luiz Nazario, o "suspense cessa quando um personagem passa da inconsciência à consciência, determinando, contra o mundo, os próprios atos" sendo "a morte o preço da irrupção da liberdade no universo repressivo"[3], aqui, a personagem Zona, para salvar sua amiga Chia, deixa seu *site* clandestino visível; numa espécie de "suicídio"; mas num capítulo posterior, os personagens reconhecem que esse "suicídio" não era real, apenas virtual. No mundo verdadeiro, o sacrifício só pode ser medido pela perda real que ele acarreta. Se, em Hitchcock, o sacrifício demarca a irrupção da liberdade em um mundo onde esta não existe, em Gibson é apenas uma ornamentação luxuosa, que, entretanto, acaba por deixar claro o fato de que, na existência alienada vivida na Internet, não existe possibilidade ou brecha para a verdadeira liberdade, substituída por representações virtuais. A subjetividade dos *netrunners*, reduzida a nada, deve se espelhar e se construir a partir de elementos do exterior. Isso explica o carinho de indivíduos alienados por suas máquinas (de carros e computadores até lavadoras de roupas) e suas desesperadas tentativas de torná-lo personalizado, já que a determinação em suas próprias vidas inexiste. Comparar a Internet com uma monstruosa, amontoada, populosa e insalubre aglomeração urbana, como a cidade murada de Kowloon na China, foi um interessante *insight* de Gibson. Mas a essência e os desdobramentos desse *insight* deixam claros mais aspectos da ideologia motriz dos *digiterati*. Gibson parece ter um forte fascínio pela cidade murada chinesa: no capítulo dedicado aos agradecimentos, ele explica:

> Sogho Ishi, o diretor japonês, me apresentou à Cidade Murada de Kowloon por meio das fotografias de Ryuji Miyamoto. Foi Ishi-san quem teve a idéia de fazermos um filme de ficção científica lá. Nunca o fizemos, mas a Cidade Murada ficou me assombrando,

3. Cf. L. Nazario, *Da Natureza dos Monstros*, pp. 150-151.

embora tudo que eu saiba sobre ela foi adquirido pelas imagens assombrosas de Miyamoto, que mais tarde vieram a dar a textura para a Ponte, em minha novela *Virtual Light*[4].

A Cidade Murada de Kowloon – cujo nome original é Gau Lon Sen Chai – surgiu na China, em decorrência dos complicados problemas surgidos a partir da Guerra do Ópio (1840): era um minúsculo território – 2,6 hectares –, que acabou pertencendo à China em Hong-Kong, possessão inglesa. Essa constituição peculiar favorecia o surgimento de uma sociedade sem lei: como a zona livre de Tânger, descrita por William S. Burroughs em *O Almoço Nu*. A partir do final dos anos de 1940, com a vitória da revolução comunista na China, muitos exilados ou criminosos viram na Cidade Murada uma chance rápida de escapar. Nesse momento, prédios mais altos começaram a ser construídos, criando o que ficou conhecido como "lado negro" de Kowloon: uma região onde, devido à altura e concentração dos prédios, a luz do sol praticamente inexistia: algumas pessoas diziam que, ao entrar nesse "lado negro", de lá nunca se sairia. A "era de ouro" da Cidade Murada ocorreu no final dos anos de 1970 e início dos anos de 1980: nesse momento, perto de cinqüenta mil pessoas e pelo menos trezentos prédios já existiam. Cerca de quinhentas pequenas manufaturas estavam ativas e certos alimentos derivados de peixe e comercializados em Hong-Kong eram quase que totalmente produzidos em Kowloon. Havia na Cidade Murada, também, cerca de 87 dentistas e 63 médicos: formados em escolas comunistas da República Popular da China, tais médicos e dentistas não poderiam exercer sua profissão em Hong-Kong, uma vez que lá não havia concessão de licenças. Assim, clinicavam clandestinamente em Kowloon, aderindo não raras vezes ao mercado negro e aos mais diversos tipos de tráfico. Entre 1991 e 1992, foi executada a evacuação da Cidade Murada, provavelmente antecipando a reunificação de Hong-Kong à República Popular

4. Cf. W. Gibson, *Idoru*, p. 9.

da China. Em 1993, o governo de Hong-Kong iniciou a demolição de Kowloon com o objetivo de construir, em seu lugar, um parque em estilo chinês[5]. Como Las Vegas, a Cidade Murada merece figurar entre as mais terríveis e desumanas aglomerações urbanas do mundo, exatamente o oposto da imagem que temos da cidade ideal imaginada por Piero della Francesa na apoteose do humanismo clássico; chamar Kowloon de cidade é apenas uma figura de linguagem.

Fig. 30: A cidade ideal, de Piero Della Francesca.

Fig. 31: Kowloon, cidade chinesa do século XX.

Mas tais exemplos podem encontrar seus defensores: não são poucos os ideólogos que consideram a miséria e o caos expressões positivas da liberdade humana. O arquiteto e ideólogo do estilo pós-moderno Robert Venturi defendeu Las Vegas, argumentando que seus *signs* seriam expressões de uma suposta liberdade/ambigüidade comunicativa; nos anos de 1960, desenvolveu-se uma corrente de arquitetos e urbanistas que defendiam a "espontaneidade" do povo em oposição aos ditames dos arquitetos: a palavra

5. As informações citadas, assim como algumas impressionantes fotografias, podem ser obtidas no sítio *Internet Kowloon Walled City*: www.flex.co.jp/kowloon. O sítio narra o dia a dia de uma expedição que visitou a Cidade Murada, já desocupada, nas vésperas de sua destruição. O material coletado nessa exploração foi utilizado, também, na composição do livro *The Kowloon Walled City Explores*, com ilustrações de Hitomi Terasawa e supervisão de Hiroaki Kako.

de ordem era "construir com o povo"; já os arquitetos Leon e Rob Krier se deixaram fascinar pelos titânicos e monstruosos projetos de reurbanização de Albert Speer para a Alemanha nazista. Na metáfora de Gibson, Hak Nam – a reprodução digital da Cidade Murada – reproduziria todos os traços positivos, aos olhos do autor, da Internet: liberdade; inexistência de regras ou limites; criatividade; precariedade; resistência contra o "sistema", representado por empresas e corporações:

> [...] As pessoas que fundaram Hak Nam [o nome dado, no romance, para a reprodução virtual da Cidade Murada] estavam irritadas porque a rede havia sido totalmente livre [...] você podia fazer o que quisesse, mas aí os governos e as companhias, eles tinham idéias diferentes sobre o que você podia ou não podia fazer[...] Então, não tinham leis por lá. Um lugar fora da lei. E mais e mais pessoas iam para lá; foram construindo, cada vez mais alto. Sem regras, só construindo, e as pessoas simplesmente morando. A polícia não ia lá. Drogas, prostituição e jogo. Mas pessoas vivendo, também. Fábricas, restaurantes. Uma cidade. Sem leis[6].

O pensamento maniqueísta divide o mundo em partições perfeitamente simétricas: bem e mal, positivo e negativo, tirania e caos. Tal dilema é, claramente, uma armadilha: no mundo concreto, as relações são muito mais ambíguas; a tirania pode instrumentalizar o caos que, por sua vez, endurece a sociedade com a falsa esperança de que a tirania seja a única solução política real. Assim, Kowloon não pode servir de modelo para nenhum tipo de contra-ordem: ela é, em essência, idêntica à ordem existente, apenas com algumas diferenças e substituições cosméticas. O mesmo se aplica à Internet: a afirmação de que a Internet constituiria um foco de liberdade que uma vaporosa entidade denominada "corporações" estaria tentando dominar, é vazia e absurda. A Internet existe por força e vontade econômicas: os apetrechos que possibilitam a conexão – computadores, *modems* e linhas telefônicas – não apenas estão disponíveis

6. W. Gibson, *Idoru*, pp. 190-191.

para uma minoria privilegiada como também são diretamente controladas pelos Estados. Luiz Nazario já chamava a atenção para o fato de que a telefonia – elemento chave para a existência e criação da Internet –, diferente do que pensavam intelectuais como Hans Magnus Enzensberger, depende de regulamentações estatais e relações capitalistas[7]. Do mesmo modo, a destruição da qualidade norteia a suposta liberdade "absoluta" da Internet: num mundo opaco pela ignorância e alienação, realmente, a edição de qualquer lixo pode ser uma possibilidade; e a crítica, anulada, pode ter algum lugar disponível na Rede ao lado de outros *souvenirs* como panfletos políticos extremistas e obras de *web art.* Não existe mais critérios ou avaliações, pois – com a Internet – fomos colocados a força em um enorme e medíocre *shopping center* e, como consumidores, podemos escolher a série de itens que mais nos agradar. Mas, definitivamente, jamais podemos abdicar de nosso privilégio de consumidores. E, se algo nos desagradar, existe sempre a opção de aderirmos a alguma comunidade virtual de cibercomunistas.

Gibson é a demonstração rigorosa de que o real, por um decreto ideológico, está ultrapassado: as relações humanas devem ser mediadas pela Internet. O universo horrendo criado por essas novas relações é semelhante ao mundo negro da Cidade Murada. A luz solar nunca encontra o mundo de alienação dos *netrunners*; mas existe uma significativa diferença: os usuários-moradores da Rede acreditam que, através de seus equipamentos digitais, podem ver uma luz solar supostamente "recriada" e superior através de todo um aparato tecno-ideológico; uma ingenuidade dessas nunca seria cometida pelos moradores de Kowloon. Com Gibson, a distopia pode ser contemplada, não mais

7. "O desligamento do telefone atinge o espaço vital de cada um e revela a precariedade da situação do assinante, a falácia da socialização de um meio de comunicação que, ainda que esteja 'nas mãos das massas' permanece dependente de fios, redes, energia e tudo o mais sob o controle do Estado ou de suas concessionárias". Em L. Nazario, *Telefone*, p. 32.

com horror, mas com enorme boa vontade: não estamos diante de fábulas e alegorias, mas diante da realidade do dia a dia[8]. Os romances *ciberpunks* são apenas registros do cotidiano; as alegorias, a expressão angustiada e apocalíptica de um futuro que o progresso destruiria, presentes nos autores clássicos de ficção científica, foram substituídas pelos aplausos dos novos escritores integrados à parafernália eletrônica. A ideologia de Gibson nos assegura de que o terror digital não é tão feio quanto dizem seus poucos críticos; com um pouco de adaptação acrítica, todos reconheceriam a verdade e a inevitabilidade do virtual e, assim, o mundo provavelmente seria um utópico e tele-transmitido reino da felicidade.

Referências Bibliográficas

GIBSON, William. *Idoru.* São Paulo, Conrad Livros, 1999.
MICROSOFT Press, *Dicionário de Informática.* Rio de Janeiro, Campus, 1998.
NAZARIO, Luiz. *Telefone.* São Paulo, Nova Stella, 1987.
_____. *Da Natureza dos Monstros.* São Paulo, Arte & Ciência, 1998.

8. Já existem alguns protótipos de Idorus na rede: são as "modelos virtuais" criadas digitalmente por *designers* no mundo todo. Illusion 2K é o nome da recém-criada divisão da agência de modelos Elite encarregada de agenciar modelos virtuais. Seu *cast* já possui uma contratada: Webbie Tookay, criada pelo *designer* Steven Stahlberg. Informações obtidas no sítio/revista *Magnet*: *www.magnet.com.br/cosmo/modelos_virtuais.html*; e no sítio da Illusion 2K: *www.illusion2k.com*.

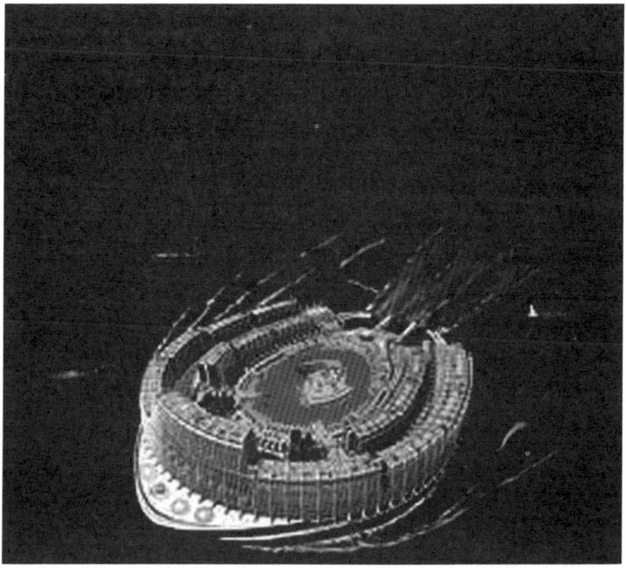

VIAGENS IMAGINÁRIAS

Luiz Nazario

Viajar, perder países,
Ser outro constantemente...

FERNANDO PESSOA

Da última viagem, cujos preparativos são minuciosamente descritos no *Livro dos Mortos* dos antigos egípcios, à aventurosa *Odisséia*, de Homero, empreendida sem pressa por Ulisses; da quase autista *Viagem ao Redor do meu Quarto*, de Xavier de Maistre (onde o personagem viaja 42 dias à roda do quarto e a cavalo no parapeito da janela), e da viagem a Londres sem sair de Paris, empreendida com cansaço pelo maravilhoso neurastênico des Esseintes, em *Às Avessas*, de J.-K. Huysmans, às viagens ao fundo do poço da alma humana propiciadas pelas peças de Eugene O'Neill

Fig. 32: Projeto de um navio-cidade para o novo milênio.

e Tennessee Williams; das viagens insólitas imaginadas por Jonathan Swift, Jules Verne, Lewis Carroll, H. G. Wells ou James Hilton (ao fundo do mar, ao centro da Terra, à Lua, ao Planeta Proibido, ao Reino das Fadas, à Terra de Oz, ao País das Maravilhas e dos Espelhos, ao interior do corpo humano, na máquina do tempo, até Atlântida ou o Horizonte Perdido) magicamente realizadas no cinema fantástico desde Georges Méliès – às viagens espaciais dos astronautas rumo ao desconhecido, fixada nos filmes *Os Eleitos – Onde o Futuro Começa* (*The Right Stuff*, 1983), de Philip Kaufman, e *Apollo 13* (*idem*, 1995), de Ron Howard; das viagens místicas dos xamãs, dos gurus, dos santos e dos possessos às viagens químicas dos que se transportam pelas drogas para outras dimensões, como as que Aldous Huxley explorou em *Céu e Inferno* e *As Portas da Percepção*, e que Roger Corman tentou captar em *Viagem ao Mundo da Alucinação* (*The Trip*, 1967); e Ken Russell, em *Viagens Alucinantes* (*Altered States*, 1980), a experiência da viagem, real ou imaginária, revela-se uma necessidade do homem.

As Viagens Exploratórias

No século IV a.C., Alexandre III, o Grande, rei da Macedônia, deu início ao movimento expansionista do conhecimento integrado à conquista de grandes territórios, modelo seguido pelo imperialismo romano, que englobou quase todo o mundo então conhecido. O processo da "globalização" do planeta Terra, interrompido na Idade Média, foi retomado pelas viagens marítimas nos séculos XIV e XV, que levaram ao descobrimento do Novo Mundo. Após dez anos de tentativas de financiamento para seu projeto de "empreendimento para as Índias", o explorador genovês Cristóvão Colombo conseguiu convencer os Reis Católicos a confiar-lhe uma pequena frota de três caravelas – Santa Maria, Pinta e Nina – para alcançar as Índias pela rota ocidental. Parcialmente financiado pelo cristão-novo espanhol

Luiz de Santagelo e pelo estadista português Isaac Abravanel, Colombo esperava encontrar o Japão, mas chegou às ilhas caribenhas em 1492, nomeando-as Índias Ocidentais e aos seus nativos, "índios". Em Cuba, que imaginou ser a China, descobriu o tabaco. Na sua segunda viagem, Colombo levou dezessete navios para trazer todo o ouro que os Reis Católicos esperavam como retorno do investimento, além do estabelecimento de colônias no Novo Mundo. Entre os tripulantes, encontrava-se Juan Ponce de Léon, que assumiu o cargo de vice-governador da colônia Hispaniola (em 1508, ele fundou Porto Rico; em 1513, descobriu a Flórida). Na terceira viagem, realizada em 1498, Colombo descobriu Trinidad e a foz do Orenoco. Enquanto Hispaniola degenerava, Colombo empreendeu sua quarta e última viagem – quando explorou grande parte da costa da América Central, entre 1502 e 1504, às próprias expensas, retornando sem riquezas, doente e desacreditado.

O cinema apresentou pelo menos três imagens distintas de Cristóvão Colombo, embora o melhor filme sobre o grande viajante não tenha sido realizado, existindo apenas sob a forma de roteiro – as quase mil páginas que Abel Gance escreveu, um pouco inspirado no Colombo visionário do "Quixote dos mares" descrito por Jakob Wassermann no romance *Christophus Colombus*, e que, por falta de financiamento, nunca conseguiu levar às telas, nem mesmo transformar em minissérie de TV. O primeiro filme significativo sobre Colombo foi *Christopher Columbus* (1949), de David Macdonald, com Fredric March. O filme inicia-se com o navegador tendo de esperar cinco anos para obter o financiamento da Coroa para sua viagem à Índia, navegando na direção do Ocidente, para provar ser a Terra redonda. A Coroa portuguesa recusa pagar os altos custos que a viagem exige; a espanhola faz Colombo esperar três anos antes de tomar uma decisão, e só quando ele resolve procurar o apoio da França a Rainha Isabel concede-lhe as garantias necessárias. Os marinheiros que tripulavam as três naus acreditavam na existência de montanhas magnéticas que atraíam os navios e os estraçalhavam, em serpentes monstruosas que fariam as caravelas naufragar; pensavam que jamais voltariam para casa. Decidiram, assim, matar Colombo após uma "Salve Rainha". Mas pouco antes que o motim fosse consumado, avistaram sinais de terra firme, e Colombo perdoou os revoltosos nesse dia de glória para a Espanha. Logo a visão revelou-se uma miragem. Colombo deu, então, à tripulação um prazo de três dias, ao cabo dos quais as caravelas deveriam retornar. Duas horas antes de findo o prazo, Colombo avistou uma luz no litoral e os tripulantes tomaram posse de San Salvador (Cuba). Os nativos da ilha receberam os homens brancos de joelhos, sem disparar uma flecha; os marinheiros aproveitaram-se dessa docilidade para trocar suas ninharias por adereços de ouro. Ali Colombo descobriu a rede de dormir e o tabaco – costume que introduziria na Europa. Na noite de Natal, Santa Maria foi perdida; alguns marinheiros precisaram ficar em Cuba. Diego, filho de Colombo, nomeado governador da ilha, aceitou o encargo sem entusiasmo. De volta à Espanha, Colombo foi recebido em triunfo na Corte, onde causou sensação com o papagaio que trouxera. Mas dez anos depois, Colombo foi envolvido em intrigas políticas e posto sob correntes; apenas a intervenção da Rainha salvou-o da prisão. Ele permaneceu até a morte obcecado pela idéia de uma nova viagem, compensando suas frustrações com a certeza da glória póstuma. O filme projeta de Colombo a imagem de um gênio mais ou menos assexuado, obcecado por um sonho impossível.

Por ocasião das comemorações do quinto centenário do descobrimento da América, dois filmes foram realizados tendo como tema a viagem de Colombo. No primeiro, *Christopher Columbus – the Discovery* (1992), de John Glenn, com roteiro de Mario Puzzo, o ator grego George Corraface encarnou um Colombo fogoso e aventureiro que domina a arte da espada e da sedução: além da antiga ligação com Filipa, mãe de Diego, mantém um caso com uma jovem de hospedaria, que engravida. Também sua relação com a Rainha Isabel (Rachel Ward) foi erotizada: bela fanática, Isabel sonha em ganhar o maior de número de almas para a fé católica, encantando-se pela idéia de Colombo de chegar às Índias navegando pelo ocidente: ela a financia mesmo contra os conselhos do Grande Inquisidor Torquemada (Marlon Brando). Esse Colombo é um rebelde que despreza a autoridade: detido pelos familiares do Santo Ofício e levado à sua presença, segue destemido e contesta os dogmas de Santo Agostinho; é um homem comum elevado à condição de herói por meio da ação e do carisma. A História, que no cinema parece sempre ser feita pelos Grandes Homens, aparece aqui mais complexa, porém não menos incoerente: a expulsão dos judeus da Espanha é mencionada, mas sem relação com a política dos Reis Católicos, que protegem Colombo contra as maquinações de Torquemada, de pouca influência na Corte, enquanto o navegador trabalha para os judeus e combate os mouros. O filme aborda um aspecto negligenciado da longa viagem: a prática da homossexualidade entre os marinheiros. Mas o tabu é apenas fortalecido pela projeção do desejo "perverso" no vilão que, depois de tentar violentar um jovem judeu que Colombo protege, lidera o motim a bordo. A colonização na Ilha de São Salvador é mostrada em seus aspectos cruéis: Colombo extorque o ouro dos indígenas e catequiza-os à força. Seu heroísmo, porém, não é abalado. O personagem torna-se apenas mais *realista*. O Colombo homem de ação, sedutor e agressivo, distancia-se do Colombo gênio, dotado de uma visão grandiosa: ele tem as arestas cortadas e as dimensões achatadas para caber nas medidas estreitas com as quais se medem os heróis do presente. A falta de respeito à História que emana do filme é simbolizada na cena em que Colombo se mira num espelho cristalino, perfeitamente liso e brilhante, como jamais o foram os espelhos do século XV.

O segundo grande projeto de Hollywood foi *1492 – Conquest of Paradise* (1992), de Ridley Scott, com Gérard Dépardieu no papel do navegador. Neste épico de fundo filosófico, escrito pela jornalista Roselyne Bosch, Colombo encarna simultaneamente o homem de ação e o gênio, sexualizado pela amante Beatriz (Angela Molina), mas também capaz de sublimação. A Rainha Isabel (Sigourney Weaver) é mais uma vez transformada numa mulher encantadora, eroticamente atraída por Colombo, sem perder sua aura de fanática. O projeto do navegador é maior que a vida: ele sonha com um Novo Mundo, enojado com a decadência, impiedade e barbárie do Velho, reveladas num auto-de-fé tremendo. Colombo luta por novos horizontes, por novos ideais. Não visa, bem entendido, uma revolução social, mas uma *revolução espiritual*, simbolizada na esperança de um descobrimento: ele quer *abrir as mentes*, pelo que é observado de perto pela Inquisição. O tema original do filme concentra-se na segunda parte, quando inicia o processo de civilização na ilha de San Salvador. Colombo precisa produzir ouro para justificar a viagem, e dada a escassez desse metal, vê-se obrigado a forçar os indígenas a escavar as minas até o fundo. Tendo acolhido os brancos pacificamente, os indígenas, tratados como escravos, terminam por revoltar-se contra eles. Colombo legitima a violência, e transforma o paraíso que sonhou num inferno de opressão. Pego na engrenagem da colonização, não pode mais parar os moinhos de morte que colocou em movimento. Ele se apercebe disso quando o indígena que havia aprendido a língua dos brancos, e que se sentia próximo dele, corta os laços de amizade com uma definitiva sentença de acusação: "Você nunca tentou aprender a nossa língua". Para encarnar o eterno projeto da civilização, contraposto – mas implícito – ao projeto revolucionário de Colombo, Ridley Scott criou um personagem diabólico. De natureza criminosa, sempre vestido de negro, esse personagem opõe-se ao governo liberal de Diego, assassinando-o para torturar os indígenas, reproduzindo, no Novo Mundo, o pior do Velho, estabelecendo um regime de terror que só satisfaz seu sadismo. Como o Calígula da peça de Albert Camus, ao ser acuado por Colombo, ele salta no abismo dizendo: "Ainda não morri". O simbolismo é claro: a existência do Mal e sua realização política sob a forma do totalitarismo fazem desse Colombo o idealista que sonhou com o paraíso socialista e construiu sua utopia sobre a exploração e o crime, terminando por ver desabar suas esperanças após a desintegração da URSS: "O Novo Mundo é uma desgraça!", conclui a Rainha Isabel, tentando convencer Colombo de seu fracasso. Mas ainda que desiludido com a possibilidade de forjar uma nova sociedade sem relações de dependência com a Europa, Colombo continua a rejeitar a realidade, mesmo despojado de sua ideologia utópica. Esse Colombo não é o "Quixote dos mares", nem o "homem comum", mas o "revolucionário do século XX", herói trágico que sonhou com um novo homem e criou um Frankenstein.

Séculos de expansão da civilização industrial tornaram todas as regiões do globo conhecidas. Após as guerras mundiais que envolveram as sociedades modernas numa rede econômica, política, social e cultural interdependente, o planeta foi inteiramente domesticado. Nasceu uma era de turismo de massa por meio de fluxos aéreos contínuos, e de incessante flutuação populacional, propiciada por êxodos legais ou clandestinos. Agora, as viagens exploratórias só podem ser dirigidas para o espaço cósmico; elas hoje projetam, na nova utopia tecnológica do decadente capitalismo, a colonização de Marte[1].

As Viagens Místicas

Sonhada ou real; interior ou geográfica; realizada por prazer em excursões e aventuras ou por necessidade em fugas e exílios; planejada com antecedência ou decidida num impulso repentino, a viagem logo passou a ser entendida como uma metáfora da vida. E ao adquirir um caráter metafórico, a viagem foi imediatamente incorporada às grandes religiões como uma aventura do espírito, assumindo a forma da *peregrinação*. A viagem a Meca, ordenada aos muçul-

1. Cf. L. Nazario, "Catástrofes Cósmicas", pp.157-186.

manos, e empreendida pelo fiel após o perdão concedido aos inimigos, representa uma apoteose de ascese e purificação. Também para os judeus da Diáspora, retornar a Jerusalém significa, segundo um velho *midrasch**, pisar o centro de Israel, o solo da cidade sagrada, no centro da qual está o Templo, no centro do qual está o Santo dos Santos, no centro do qual está Arca, em frente da qual encontra-se a Pedra fundamental, cujo lugar é o alicerce do mundo. No século XVIII, o judeu Baal-Schem Tov tentou, por todos os meios, viajar para a Terra Santa: acreditava-se que o encontro do homem mais santo do mundo com o solo sagrado da Terra Prometida poderia produzir uma tal descarga de santidade no universo que levaria o Messias a aparecer. Informado do perigo, Satanás opôs-se a cada um dos planos de viagem de Baal-Shem Tov: doenças, contratempos, imprevistos – havia sempre um truque diabólico impedindo o sábio de realizar a grande viagem; ele morreu sem jamais tocar com seus pés a terra de Jerusalém.

De fato, o que ressalta das peregrinações místicas é seu singular caráter *pedestre*. O fiel deve percorrer *a pé* o caminho que o leva aos lugares santos. Faz parte das viagens místicas o esforço empreendido pelo corpo, o gasto de energia, o consumo do invólucro material da alma. O místico só atinge o objetivo da viagem depois de grandes provações e sofrimentos. "Se Eu Quiser Falar com Deus", canta Gilberto Gil, "tenho que lamber o chão dos palácios suntuosos dos meus sonhos..." O mergulho no masoquismo fortalece a alma. Por isso os templos são erigidos no alto de um penhasco, de um morro, de uma montanha, de uma colina, de uma ladeira. E por isso seus interiores permanecem na penumbra: o fiel neles penetra depois de grande esforço, galgando lances de escada, resfolegante, temporariamente cego pela luz exterior. Já o místico sem religião, aquele místico que perdeu a fé, mas não a dimensão do sagrado, mergulha voluntariamente no masoquismo ao realizar peregrinações particulares. Em *Cami-*

* *Midrasch* – glosa, interpretação. Os *midraschim* são comentários homiléticos da Escritura, em geral sob a forma de relatos, máximas, lendas e súmulas.

nhando sobre o Gelo, Werner Herzog narrou sua peregrinação de Munique a Paris, empreendida em pleno inverno, ao saber que sua amiga Lotte Eisner encontrava-se hospitalizada: acreditava que essa sua viagem mística pudesse salvar a vida da amiga, que seu esforço físico, sua aventura pedestre tivesse o poder mágico de impedir, ou pelo menos adiar, o destino. Herzog encontrou a Eisnerin recuperando-se em seu leito; ela pediu apenas que ele se sentasse a seu lado, e descansasse da viagem.

Viagens sagradas, associadas à luta pela sobrevivência de comunidades castigadas por uma natureza indiferente às necessidades humanas, são mostradas em filmes como *Nanook, o Esquimó* (*Nanook of the North*, 1922), de Robert Flaherty, rodado no Pólo Norte; *Grass* (*idem*, 1925), de Meriam Cooper e Ernst Schoedsack, mostrando a imigração das tribos nômades de Baktyari; e em *Chang* (*idem*, 1927), de Cooper e Schoedsack, filmado na selva asiática. No mais recente *Himalaia* (*idem*, 1999), Eric Valli segue a bela tradição daqueles clássicos da ficção documental, sempre interpretada por habitantes locais, revelando modos de vida exóticos, misteriosos, quase alienígenas aos nossos olhos metropolitanos. Outra viagem de caráter místico é recriada em *A Caminho de Kandahar* (*Safar E Ghandehar*, 2001), onde a jornalista Nafas (Niloufar Pazira), refugiada no Canadá, tenta atravessar a fronteira entre o Irã e o Afeganistão a fim de salvar a jovem irmã acossada, como todas as mulheres desse país, pelo inumano regime dos Talibãs: ela recebera uma carta da irmã dizendo ter decidido matar-se antes da chegada de um iminente eclipse solar; é para tentar impedir esse suicídio que Nafas enfrenta todos os perigos, percorre paisagens delirantes e cidades dominadas pelo fanatismo e pela miséria; seus esforços, contudo, são vãos – ela não consegue alcançar Kandahar antes do eclipse fatal.

Também as viagens solitárias de Amyr Klink, embora se apresentem como viagens exploratórias, realizadas com o mais puro espírito científico, planejadas e organizadas até os mínimos detalhes, possuem um caráter sagrado, pois os encontros desse navegador com a natureza selvagem adquirem sempre uma dimensão transcendente. Podemos, assim, reconhecer, nas aventuras narradas em *Cem Dias entre Céu e Mar*, *Paratii* e *As Janelas do Paratii*, o retiro espiritual e o amor à solidão dos grandes místicos. E na trilha que o misticismo ateu abre a todos os exploradores modernos, Waldemar Niclevicz narrou sua obsessão pelo Monte Everest em *Tudo pelo Everest*, obsessão que o levou a ser o primeiro brasileiro a escalar quase até o pico aquele monte fatídico, obtendo um lugar de honra entre os místicos ateus disfarçados de esportistas.

As Viagens Interiores

Paralelamente ao movimento expansionista do homem civilizador em suas viagens de descoberta, conquista e colonização da Terra; e ao movimento interior do homem místico, em suas viagens de descoberta, conquista e colonização das almas próprias e alheias, nunca cessaram as viagens interiores, solitárias, mentais e existenciais propiciadas pela literatura, pela arte, pela filosofia, pela loucura, pelas drogas e pelo cinema. Pode-se conhecer o mundo sentado numa poltrona macia, encarando uma tela gigante como janela aberta para o universo: para viajar no cinema, não é preciso tirar passaporte, vistos, fazer malas, enfrentar *check-in*, polícia e alfândega, comer no aeroporto com olhos pregados na bagagem, pensar na morte aguardando o embarque, temendo decolagens e aterrizagens. No cinema, viajamos sem sair do lugar, com conforto e segurança. E temos, de cada lugar visitado, uma visão sublimada, edulcorada, hiper-realista: a Holanda é mais molhada nos documentários de Bert Haanstra; Londres só é londrina, com névoa, chuva e crimes nos *thrillers* de Alfred Hitchcock; Paris é muito mais Paris em *Cinderela em Paris* (*Funny Face*, 1957), de Stanley Donen; e Roma nunca foi mais romana quanto em *A Princesa e o Plebeu* (*Roman Holiday*, 1956), de William Wyler.

Ainda mais radical é a viagem empreendida rumo às cidades de pura fantasia no cinema de ficção científica, como em *Just Imagine* (1930), de David Butler, ou do cinema de animação, como em *Baloonland* (1935), de Ub Iwerks; *Music Land* (1935), de Walt Disney; ou *Somewhere in Dreamland* (1936), dos Irmãos Fleischer. Ao contrário da cidade-pesadelo da ficção científica, as cidades-sonhos dos desenhos animados são orgânicas, puras e belas como a cidade antiga. Nesse gênero, desenhistas, animadores e *designers* criam cidades cujo espaço urbano se conforma aos seus personagens fantásticos, num mundo inteiramente estilizado, onde todas as coisas adquirem vida, e uma vida humanizada, ou seja: é o próprio homem que aí se transfigura em coisa, balão, biscoito, inseto, animal ou instrumento musical.

Fig. 33: Cidade-pesadelo em Just Imagine *(1930), cidade-sonho em* Music Land *(1935).*

À exceção dos filmes que concentram sua ação em interiores, numa área isolada ou num meio de transporte, a cidade é referência obrigatória em toda narrativa; poucos são os filmes nos quais os personagens vivem encerrados num espaço isolado: numa aldeia isolada, como em *La Terra Trema – Episodio del Mare* (*idem*, 1947), de Luchino Visconti, ou *A Mulher de Areia* (*Woman in the Dunes*, 1964), de Hiroshi Teshigahara; ou numa ilha deserta, como em *Robinson Crusoe* (*idem*, 1952), de Luis Buñuel, ou em *A Ilha Nua* (*Hadaka no Shima*, 1960), de Kaneto Shindo. Sendo o cinema uma arte urbana por excelência, também seus personagens preferem viver em cidades – reais, construídas, falsas ou imaginárias. E mesmo que esses personagens se encontrem em alguma comunidade fechada, cedo ou tarde acabam dirigindo-se à cidade num momento qualquer da trama. Para além das convenções cinematográficas, alguns cineastas fizeram da cidade (seja ela antiga, moderna, futurista ou irreal), mais que um pano de fundo, a base mesma sobre a qual construíram seu universo imaginário.

No cinema expressionista, a cidade evolui da bidimensionalidade do papelão, em *O Gabinete do Dr. Caligari* (*Das Kabinett des Dr. Caligari*, 1920), de Robert Wiene; e *Da Aurora à Meia-noite* (*Vom Morgens bis Mitternacht*, 1920), de Karl Heinz Martin, para a tridimensionalidade do estuque, em *O Golem* (*Der Golem*, 1920), de Paul Wegener; e *O Gabinete das Figuras de Cera* (Das Wachsfigurenkabinett, 1924), de Paul Leni, filmes nos quais os edifícios ganham formas volumosas abstratas e orgânicas. Finalmente, com *Metropolis* (*idem*, 1927), de Fritz Lang, a cidade expressionista adquire contornos monumentais. Inteiramente rodado nos estúdios de Babelsberg, durante um ano e meio, *Metropolis* foi a maior extravagância da UFA e a mais cara produção do cinema mudo alemão, consumindo cinco milhões de marcos imperiais. O filme estreou em 10 de janeiro de 1927, no UFA-Palast am Zoo em Berlim, acompanhado por uma grande orquestra regida pelo compositor Gottfried Huppertz.

Baseado no romance homônimo de Thea Von Harbou que acabava de ser lançado, *Metropolis* narrava as peripécias de um cientista que criava, no ano de 2026, a soldo do senhor da cidade, uma mulher-robô para revoltar os trabalhadores e fazê-los em seguida conformar-se à vida escrava que levavam pelo exemplo da catástrofe que a rebelião produzia. Almejando o grandioso[2], Lang criou cenas de massa que incluíam 36 mil figurantes. Inspirado por uma viagem que fizera a Nova Iorque, o cineasta apresentava uma das primeiras utopias urbanas geradas pela imaginação do século XX (num

2. François Truffaut escreveu sobre o estilo de Fritz Lang: "Basta uma única palavra para descrevê-lo: único. Cada tomada, cada movimento de câmara, cada detalhe, cada movimento de um ator, cada gesto é definitivo e inimitável."

estilo que mesclava o gótico tardio ao expressionismo e ao futurismo), concretizada pelo cenógrafo e arquiteto Erich Kettelhut por meio de maquetes, desenhos animados e efeitos especiais. Visitando o *set*, o cineasta russo Sergei Eisenstein ficou impressionado com as técnicas desenvolvidas para o filme: Eugen Schufftan inovava com um jogo de espelhos que permitia captar, num mesmo negativo, imagens de ação ao vivo combinadas com um *set* de maquetes em miniatura. Gunthar Rittau usava animação *stop motion* com carros e aeroplanos futuristas numa seqüência que durava um minuto na tela, mas levara uma semana para ser fotografada. Contudo, o maior trunfo de Lang era a interpretação arrebatada, desmedida, loucamente expressionista que obteve da jovem Brigitte Helm que, em seu *début* no cinema, interpretava a diabólica mulher-robô, a bondosa pregadora Maria e a morte que dança na Catedral.

Metropolis é reacionário em sua ideologia (comprometido com a ascensão do nazismo) e revolucionário em sua estética (precursora do imaginário dos quadrinhos e do cinema de ficção científica). A realidade do filme é uma realidade de mil conflitos desviados: o filho contra o pai, o pai contra o secretário, o secretário contra o patrão, o patrão contra a santa pregadora, o cientista contra o industrial, a mulher-robô contra os operários, os operários contra as máquinas, as máquinas contra as crianças, a massa revoltada contra a bruxa mecânica, a bruxa mecânica contra os trabalhadores, todos contra a cidade, e a cidade contra todos[3]. Recentemente, um espetacular trabalho de restauração devolveu a este mito contraditório toda sua ousada visualidade. A deslumbrante versão digitalmente restaurada de *Metropolis* estreou a 12 de julho de 2002, no Film Forum de Nova Iorque, após sua pré-estréia a 15 de fevereiro de 2001, no Festival Internacional de Cinema de Berlim, com uma qualidade de imagem e som experimentada

3. Para uma análise mais aprofundada da ideologia de *Metropolis*, ver L. Nazario, *As Sombras Móveis*, pp. 207-278.

apenas na sua *première* berlinense. A história desse restauro, fruto do esforço conjunto de colecionadores particulares e arquivistas de diversas cinematecas, sob o patrocínio do Friedrich-Wilhelm-Murnau-Stiftung e da Transit Film, a partir de todas as versões existentes de *Metropolis* espalhadas por diversas metrópoles do mundo, é um capítulo à parte na história da luta pela salvação de nossa memória visual.

Lançado com a duração original de 4.189 m, ou 155 minutos, o filme foi um fracasso de bilheteria em sua época, levando o produtor Erich Pommer à demissão, e a UFA, à bancarrota. Já em dezembro de 1926, antes mesmo de sua estréia em Berlim, o representante americano da UFA, Frederick Wynne-Jones, levou uma cópia para os EUA para que a Paramount, então associada à UFA, se decidisse a distribuí-lo na América. Concluiu-se que o filme era longo demais para o público norte-americano, e a Paramount exigiu cortes. O dramaturgo Channing Pollack, contratado para esse trabalho, não deixou por menos: reduziu o filme para 3.100 m, ou 113 minutos, removendo as cenas que explicavam o conflito entre o industrial Joh Fredersen e o cientista Rotwang em torno da falecida Hel e, com isso, os motivos da criação da mulher-robô e da destruição final da cidade. Também foi extirpada a perseguição que o Homem Magro fazia ao filho de Freder, Fredersen; ao operário Georgy; e ao serviçal Josephat; suprimidas as cenas passadas em "Yoshiwara" e algumas da eletrizante perseguição final. Para que o filme fizesse sentido, cenas foram recombinadas e intertítulos modificados. Para Pollack, o filme original "mergulhava o espectador num simbolismo do qual saía sem conseguir responder de que se tratava"; ele se convenceu de que sua edição mutiladora conseguira "dar sentido" à obra de Lang. Em Berlim, *Metropolis* saiu de cartaz após poucas semanas; também a UFA teria decidido que o filme precisava de alguns cortes para ser distribuído para o resto da Alemanha: uma nova versão, parecida com a americana, de 3.241 m, ou 118 minutos, foi submetida à censura em agosto de 1927.

Não se sabe, até hoje, o que aconteceu com os três negativos originais de *Metropolis* editados por Lang. Uma lista compilada em 1934 pela UFA, com negativos estocados em seu arquivo em Tempelhof, menciona, entre os seus 480 negativos, apenas um de *Metropolis*, com 2.589 m, ou 95 minutos (sem os intertítulos). A duração indica que esta não é a versão original de *Metropolis*, mas a segunda, reeditada.

O negativo original da versão Paramount foi enviado pela UFA à América em 1926 e provavelmente repatriado ao Reichsfilmarchiv findo o prazo de exibição em 1936. Nesse arquivo, cujo acervo foi herdado, depois da guerra, pelo Staatliches Filmarchiv da RDA que, por sua vez, após a reunificação da Alemanha, em 1990, foi incorporado pelo BundesarchivFilmarchiv, a cópia existente de *Metropolis*, de 2.337 m, ou 85 minutos (incluindo os intertítulos americanos), constituía uma versão ainda mais curta, mas, junto com ela, encontrava-se um fragmento suplementar do negativo original contendo as cenas removidas da versão Paramount, assim como fragmentos de tomadas que não haviam sido completamente removidas, mas encurtadas.

Uma cópia negativa mais completa encontrava-se na Cinemateca do MoMA de Nova Iorque: em 1936, Iris Barry comprara um lote de filmes alemães que incluía uma cópia positiva em nitrato 35mm de *Metropolis*, gerada a partir do negativo original da UFA, e que foi destruída, depois que dela se fez uma cópia negativa em 1937. Era então a cópia mais completa existente, e em 1938 ela foi duplicada para o British Film Institute e de lá se multiplicou pela Europa, graças à política de trocas da FIAF.

Até o presente, nenhum rastro foi encontrado do terceiro negativo original doado pelo departamento de exportação da UFA. Mas cópias desse negativo foram preservadas no British Film Institute, na George Eastman House, no UCLA Film & Television Archive e na Fondazione Cineteca Italiana. Essas cópias contêm algumas cenas ausentes nas versões do MoMA e da Paramount, mas outras cenas encontradas nessas versões foram encurtadas. Todas as cópias circulantes de *Metropolis* derivaram dessas fontes. As cenas removidas do filme em 1927, primeiro pela Paramount, e depois pela UFA, ainda não foram descobertas. Isso significa que cerca de *um quarto* da versão original da *première* de *Metropolis* encontra-se ainda desaparecido.

Nos anos de 1960, o negativo da versão Paramount reapareceu e foi copiado em Berlim pelo Staatliches Filmarchiv, onde Eckart Jahnke conseguiu, entre 1969 e 1972, produzir, com materiais provenientes de diversas cópias dos arquivos da FIAF, a assim chamada versão FIAF. Mas quando o MoMa ofereceu ao Staatliches Filmarchiv sua cópia duplicada do nitrato em 1937, percebeu-se que ela era *duas gerações melhor* que as cópias da FIAF duplicadas da cópia inglesa, por sua vez duplicada da cópia do MoMA em 1938. O resultado é que a versão FIAF foi insatisfatória em muitos sentidos. Mais tarde, o Gosfilmfond, em Moscou, e o Ceskoslovensky Filmovy Archive, em Praga, produziram uma versão ampliada dessa cópia, que atingiu 2.816 m, ou 103 minutos.

Em 1984, os direitos do filme foram licenciados para o compositor Giorgio Moroder, que realizou uma versão esdrúxula de *Metropolis*, colorizada por computador e deturpada pela trilha sonora que incluía *Love Kills*, de Fred Mercury; *Here She Comes*, de Bonnie Tyler; e *Cage of Freedom*, de Jon Anderson. Essa versão de 2.383 m, ou 87 minutos, recortada segundo o gosto consumista pela música *pop* e pela cor artificial, teve apenas um mérito: o de ser projetada a 24 quadros por segundo, restituindo às imagens seu ritmo original. Em 1986, uma cópia restaurada a partir da versão do MoMA de 2.532 m, ou 93 minutos (incluindo os intertítulos), foi repatriada para o Arquivo do Filme de Munique.

Em 1987, o crítico Enno Patalas adquiriu todos os negativos disponíveis para realizar uma nova versão de *Metropolis*, aproximando-a ao máximo da original. Com ajuda de diversos materiais que haviam sido descobertos (o cartão da censura com a lista dos diálogos; o roteiro original; a partitura de Huppertz com indicações precisas de cenas), Patalas realizou um trabalho excepcional; baseada na cópia do MoMA, sua edição incorporava-lhe as cenas faltantes, presentes em todas as outras disponíveis, nomeadamente nos negativos das versões australiana e inglesa. Sua reconstituição atingiu 3.153 m, ou 117 minutos, incluindo textos e *stills* para explicar a trama nas cenas perdidas. Mas pouco depois desse gigantesco trabalho, em 1988, novos fragmentos de um negativo de *Metropolis* foram descobertos no Friedrich-Wilhelm-Murnau Stiftung em Wiesbaden, e destruídos depois de copiados.

Uma nova tentativa de recuperar *Metropolis* em toda sua glória teve início em 1998, com as novas possibilidades abertas pela restauração digital. O preservacionista Martin Koeber, trabalhando com uma equipe de arquivistas das filmotecas já citadas e com técnicos do laboratório Alpha Omega de Munique, restaurou digitalmente 12 mil elementos pictóricos da versão Patalas a um nível de claridade nunca visto antes. Seguiu-se a versão Patalas, mas recorreu-se aos negativos originais da versão Paramount, e a todas as cópias em nitrato de primeira geração. Ao invés de produzir fotograficamente a cópia de um negativo, o material de nitrato preservado foi escaneado e digitalmente manipulado numa resolução de 2K. Isso permitiu uma maior precisão do que teria sido possível, usando o trabalho convencional de retoque de arranhões, manchas etc. mesmo quando o composto de diferentes fontes tinha qualidades fotográficas diferentes. A resolução de 2K já seria suficiente para preservar um filme de negativo original, mas todas as precauções foram tomadas: todo o material usado foi copiado, por segurança, numa película 35mm sem edição: sendo necessária nova intervenção, poder-se-ia voltar a essa matriz. No final, os dados do arquivo resultante foram transpostos novamente para película. A "cópia negativa digital" apresenta uma vantagem decisiva: não possui nenhuma perda de geração de cópias; uma cópia feita de um "negativo digital" possui uma qualidade muito próxima a de um positivo tirado de um negativo novo em folha.

Assim, com essa restauração digital, podemos usufruir de uma versão de *Metropolis* com 3.341 m, ou 124 minutos de imagens límpidas como cristal e brilhantes como prata e, pela primeira vez desde 1927, com sua trilha sonora original[4].

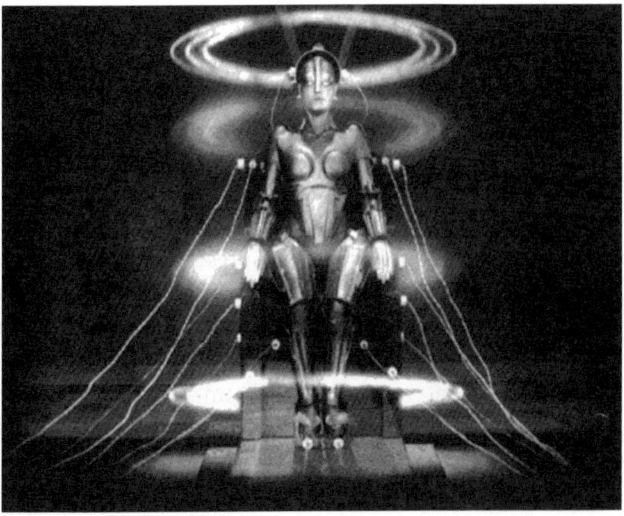

Fig. 34: Metropolis *restaurado digitalmente.*

Retornando, contudo, à Alemanha de *Metropolis*, recordemos que, com a tomada de poder por Hitler, em 1933, cerca de cinco mil artistas de ascendência judaica imigraram da Alemanha para os EUA, carregando a tradição da iluminação expressionista e do medo cristalizado em monstros reais e imaginários, produzindo o *boom* do cinema de horror nos anos de 1930 e 1940. O pavor da realidade foi sublimado no imaginário das trevas. Curiosamente, seguin-

4. Cf. M. Koerber, "Notes on the Restoration of Metropolis", em DVD *Metropolis – Restored Authorized Edition*, da Kino Video Internacional, que inclui *making of* de Enno Patalas e documentário sobre a restauração digital; e http://www.kino.com, página dedicada à restauração. Sobre a proposta de inserção da nova cópia no programa *Memória do Mundo* da Unesco, cf. www.unesco.org/webworld/mdm/2001/eng/germany/metropolis/form.html.

do a tradição do entretenimento, o nazismo não seria combatido nas telas de Hollywood – com exceção de *Confissões de um Espião Nazista* (*Confessions of a Nazi Spy*, 1939), de Anatole Litvak, cuja estréia nos EUA foi marcada por bombas atiradas por simpatizantes do nazismo nas salas que o exibiam – senão em 1941, após a entrada do país na guerra, fato que propiciou o início da produção de uma linha de propaganda. Após a Segunda Guerra, o cinema fará um pavoroso balanço das cidades devastadas pelos bombardeios. Roberto Rosselini mostrou as ruínas modernas da Itália em *Roma, Cidade Aberta* (*Roma, Città Aperta*, 1945) e *Paisà* (*idem*, 1946). Na Alemanha, surge o "cinema de ruínas", com filmes rodados entre os destroços de Berlim, como *Os Assassinos Estão entre Nós* (*Die Mörder sind unter uns*, 1946), de Wolfgang Staudte, destroços também registrados por Billy Wilder, em *A Mundana* (*Foreign Affair*, 1947), e por Rosselini, em *Alemanha, Ano Zero* (*Germania, Anno Zero*, 1947). Logo a catástrofe atômica produzida no Japão será evocada, entre outros, por Tasaka Tookaka (que se encontrava em Nakasaki em 9 de agosto de 1945), em *O Canto Eterno de Nagasaki*; por Hideo Sekigawa, em *Hiroshima* (que reconstitui o bombardeio com o apoio de toda a população da cidade); por Kaneto Shindo, em *Os Filhos de Hiroshima* (*Gembaku No Ko*, 1952); por Alain Resnais, em *Hiroshima, meu Amor* (*Hiroshima, Mon Amour*, 1959); e, mais tarde, por Shohei Imamura, em *Chuva Negra* (*Black Rain*, 1988).

Com o fim da guerra, os EUA detêm o segredo da fabricação da bomba atômica e, em conseqüência, o poder mundial. Nos anos de 1940-1950, o policial *noir* assimila a herança do expressionismo e coloca em cena o lado sombrio da civilização americana. Entre os filmes mais brilhantes que ilustram as ambigüidades dessa civilização encontra-se *A Felicidade Não se Compra* (*It's a Wonderful Life*, 1946), de Frank Capra, em que o destino de uma cidade (inteiramente construída em estúdio) revela-se intimamente ligado às opções morais dos indivíduos. Quando, em

1949, os russos lançam a bomba H, causando pânico e paranóia na América, surge um novo inimigo no cinema: o comunista, disfarçado de espião ou marciano. Com a Guerra Fria nos anos de 1950-1960, a atmosfera de paranóia domina o filme B. Um bom exemplo é *O Ladrão Silencioso* (*The Thief*, 1957), de Russel Rouse, filme sonoro inteiramente mudo, isto é, conduzido sem qualquer diálogo entre os personagens: Ray Milland encarna um cientista nuclear que trafica documentos secretos para Moscou e que, perseguido pela polícia através de ruas e monumentos sombrios de Washington e de Nova Iorque, termina, já a caminho do navio que o levaria ao Cairo, após uma revigorante passagem pela noite iluminada e cosmopolita da Broadway, arrependido de suas traições – ele se entrega ao FBI.

Nessa época áurea, Hollywood recriava o mundo inteiro em seus estúdios. Ninguém precisava viajar; nem os atores, nem as equipes, muito menos os espectadores. Pequim, Xangai, Casablanca, Cairo, Rio de Janeiro, Buenos Aires, Nova Iorque, Washington, Veneza, Florença, Tóquio e Berlim estavam sempre ali, no mesmo lugar, ao alcance das mãos: cidades de madeira, montadas e desmontadas a cada produção, ou de imagens projetadas em telões, desfilando pelas janelas de automóveis cortados ao meio rodando em falso nos estúdios. Os atores fingiam passear pelas ruas de edifícios ocos, pelos desertos pintados e pelas selvas de plástico com a naturalidade de quem se desloca do quarto para a sala, da sala para a cozinha, sem ter o cabelo despenteado, as roupas sujas de pó, o corpo melado de suor. Viajavam sem burocracia, sem esperar horas por um visto, sem dor nos pés, sem carregar pesadas malas, sem perder países: *viajavam sem viajar*. Na era dos grandes estúdios, as cidades artificiais brotadas em Hollywood atingiram apogeus: na babilônica Babilônia de *Intolerância* (*Intolerance*, 1916), de David Griffith; na impressionante Paris medieval que incluía uma réplica perfeita em tamanho natural da Catedral de Notre Dame, em *O Corcunda de Notre Dame* (*The Hunchback of Notre Dame*, 1939), de William

Dieterle; e no monumental Egito de *Cleópatra* (*Cleópatra*, 1960), de Jospeh Mankiewcz.

Um caso a parte é a história da cidade perdida de Cecil B. DeMille. Este cineasta construiu o maior *set* da história do cinema mudo para um filme fotografado em pioneiro sistema de *Technicolor*, intitulado *Os Dez Mandamentos* (*The Ten Commandments*, 1923) um estrondoso sucesso. O monumental cenário superava os da Babilônia de Griffith, possuindo 720 pés de extensão e 110 pés de altura, decorado com quinhentas toneladas de massiva estatuária em estilo egípcio. Produção mais cara do cinema até então, o filme custou US$ 1,4 milhão e empregou 1.500 trabalhadores na construção da "cidade do Faraó"; em cena, além de cinco mil animais, apareciam 3.500 atores, alimentados entre as filmagens por 125 cozinheiros, consumindo *diariamente* 7.500 sanduíches, 2.500 sucos de laranja e 2.500 maçãs.

Figs. 35 a 37: A "Cidade do Faraó". Os monumentais cenários de Os Dez Mandamentos *(1923).*

Terminadas as filmagens, DeMille ordenou que sua cidade fosse desmantelada e secretamente enterrada. E ali, sob as areias do deserto de Guadalupe, no México, permaneceu sob a areia a "cidade perdida de Cecil B. DeMille", esquecida por mais de sessenta anos, até que, em 1983, um grupo de fãs determinados, inspirados por uma nota cifrada na autobiografia do cineasta publicada postumamente, conseguiu localizar as ruínas do *set*. Em 1988, o local passou às mãos do *The Nature Conservancy*, que desde então se esforça para salvar essa relíquia do cinema mudo. Em 1990, o *Bank of America*, através de seu fundador, A. P. Giannini, que ajudara DeMille a finalizar o filme quando seus produtores reduziram o orçamento, doou US$ 10 mil ao *Hollywood Heritage* para uma prospecção arqueológica do local. A pesquisa revelou que a maior parte do *set* encontrava-se intacta e preservada sob a areia; um radar de profundidade conseguiu localizar dezenas de esfinges enterradas. Em 1998, no 75º aniversário de *Os Dez Mandamentos*, um grupo intitulado *Friends of the Lost City* (*Amigos da Cidade Perdida*) foi formado, conseguindo arrecadar mais de US$ 40 mil para os trabalhos de preservação, que necessitam de um total de US$ 180 mil. Paradoxalmente, Hollywood não se interessou pela recuperação de um vestígio material de sua glória passada. Os entusiastas dessa causa perdida já filmaram mais de quarenta horas de entrevistas com técnicos e atores que trabalharam em *Os Dez Mandamentos*, todos agora já falecidos. O material deverá ser doado ao Arts and Communication Archives da Brigham Young University, que conserva os arquivos de Cecil B. DeMille[5].

As Viagens Filmadas

Além dos visionários das cidades cenográficas, sempre houve diretores extravagantes que amavam as viagens tanto quanto o cinema, e que decidiam combinar os dois prazeres, filmando, contra todas as comodidades, cidades reais em locações. David Lean foi um deles: começou a realizar suas grandes viagens em *Quando o Coração Floresce* (*Summertime*, 1955), onde uma americana de meia-idade, em viagem à Itália, hesita em ter uma aventura com um homem casado perdida entre seu acalentado sonho de felicidade e o abandono ao êxtase do momento. Katherine Hepburn deu tanta vida à solteirona frustrada que ainda hoje somos tocados por sua tentativa de recuperar a flor presenteada que cai e é arrastada pelas águas do canal, ou por seu desastrado encontro num café da praça de São Marcos, até a partida de trem que encerra seu romance em Veneza. A cidade é

5. Cf. http://www.lostcitydemille.com, ativo em 6 jun. 2004.

mais que um cenário ou um pano de fundo: um *outro* personagem interferindo na trama. Assim é o deserto do Saara ao longo de *Lawrence da Arábia* (*Lawrence of Arabia*, 1962); a usina hidroelétrica da Rússia soviética no final de *Dr. Jivago* (*Doctor Zhivago*, 1965); a costa irlandesa em *A Filha de Ryan* (*Ryan's Daughter*, 1970); e as estranhas cavernas de *Passagem para a Índia* (*A Passage to Índia*, 1984). As cidades e as paisagens nos filmes de Lean não são elementos acessórios, decorativos e exóticos, mas elementos cênicos e simbólicos, carregados de dramaticidade.

Desde *O Homem que Sabia Demais* (*The Man Who Knew too Much*, 1934), de Alfred Hitchcock, o filme de viagem está ligado ao suspense. Na segunda versão deste filme, de 1956, é durante uma viagem ao Marrocos, precisamente na praça do mercado de Marrakech, que os turistas americanos vividos por Doris Day e James Stewart mergulham na aventura, enfrentando um grupo de perigosos espiões, tendo o filho seqüestrado e levado para Londres, onde a trama atinge o seu clímax. Em outros clássicos de espionagem, como *Intriga Internacional* (*North by Northwest*, 1959) e *Cortina Rasgada* (*Torn Curtain*, 1966), de Hitchcock; *Charada* (*Charade*, 1963) e *Arabesque* (*idem*, 1965), de Stanley Donen – crimes e seqüestros sucedem-se em lugares imortalizados por cartões-postais.

No cinema, a selva sempre serviu de palco para viagens assustadoras, infernais, despertadoras de pulsões primitivas: basta lembrarmos da selva de *Uma Aventura na África* (*African Queen*, 1952), de John Huston, onde sanguessugas cobrem os corpos dos viajantes que caem na água lodosa; ou da selva infernal de *La Mort en ce jardin* (1956), de Luis Buñuel, onde formigas devoram em segundos uma serpente inteira. Muito melhor que atravessar a África num barco a vapor ou cair na selva após um acidente de avião é passear de trem por lugares civilizados, de preferência acompanhado de uma tia rica e divertida: como em *A Mulher do Século* (Aunt Mame, 1958), de Morton DaCosta, onde uma sensacional Rosalind Russell ensina ao sobrinho, por meio de suas extravagantes viagens, que "a vida é um banquete, e os idiotas morrem de fome"; e *Viagens com Minha Tia* (*Travels with My Aunt*, 1972), que George Cukor realizou a partir da novela de Graham Greene, e em cuja inesquecível cena final uma moeda dourada, jogada para cima a fim de decidir o futuro, congela-se no ar.

Sendo o cinema um meio de transporte mágico, alguns filmes são viagens em si mesmos, independentemente de seu conteúdo. Basta pensarmos nas festas que eram os filmes de Federico Fellini: passeamos pela Via Veneto e pela Fontana di Trevi em *A Doce Vida* (*La Dolce Vita*, 1960); pelas paisagens oníricas de *Julieta dos Espíritos* (*Giulietta degli Spiriti*, 1965); pelas cavernas fascinantes de *Fellini-Satyricon* (*idem*, 1969); pelas escavações que descobriam e destruíam afrescos maravilhosos em *Roma de Fellini* (*Roma*, 1972), onde o diretor faz o elogio do passado humano, de que Roma é o símbolo supremo a surgir, fantasmática, no silêncio de uma noite cortada por dezenas de motocicletas – imagem emblemática da corrida do progresso para a morte; pelos jardins nevados da Rimini de *Amarcord* (*idem*, 1973) onde um pavão abria seu leque multicolorido; pela Europa delirante de *Casanova de Fellini* (*Il Casanova di Federico Fellini*, 1976); e pelo infinito oceano de plástico de *E la nave va* (*idem*, 1983), onde o mundo inteiro navega e naufraga.

Como os alemães encontram-se entre os maiores viajantes do mundo, o "cinema novo alemão" não podia deixar de refletir essa particularidade. Em *Ouro do Reno* (*Rheingold*, 1977), de Niklaus Schilling, um trem atravessava a Alemanha levando uma mulher adúltera que o marido esfaqueia na cabine. Ela esconde dos passageiros a mancha de sangue que cresce sob seu vestido de cetim branco e, enquanto agoniza, recorda momentos felizes que passou com o amante: o engate obsceno dos corpos, o fluir do sangue através da ferida e a marcha trepidante do trem parecem conspirar contra um inocente, sobre o qual recairá a suposta autoria do crime, diante do silêncio masoquista da mulher, da fuga esperta do marido e da cúmplice omissão do amante.

Werner Herzog revelou-nos desertos febris, em *Fata Morgana* (*idem*, 1968); as rochas vulcânicas das Ilhas Canárias em *Também os Anões Começaram Pequenos* (*Auch Zwerge Haben Klein Angefangen*, 1969); a selva amazônica, em *Aguirre, a Cólera dos Deuses* (*Aguirre, der Zorn Gottes*, 1971) e *Fitzcarraldo* (*idem*, 1981); a selva africana, em *Os Médicos Voadores da África Oriental* (*Die fliegende Artzte vob Ostafrika*, 1968); *Onde Sonham as Formigas Verdes* (*Where the Green Ants Dream*, 1983) e *Cobra Verde* (*idem*, 1987); uma cidade tornada fantasma pela ameaça da erupção de um vulcão, em *La Soufrière* (*idem*, 1980).

Outro cineasta-viajante alemão, Werner Schroeter, valorizou a paisagem em seus poemas cinematográficos: o Vale da Morte no deserto americano, em *Willow Springs* (*idem*, 1972); os contrastes entre a Itália e a Alemanha, em *Os Irmãos Napolitanos* (*Il Regno di Napoli*, 1977) e *De Palermo a Wolfsburg* (*Palermo oder Wolfsburg*, 1979); o templo de Baalbeck, em *Salomé* (*idem*, 1971); as Filipinas, em *A Estrela Sorridente* (*Der lachende Stern*, 1973); ou a Argentina, em *Da Argentina* (*De l'Argentine*, 1986).

Finalmente, Wim Wenders rodou *No Decurso do Tempo* (*Im Lauf der Zeit*, 1976) na fronteira entre as duas Alemanhas; viajou ao Japão para filmar *Tokyo-Ga* (*idem*, 1985); fez *O Estado das Coisas* (*The State of Things*, 1982) em Portugal; e realizou *Paris, Texas* (*idem*, 1984), no Texas, na Califórnia, no Novo México e nas várias estradas que ligam esses lugares: a Paris do título é apenas uma das vinte e tantas cidadezinhas assim chamadas nessa região que o diretor contou num mapa. Mas se Wim Wenders foi *Até o Fim do Mundo* (*Bis ans Ende der Welt*, 1991), nenhum de seus *road movies* teve a intensidade existencialista de *Thelma & Louise* (*idem*, 1991), de Ridley Scott; nem o bom humor de *Priscilla, a Rainha do Deserto* (*The Adventures of Priscilla, Queen of the Desert*, 1994), de Stephan Elliott; e *Para Wong Foo, Obrigada por Tudo! Julie Newmar* (*To Wong Foo,*

Thank You For Everything! Julie Newmar, 1995), de Beeban Kidron, onde *drag-queens* revolucionam a vida por onde passam, como viajantes fadas-madrinhas.

O encanto dos filmes-de-viagem foi retomado pelo cinema inglês em sua exaltação pela alegria de viver nas paisagens italianas, onde a relva é mais verde, o vinho mais doce e os homens mais belos, como em *Abril Encantado* (*Enchanted April*, 1991), de Mike Newell; ou *Muito Barulho por Nada* (*Much Ado about Nothing*, 1993), de Kenneth Branagh. O escritor E. M. Forster projetou seu erotismo nessa idealização da Itália e todos os filmes tirados de seus romances, como *Uma Janela para o Amor* (*A Room With a View*, 1986); *Maurice* (*idem*, 1987); e *Retorno a Howards End* (*Howards End*, 1992), dirigidos por James Ivory – têm feito jus à sua fantasia.

As Viagens Existenciais

Se até na mais organizada das viagens há uma parte de imponderável, para que tudo corra bem dependemos dos bons augúrios dos deuses: viajar não é nenhum lazer, nenhuma diversão inócua, mas um projeto existencial arriscado. O deslocamento propiciado pela viagem pode ainda revelar o que está apenas latente no cotidiano: assim o casal inglês que empreende uma *Viagem à Itália* (*Viaggio in Italia*, 1953), de Rosselini, ao entrar em contato com uma cultura antiga, ligada a ritos pagãos e católicos, tem sua relação burguesa colocada em crise.

Em *Morte em Veneza* (*Morte a Venezia*, 1971), que Luchino Visconti adaptou, com espantosa fidelidade, da novela de Thomas Mann, a viagem a uma adoentada Veneza revela ao compositor alemão Gustav Aschenbach as forças irresistíveis de Eros e Tânatos: o esteta experimenta uma epifania sensual e fatal em seu encontro com a beleza em estado puro, encarnada no jovem polonês Tadzio, recluso em sua timidez enigmática, como que protegido por uma língua inacessível, e a quem ele, já destinado ao sofrimento de uma paixão platônica, tenta em vão seduzir, até a mais completa perdição. A visão final do compositor moribundo na praia deserta do Hotel des Bains, quando Tadzio é corrompido pelo abraço profano de um jovem que rola com ele pela areia lamacenta, tentando engajá-lo numa luta viril que mascara desejos reprimidos nos machos privados de cultura, é uma das imagens mais sublimes já alcançada pelo cinema: depois de livrar-se do assédio viril do rapaz da praia, Tadzio adentra o mar com segurança e, revelando perfeita consciência do quanto fora desejado pelo artista (que jamais ousa aproximar-se do objeto de sua adoração) aponta misteriosamente para o sol, revelando ao seduzido Aschenbach não mais sua face ingênua de anjo de beleza, mas sua transcendente missão de anjo da morte.

Também no extraordinário *Pelos Caminhos do Inferno* (*Outback*, 1971) de Ted Kotcheff, um jovem professor descobria, ao chegar numa aldeia da Austrália, jogos de violência e sedução que o repeliam e atraíam, tornando-o prisioneiro do lugar – por mais que tentasse fugir, voltava novamente no ponto de partida. Essas são viagens ao inferno interior, na trilha daquela que Rimbaud e Verlaine empreenderam na vida real, e que Agnieszka Holland tentou fixar em *Eclipse Total* (*Total Eclipse*, 1995). Essas viagens existenciais, já raras na literatura, e ainda mais no cinema, marcam para sempre a alma dos viajantes, que podem mesmo morrer em conseqüência, mas elas não se confundem com as viagens que acabam em catástrofes coletivas, como a primeira e última empreendida pelo Titanic, que inspirou tantos livros e filmes.

As Viagens Antropológicas

Na obra de Pier Paolo Pasolini há uma constante preocupação com a conservação da forma da cidade, sobretudo da cidade antiga – orgânica, murada, depositária do humanismo e do historicismo. Na infância e na juventude ele se desloca por diversas cidades, pois o pai, militar, deve servir em diferentes quartéis: Bolonha (na região de Reggio Emilia), onde nasce a 5 de março de 1922; Parma; Belluno; Conegliano; Sacile; Cremona; Casarsa (na região de Friuli), terra de Susana, sua mãe; Reggio Emilia (onde freqüenta o ginásio); novamente Bolonha (onde cursa o Liceo Galvani, concluído em 1937; e o curso de Letras e Artes da Università degli Studi di Bologna, concluído em 1942 com uma tese sobre o poeta Pascoli). Mobilizado pelo exército durante a guerra, Pasolini deserta para não lutar pelos fascistas, fugindo para Casarsa em 1943, quando convence Guido, o irmão mais novo, a lutar na resistência. Engajando-se como *partisan* "Ermes" no Partido da Ação, Guido é assassinado em 1944 por militantes nacionalistas italianos da Brigada Garibaldi. Entre 1944-1949, Pasolini dedica-se a escrever poemas no dialeto friulano e a defender a autonomia da região. Mas um escândalo sexual de sedução de menores obriga-o a fugir para Roma com a mãe em 1949.

De 1950 a 1960, Pasolini passa por grandes dificuldades, morando em favelas, sobrevivendo como professor particular. Logo passa a colaborar com jornais e revistas, publicando romances sobre a periferia romana, sendo convidado a escrever roteiros para filmes que recorrem aos mesmos ambientes dos romances. Pasolini passa também à direção, realizando *Desajuste Social* (*Accattone*, 1961) e, logo em seguida, quase como uma seqüência, *Mamma Roma* (*idem*, 1962), ambos com a colaboração de Sergio Citti. Nestes dois filmes, Pasolini coloca em relevo as *borgate* (favelas) italianas e seus habitantes, cuja existência a Itália do "milagre econômico" não desejava admitir. Para o arquiteto e escritor Gianni Biondillo, nenhum poeta ou escritor italiano do pós-guerra – nem o Pavese das colinas e das cidades; nem o Vittorini de *A Cidade do Mundo*; nem o Calvino de *As Cidades Invisíveis*, foram tão "arquitetos" como Pasolini, pois nenhum intelectual sofreu e protestou como ele contra a destruição da grande beleza italiana, deste país transformado numa imensa *borgata*, numa "Atenas de cimento". Pasolini é o poeta da cidade, o leitor da metrópole. O espaço urbano não é um entorno em sua obra; os personagens pasolinianos só vivem graças ao ambiente no qual se movem[6].

A verdadeira protagonista de *Mamma Roma* é a cidade de Roma, e Anna Magnani não é mais que um símbolo desta cidade-prostituta, que no sonho da escalada social, sacrificará inconscientemente o filho desajustado. As etapas de transformação do jovem camponês Ettore em pequeno-burguês levam-no do campo (onde o filme abre com um banquete de casamento inspirado na Santa Ceia de Ghirlandaio) à *borgata* fascista e, em seguida, à sonhada "casa" do bairro de Ceccafumo. O quarteirão Ina-Case é o correlato urbano da figura de Mamma Roma, como o campo o é para Ettore; e há um verdadeiro diálogo entre os personagens e as imagens da cidade. As ruínas da periferia de Ceccafumo representam para Ettore uma espécie de refúgio: ali ele pensa ainda poder viver a nostalgia do antigo mundo que perdeu, com novos amigos substituindo os velhos camaradas. Mas essas ruínas também são um símbolo de morte, pois a cidade avança para o campo, e aquelas pedras então se transformam em altares de sacrifício onde a burguesia imola a glória popular.

Na *Trilogia da Vida*, composta pelos filmes *Decameron* (*Il Decameron*, 1971), *Os Contos de Canterbury* (*I Racconti di Canterbury*, 1972) e *As Mil e uma Noites* (Il *Fiore delle Mille e una Notte*, 1974) – este filmado em locações na Etiópia, na República Árabe do Iêmen, na República Democrática Popular do Iêmen, no Irã e no Nepal –, Pasolini canta a cidade antiga como uma ruína preciosa, palco de uma existência mais verdadeira cujos restos foram soterrados pela avalanche do consumismo. No documentário *Os Muros de Sana'a* (*Le Mura di Sana'a*, 1971), rodado no

6. G.Biondillo, *Pasolini, Il Corpo della Città*, pp. 12-18.

Iêmen, Pasolini consegue, em apenas quinze minutos, demonstrar sua teoria desse novo fascismo do consumo, a homologação de todas as culturas operada pela revolução industrial; o filme é um manifesto político, um apelo desesperado lançado à Unesco para que salve os muros de Sana'a, para que salve a cidade antiga, para que salve a história e a cultura de um povo ameaçado pela homologação. A esplêndida fotografia é assinada por Tonino Delle Coli, e a narração feita pelo próprio Pasolini, que observa que a industrialização do Iêmen dizimou sua juventude, transformando-a em operários e soldados; que, nesse país, o desejo de progresso entrou de fora para dentro, não tendo sido algo que o povo tivesse desejado: essa revolução republicana (aí socialista) foi operada com o auxílio da China, sendo os chineses que, com sua presença carismática, com seus corpos que têm para os iemenitas a natureza de uma aparição, levam ao país os novos bens de consumo, as benesses da civilização industrial: das latarias aos calçados de couro, dos abajures aos bibelôs de plástico, das estradas de asfalto às casas populares de aparência horrenda. Trata-se, para Pasolini, de uma grande obra de corrupção, à qual nada pode ser oposto: pobres, os iemenitas vêem o progresso como algo de bom, mesmo que tudo o que consumam seja da pior qualidade e descaracterize para sempre sua cultura. Dentro dos muros da cidade antiga, nada ainda foi tocado. A câmera mostra, então, numa série de planos e panorâmicas sem qualquer comentário ou trilha sonora, as imagens de uma cidade esplendorosa, igual a si mesma desde a Idade Média, conservada intacta em sua beleza rude, mas perfeita e misteriosa, não contaminada pelas feias construções modernas. Pasolini conclui que a beleza de Sana'a pode ser comparada à de Veneza, mas que, como esta, também já está ameaçada de desintegração.

A realidade do consumo começou, em toda a parte, a destruir o mundo antigo. Pasolini toma, então, o exemplo da cidade italiana de Orte. Ele a filma à distância, destacando sua forma perfeita, redonda, no alto de uma montanha, perfeitamente integrada à paisagem, numa forma arquitetônica que se harmoniza com a natureza, com a cor e a topografia da paisagem. A panorâmica mostra, porém, à esquerda, fora dos muros da cidade, mas neles já se encostando, um prédio moderno, de aparência horrenda. Pasolini entrevista alguns populares e os incita a identificar no campo de visão delimitado pelo visor da câmera, algo que os irrite e incomode. Uns não se perturbam com nada, tudo o que é novo parece-lhes bom. Outros, porém, observam que até os turistas já reclamam dos novos prédios populares que estragam a visão de Orte, e um entrevistado atreve-se mesmo a dizer que aquilo ali até dá nojo. Pasolini conclui que, para a Itália, não há mais esperança: os italianos escolheram a via do progresso, do consumo e da industrialização, decretando a morte do passado. Na Itália, nada mais poderá ser preservado em sua pureza, em sua beleza original. Mas para o Iêmen talvez houvesse ainda uma esperança – e Pasolini apela à Unesco para que preserve os muros de Sana'a, pois a única riqueza daquele país é a sua beleza, que ele não cometa o erro da Itália, que os iemenitas permaneçam pobres, pois só a pobreza parece capaz de preservar os povos dos horrores da contaminação e da modernidade.

Esse manifesto radical e desesperado de Pasolini contém tanta verdade que soa a todos utópico e irrealista. Mais tarde, o escritor cineasta retomará sua tese ao ser entrevistado no vídeo *La Forma della Città*, dirigido para a televisão italiana por Paolo Brunatto. Nessa entrevista, Pasolini torna-se mais didático, explicando a Ninetto Davoli o processo irreversível da destruição da beleza pela civilização industrial. É novamente a cidade de Orte o exemplo privilegiado, a cidade humana em sua forma mais acabada. Pasolini realiza dois movimentos de câmera: uma panorâmica da esquerda para a direita e outra da direita para a esquerda, focalizando o prédio de habitação popular que arruína, como um elemento estranho, a forma perfeita da massa arquitetônica de Orte, envolta em azul e cinza, céu e bruma, no alto do monte, como algo necessário. O prédio de habitação popular parece ali aposto, ridículo, desrespeitando tanto a arquitetura de Orte quanto a natureza à sua volta, ofendendo simplesmente a sensibilidade. Mais que horrível, essa construção é pobre, medíocre, suas formas indicam que ela pertence a um mundo inteiramente outro, a um mundo sem humanidade.

Na França, Jacques Tati, igualmente avesso à modernidade, demoliu em seus filmes o turismo de massa e a arquitetura de aço e vidro da horrenda Paris de Pompidou, D'Estaing, Chirac e Mitterrand, estadistas que colaboraram para destruir a humanidade em seu centro vital. Nascido em 1909 em Le Pecq, Seine-et-Oise (hoje Yvelines), Ilha de França, Tati descendia de uma família russa e seu verdadeiro nome era Tatischeff. Formado na Escola de Artes e Ofícios, mas homem esportivo, Tati começou por utilizar os esportes como tema de suas *gags*, nos curta-metragens *Oscar, Champion de tennis* (1932) e *On démande une brute* (1934), de Jack Forrester; em seu *Gai dimanche* (1935); e em *Sparring por um Dia* (*Soigne ton gauche*, 1936), de René Clement, onde vive um boxeador que, fugindo às regras, consegue derrotar o parrudo pugilista adversário; e *Retour à la terre* (1938). Apareceu como um oficial (não creditado) em *O Diabo no Corpo* (*Le Diable au corps*, 1946) e como o Fantasma de Alain de Francigny, em *Sylvie et le fantôme* (1945), de René Clair. Dirigiu ainda o curta-metragem *Escola de Carteiros* (*L'école des facteurs*, 1947), realizando, em seguida, seu primeiro longa-metragem, *Carrossel da Esperança* (*Jour de fête*, 1949), prêmio de melhor roteiro em Cannes, e onde desempenha o papel do carteiro da aldeia que entrega a correspondência de bicicleta, perdendo tempo conversando com todos, e que fica complexado ao assistir a um documentário sobre os eficientes correios americanos, que se servem de trens e aviões, decidindo transformar sua bicicleta num veículo a jato, mas com isso só causando desastres.

Em *As Férias do Senhor Hulot* (*Les vacances de M. Hulot*, 1953), Tati adota o visual característico do personagem com o qual será, desde então, identificado: guarda-chuva, capa, boné e cachimbo. Com este filme, grande sucesso internacional, Tati ganhou sua primeira indicação ao Oscar, de melhor roteiro, cabendo, porém, observar que, apesar de valorizado como roteirista, o comediante não roteirizava seus filmes, geralmente desprovidos de diálogos, rodando as seqüências segundo um plano fixado apenas em sua mente. Seguiu-se o primeiro filme colorido de Tati, *Meu Tio* (*Mon oncle*, 1958), onde Hulot é empregado pelo cunhado numa fábrica, tornando-se uma peça estranha na engrenagem, emperrando seu funcionamento; mais tarde ele enfrentará o pesadelo da mecanização na casa automatizada segundo o gosto moderno de sua irmã. O filme ganhou o Oscar de melhor filme estrangeiro.

A obra-prima de Tati será *Tempo de Diversão* (*Playtime*, 1967), realizado em 70mm, e planejado durante dez anos; para sua realização, Tati construiu, nos Bois de Vincennes, uma cidade inteira de concreto e vidro (utilizando precisamente cinqüenta mil metros cúbicos de concreto e doze mil metros quadrados de vidro), com ruas, praças, lojas, edifícios e até um aeroporto, esperando poder transformar sua gigantesca cidade cenográfica, então chamada de Tativille – tão perfeita que nela até os semáforos funcionavam – num estúdio de cinema permanente para jovens diretores; mas, depois de rodado o filme, os produtores destruíram a cidade de Tati, o que não o impediu de declarar, mais tarde, com seu bom humor, que teria inventado La Défense. Em *Playtime*, o velho parisiense Hulot enfrenta um grupo de turistas levado por uma agência de viagem a uma Paris moderna e irreconhecível. As *gags* atingem o clímax na inauguração de um restaurante que segue o último grito da moda, mas onde nada funciona. A cena final é emblemática: os automóveis arrastam-se num tráfico circular na forma de um carrossel. Os críticos franceses não entenderam a profundidade da crítica contida em *Playtime*, com exceção do entusiasta François Truffaut, que escreveu:

> É um filme que vem de um outro planeta onde se rodam filmes de maneira diferente. *Tempo de Diversão* é talvez a Europa de 1968 filmada pelo primeiro cineasta marciano, pelo Louis Lumière deles! Pois ele vê o que não se vê mais e escuta o que não se escuta mais e filma de maneira diferente de nós.

O filme foi um fracasso. Produzido em 70mm, com 155 minutos, foi lançado na França numa cópia em 35mm, com sua duração reduzida para 113 minutos, assim circulando pelo mundo. A versão em DVD lançada nos Estados Unidos e no Brasil tem 120 minutos. Somente em 1998 o filme foi relançado na França tal como Tati o concebera, na sua versão integral, preservando todos os detalhes de sua sutil comicidade visual, já que o formato 75mm torna a imagem quatro vezes maior que aquela registrada no formato 35mm. O minucioso trabalho de restauração foi realizado por François Edé, que já restaurara e relançara *Carrossel da Esperança*.

Depois de *Playtime*, Tati interpretou, no curta-metragem *Curso Noturno* (*Cours du soir*, 1967), de Nicolas Ribowski, um professor de "observação" que tenta ensinar as técnicas da imitação do comportamento alheio para executivos que se esforçam em alcançar o sucesso; apareceu numa cena de *Beijos Roubados* (*Baisers Volés*, 1968), de Truffaut, como Monsieur Hulot; e num episódio da minissérie de TV *Obraz uz obraz* (1972). Seu ambicioso projeto de rodar *Don Quixote* com Federico Fellini nunca foi materializado. Tati dirigiu apenas mais dois filmes antes de abandonar definitivamente o cinema: o maravilhoso *As Aventuras do Senhor Hulot no Tráfico Louco* (*Traffic*, 1972), onde transforma a última cena do carrossel de automóveis de *Tempo de Diversão* no tema mesmo de sua arrasadora crítica à modernidade; e o inusitado *Parade* (1974), co-produzido pela televisão sueca, onde registra e encena números de circo num teatro de variedades, utilizando câmeras de vídeo. Em 4 de novembro de 1982, nos arredores de Paris, Jacques Tati morreu de embolia pulmonar e esgotamento psíquico; sentia-se tão fracassado que pediu à filha Sophie que cremasse seu corpo, colocasse as cinzas num saco e o jogasse no lixo. Mestre moderno da pantomima que – a crer em seu biógrafo David Bellos – jamais leu um livro na vida, Tati soube, como nenhum outro cineasta, plasmar em imagens a teoria crítica; com ele morreu uma das mais sofisticadas concepções do cinema sonoro como cinema mudo[7].

As Viagens Apocalípticas

As cidades modernas tendem a crescer horizontalmente, até a formação de conglomerados sem fronteiras, como a Cidade do México, que procura o infinito; e verticalmente, como Babel, trezentos metros de altura, inaugurou a moda no século XIX; em Nova Iorque, o Empire State Building, construído em tempo recorde durante a Depressão, atingiu 381 metros. Mas essas extravagâncias logo se tornaram arrogantes afirmações do poder do dinheiro: em Dubai, o Hotel Burj Al Arab, recentemente construído na forma de um veleiro sobre uma ilhota ligada à praia por uma passarela, atingiu 390 metros; na China, foi erguida a Jin Mao Tower, de 395 metros; em Nova Iorque, o World Trade Center, de 416 metros, foi o edifício mais alto do mundo por apenas um ano (1973-1974), pois logo as Sears Towers de Chicago, com seus 519 metros, o superaram; em Taiwan, o Asia Plaza alcançou "apenas" 426 metros; mais alto já chegou, em Kuala Lumpur, na Malásia, as Petronas Twin Towers, que custaram US$ 800 milhões, com 452 metros; a China não quis ficar para trás, e construiu a Chongqing Tower, com 457 metros; em Xangai, uma nova torre de 460 metros foi erguida; em Hong Kong, a Nina Tower atingiu 468 metros; em São Paulo, projetou-se uma malfadada São Paulo Tower, de 510

7. Cf. L. Nazario, *As Sombras Móveis*, pp. 79-87; M. R. de L. Lucas, *Imagens do Moderno. O Olhar de Jacques Tati*; M. Dondey. *Tati*; e os documentários *Tati sur les pás de M. Hulot* (1998), de Sophie Tatischeff; e *Au-delà de Playtime* (2002), de Jérôme Javelle.

metros, que não saiu do papel; em Taiwan, a Taipei 101 atingiu 508 metros; em Melbourne, na Austrália, ergue-se um arranha-céu com 680 metros, que logo será superado, em Tóquio, pela Millenium Tower, a ser inaugurada em 2005 com 800 metros de altura.

Figs. 38 a 41: Torres monstruosas: o Shangai World Financial Center, em Xangai; as Petronas Twin Towers, em Kuala Lumpur; a Eureka Tower, em Melbourne; e a Taipei 101, em Taiwan: maiores arranha-céus da atualidade.

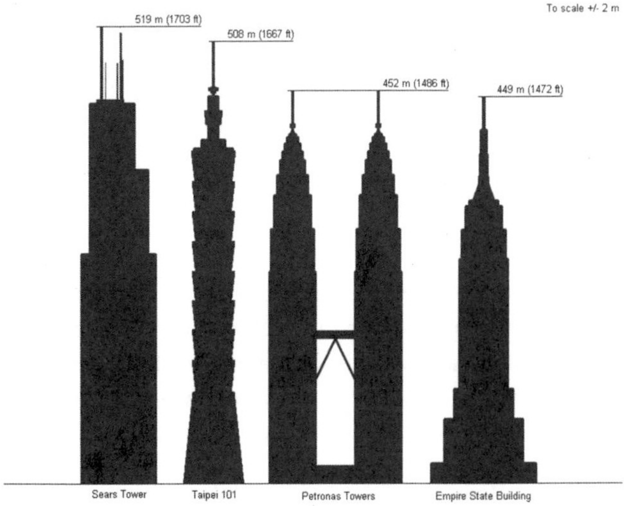

Fig. 42: Torres cada vez mais altas: uma competição pelo poder esmagador.

As torres monstruosas continuam a multiplicar-se mesmo depois de 11 de setembro, desafiando o novo terrorismo que, desde o fim da Segunda Guerra, já era teoricamente imaginado. Em *Aqui está Nova Iorque*, o jornalista E. B. White percebia, naquela cidade, três diferentes cidades: a dos homens e mulheres que nasceram nela e aceitavam seu gigantismo como natural e inevitável; a dos que apenas trabalhavam nela e moravam nos arredores; e a das pessoas que nasciam em outro lugar e iam buscar nela alguma coisa. Dessas três cidades, a maior era a última – a cidade do destino final, a cidade-meta, que respondia pela sua conduta poética, sua dedicação às artes, suas incomparáveis realizações. Os trabalhadores flutuantes davam à cidade seu movimento de maré; os nativos, solidez e continuidade; mas eram os desbravadores que lhe conferiam paixão[8].

Ele nota com acuidade:

> É [. . .] a mais orgulhosa das cidades. Conseguiu até chegar ao ponto mais alto rumo ao céu no momento mais baixo da Depressão. O Empire State Building chegou a 381 metros no espaço quando era loucura construir qualquer coisa acima de quinze centímetros. O edifício [. . .] emprega um homem apenas para dar descarga nos vasos sanitários; já foi atingido por um avião numa neblina e incontáveis vezes por raios; e tantos infelizes já pularam dele que os pedestres, instintivamente, apressam o passo no cruzamento da Quinta Avenida com a Rua 34. Manhattan viu-se obrigada a crescer para o céu pela ausência de qualquer outra direção em que crescer. Este, mais que qualquer outro fator, é o responsável por sua majestade física. Está para a nação assim como a torre branca da igreja está para a aldeia – o símbolo visível da aspiração e da fé, a pluma branca dizendo que o caminho é para cima[9]. A cidade compensa seus riscos e deficiências ao dar aos cidadãos [. . .] a sensação de fazer parte de algo único, cosmopolita, poderoso e sem igual. Tão completa é cada vizinhança, que muitos nova-iorquinos passam a vida dentro dos limites de uma área menor que a de uma cidadezinha da roça. Quando se aventuram por dois quarteirões além de sua esquina,

8. E. B. White, *Aqui está Nova Iorque*, pp. 24-27.
9. *Idem*, p. 30.

sentem-se em terra estrangeira e pouco à vontade [...]. A colisão e a mistura de milhões de estrangeiros, representando tantos credos e raças, fazem de Nova Iorque uma permanente exposição do fenômeno de um mundo único [...]. A cidade precisa ser tolerante, para não explodir numa nuvem radioativa de ódio, rancor e preconceito. Se as pessoas se desviarem [. ..] de sua pacífica interpenetração cosmopolita, a cidade voará pelos ares. Em Nova Iorque ardem todos os problemas raciais possíveis, mas o notável não são esses problemas, e sim a trégua inviolada[10].

Finalmente, ele arrisca um palpite que soa como profecia assustadora:

A mudança mais sutil em Nova Iorque refere-se a algo de que as pessoas não falam, mas que está na cabeça de todo mundo. A cidade, pela primeira vez em sua história, ficou destrutível. Uma simples revoada de aviões pouco maiores do que gansos pode rapidamente acabar com essa ilha da fantasia, queimar as torres, desmoronar as pontes, transformar as galerias do metrô em câmeras letais, cremar milhões. A suspeita da mortalidade faz parte agora de Nova Iorque: no som dos jatos sobre nossas cabeças, nas manchetes pretas da última edição. Todos os habitantes de grandes cidades precisam viver com essa teimosa possibilidade de aniquilação; mas em Nova Iorque essa possibilidade é mais visível, devido à concentração da própria cidade, e porque, de todos os alvos, Nova Iorque tem uma espécie de clara prioridade. Na mente de qualquer pervertido que enlouqueça, Nova Iorque deve exalar um encanto irresistível [...]. Ao longo do East River, sobre os extintos matadouros de Turtle Bay, como se numa corrida contra o espectral vôo dos aviões, estamos esculpindo a sede permanente das Nações Unidas – o maior dos projetos habitacionais da cidade [...]. Nova Iorque não é uma capital – não é a capital do país, nem mesmo do Estado. Mas está se tornando a capital do mundo. Esta corrida – a corrida entre os aviões destruidores e o combativo Parlamento da Humanidade – nos atiça a cabeça. Finalmente, a cidade ilustra à perfeição tanto o dilema universal quanto a solução geral; este enigma de pedra e aço tornou-se, ao mesmo tempo, o alvo perfeito e a perfeita manifestação da não violência, da irmandade racial, um espaçoso alvo que dispara rumo ao céu para encontrar a meio caminho os aviões que podem destruí-lo, lar de

10. *Idem*, p. 33.

todos os povos e de todas as nações, capital de tudo, hospedando as discussões para que os aviões continuem em solo e sua missão seja abortada[11].

Ele teve essa visão e a fixou no papel em 1949.

Contudo, a expansão sem limites das metrópoles modernas encontra, no novo terrorismo, métodos tão inumanos de destruição que alguns críticos chegaram a falar, após 11 de setembro, no *fim das cidades*. Fanáticos que desprezam a vida própria e alheia, e treinados para matar *infiéis* ao custo da própria vida, não hesitarão em destruir as cidades ocidentais para impor-lhes a fé islâmica. As torres do orgulho do Ocidente, mesmo quando erguidas no Oriente, ameaçam desabar sob a prometida "chuva de aviões", carregando em seu bojo passageiros obrigados a acompanhar fanáticos suicidas em sua viagem para a morte na meta da destruição em massa. Logo após essa viagem terminal ao avesso do mundo, a bordo de jatos desviados de sua rota para explodir, como bombas atômicas, um dos símbolos mais caros da civilização, um filme foi realizado para *comemorar* o crime mais selvagem contra a humanidade já perpetrado em plena luz do dia aos olhos de *todo o mundo* globalizado pelas mídias em contínuas transmissões ao vivo: *11 de Setembro* (*11'09"01*, 2002), realizado por onze diretores[12], com onze episódios de onze minutos, nove segundos e um frame cada um, interpretando os atentados de 11 de setembro de 2001[13]. Com duas exceções, os diretores selecionados não questionaram o terrorismo. O que prevaleceu na abordagem foi o sentimento de acusação aos EUA e o oportunismo da lembrança do sofrimento de *ou-*

11. *Idem*, pp. 54-55.

12. Samira Makhmalbaf (Irã), Claude Lelouch (França), Youssef Chahine (Egito), Danis Tanovic (Bósnia-Herzegovina), Idrissa Ouedraogo (Burkina Faso), Ken Loach (Inglaterra), Alejandro González Iñárritu (México), Amos Gitaï (Israel), Mira Nair (Índia), Sean Penn (EUA) e Shohei Imamura (Japão).

13. O projeto foi financiado por um canal de TV francês, sob a produção artística de Alain Brigand, sendo a renda do filme destinada à Associação Mundial dos Mutilados de Guerra.

tras vítimas e de *outras* guerras, supostamente causadas pelos americanos. Pretendeu-se mostrar que *os verdadeiros terroristas* de 11 de setembro não foram muçulmanos fanáticos desejosos de destruir os EUA, mas simplesmente os próprios americanos, culpados de serem ricos e poderosos. Assim se exprimiu o inglês Kenneth Loach numa nota distribuída à imprensa durante o Festival de Veneza 2002:

> Os eventos de 11 de setembro correm o risco de serem interpretados somente de um jeito. Todos sabem como aconteceu. Ninguém parece perguntar por quê. Este filme tem coisas importantes para dizer sobre isso. Olhando para trás no último meio século, do Vietnã ao Camboja, passando pelo Chile, Nicarágua, El Salvador até o Oriente Médio, somos levados a indagar: quem são os verdadeiros terroristas?

No primeiro episódio, esteticamente o mais conseguido de todos, Samira Makhmalbaf mostra crianças afegãs refugiadas no Irã, trabalhando numa olaria. Uma professora interrompe o trabalho das crianças, que fabricam tijolos para a construção de um abrigo antinuclear (a crer na diretora, os refugiados afegãos temeriam que os EUA despejassem bombas atômicas no Irã em resposta ao atentado – teria Bin Laden encontrado ali seu refúgio?). A professora diz que os tijolos não protegerão ninguém das bombas atômicas e que seria melhor que as crianças voltassem com ela para a escola. Carregando-as para lá, ela retoma sua aula com uma tosca explicação dos atentados. Questionando as crianças sobre um fato crucial que acabara de ocorrer no mundo, capaz de trazer mudanças imprevisíveis, as crianças imaginam o tio que caiu no poço, morreu ou quebrou a perna. A professora insiste em pedir às crianças, que nada entenderam da sua explicação, um minuto de silêncio em homenagem às vítimas do World Trade Center. Ela utiliza um círculo riscado a giz num papelão preto à guisa de relógio, fazendo da própria mão um simulacro de ponteiro na contagem do minuto. A cena supera em patético tudo o que nós, ocidentais, poderíamos imaginar. Enquanto a mão gira sobre o círculo, as crianças discutem a morte dos milhares de americanos no atentado, certas de que Deus causou essas mortes. A professora não conta que os autores do atentado foram fanáticos muçulmanos. Essa omissão reforça a convicção das crianças, educadas no islamismo, de que os atentados foram obra de Deus. A diretora do episódio não desmistifica os terroristas, que se sentiram como instrumentos de Deus ao queimar vivos milhares de *infiéis*, mas ridiculariza a *esclarecida* professora semi-ocidentalizada que pede silêncio a crianças incapazes de entender um mundo que elas sequer imaginam poder existir, e que, derrotada, as obriga a morder os lábios para manter a boca fechada.

Depois desta viagem ao fim do mundo, Claude Lelouch leva-nos de volta ao coração da tragédia: em Nova Iorque, um casal se separa. Ele é um guia turístico; ela, uma fotógrafa surda que não quer que o namorado vá trabalhar, com ciúmes das outras surdas que ele arrebanha no World Trade Center. Mesmo atrasado, ele sai para receber as turistas nas duas torres. A surda começa a escrever uma carta desesperada onde pede por um milagre para que haja uma reconciliação, enquanto a televisão, ligada às suas costas, mostra a tragédia que ela não percebe nem mesmo quando a xícara de café começa a tremer sobre a mesa e seu cãozinho a latir furiosamente. A surda só dará conta de que algo estranho aconteceu quando o namorado retorna precipitadamente do trabalho coberto de cinzas dos pés à cabeça. Ela o abraça, numa reconciliação que se pretende "emocionante". Na verdade, o efeito dramático do atentado é anulado: não houve nenhum atentado, nenhum crime, nenhum massacre, apenas um "milagre" que voltou a unir os amantes.

Youssef Chahine realiza o pior dos episódios. No papel de um cineasta em crise, apaixonado pelos musicais de Hollywood, ele se vê às voltas com o "imperialismo americano" que sustenta Israel, o "câncer do Oriente Médio". Ao encontrar na praia o fantasma de um soldado americano morto na Guerra do Golfo, interpretado por um ator egípcio de cabelo pintado de laranja, que sai do mar de peito nu como Vênus masculina em versão *gay*, Chahine quer ser seu amigo, abrindo-lhe os olhos para os males do "imperialismo americano" com a ajuda de grosseiras citações buscadas na Internet. Ele se pergunta: "Como posso aceitar meus sentimentos traídos com total impunidade?". Diante das intervenções americanas no Oriente Médio, e ao presenciar homens-bombas se preparando no Líbano, ele justifica o terror contra Israel como forma de "resistência", "resistência" que agora chega ao coração da América, causando grande orgulho em todo o mundo muçulmano.

Danis Tanovic (ganhador do Oscar de melhor filme estrangeiro por *Terra de Ninguém*) realiza um episódio inexpressivo: numa aldeia devastada da ex-Iugoslávia, uma jovem ativista é atropelada pela notícia dos atentados enquanto prepara outra manifestação de protesto considerada inútil pela mãe. No final, a mãe e todas as viúvas da aldeia aderem à inicialmente solitária manifestação: a tragédia americana serve para despertar a consciência das muçulmanas balcânicas para a tragédia delas próprias.

Idrissa Oudraogo assume o ponto de vista de um menino que acredita ter visto Bin Laden em Burkina Faso e sonha com a recompensa de 25 milhões de dólares, oferecida pelos EUA. Um de seus amigos toma escondido do pai uma câmera de vídeo e todos se juntam para gravar imagens do suposto terrorista, que acaba "escapando", sem remissão para a miserável realidade do Zezinho africano. "O atentado clamou pela solidariedade internacional, mas a África também está à espera de uma solidariedade que não chega", reflete o cineasta que se posiciona "pela diversidade cultural contra as forças do fanatismo e da hegemonia".

O episódio de Ken Loach tenta ilustrar sua tese de que "um ataque como aquele era inevitável". Ele se aproveita da coincidência de datas de um outro dia de horror – o 11 de setembro de 1973, quando o governo legítimo de Salvador Allende foi derrubado, com o apoio dos EUA – para dar a palavra ao exilado chileno Vladimir Veja, que recorda o golpe cantando músicas rancorosas. Para Loach, "o governo americano não pode atuar como faz há anos sem colecionar inimigos pelo mundo". Assim, o "imperialismo americano" justifica os atentados, e os atentados são a conseqüência do "imperialismo americano".

Alejandro González Iñárritu, diretor de *Amores Perros*, é, para Leon Cakoff, "o único dos onze a desperdiçar o seu tempo. Faz pensar nas trevas, a tela quase sempre no escuro, com poucos *flashs* com imagens banidas pela mídia – a dos suicidas que se jogaram das torres para reduzir o tempo do sofrimento. Deixa para o espectador a delicada missão de tirar conclusões enquanto no reino das trevas apenas ouvimos pessoas rezando". Talvez seja o único dos diretores que deixa ao espectador a delicada missão de *pensar por si mesmo*, sem atulhar sua mente com propaganda. É verdade que seu episódio *desperdiça tempo*, pois a mensagem ("A luz de Deus nos guia ou nos cega?") poderia ser passada num único minuto assustador. Mas ele foi obrigado a esticar o tempo de edição seguindo a receita da proposta. Mesmo assim, é o único diretor que se atém ao suposto tema do filme, não desviando sua câmera para a África, a Europa, a América Latina ou o Oriente Médio para culpar os americanos dos atentados e da miséria de países dominados por ditadores.

Amos Gitaï coloca os atentados de 11 de setembro na moldura dos massacres cometidos por palestinos-bombas na Segunda Intifada em Israel. Mas se ele aparentemente foge do suposto tema do filme é apenas para enfocá-lo do ponto de vista de quem já se acostumou ao terror de fanáticos suicidas: uma repórter da TV israelense chega ao cenário de um atentado em Jerusalém e, indiferente aos pedidos da polícia que temem uma segunda bomba, arrisca a vida e atrapalha os primeiros socorros. Assumindo o papel de missionária da notícia, a jornalista mostra-se indiferente aos corpos estraçalhados no chão ou carregados em macas e ao perigo que pode estar correndo no caso de uma segunda bomba explodir. Mas quando ela, enfrentando a polícia e a morte, pensa ter as mídias do mundo nas mãos com sua notícia, a notícia dos atentados nos EUA faz sua matéria cair. Sem retorno, ela não consegue entender por quê o atentado que ela cobre com tanta fibra perdeu o interesse: ela não percebe que um atentado "maior", inimaginável, abafou o "seu" atentado, sendo transmitido ao vivo pelas mídias do mundo inteiro já indiferentes ao terror cotidiano em Israel. Trata-se de uma reflexão séria sobre o papel das mídias e do horror, mas um subtom de desprezo pela própria tragédia israelita revela a derrota da razão diante da "grandeza" dos atentados aos EUA. Na verdade, em termos proporcionais ao tamanho da população dos dois países, os atentados em Israel já somam um total de catorze "onzes de setembro". Mas medidas não modificam o caráter de semelhança entre esses atentados, todos voltados, em qualquer lugar, contra as liberdades democráticas.

Mira Nair aborda os atentados apenas em referência à suposta intolerância dos americanos relativa à comunidade islâmica. Uma mãe procura o filho desaparecido, que se torna suspeito de ser um dos terroristas suicidas, até que o corpo do rapaz é encontrado nos escombros de uma das torres, tendo morrido ajudando os feridos, pelo que acaba ganhando honras de herói. O sofrimento causado pela discriminação é real. Contudo, que povo toleraria sem qualquer incidente de discriminação uma comunidade de potenciais inimigos dentro de suas fronteiras? Se membros da comunidade islâmica de Paris destruíssem a Torre Eiffel os franceses seriam mais tolerantes com essa comunidade? Se membros da comunidade cristã no Egito destruíssem as Grandes Pirâmides, os egípcios seriam mais tolerantes com essa comunidade? Aqui se cobra, arrogantemente, dos americanos, uma tolerância que nenhum povo seria capaz de demonstrar nas mesmas circunstâncias.

Sean Penn, representando o cinema americano, cria uma fantasia redentora no mesmo estilo de Lelouch, mas ainda mais radical, transformando os atentados contra as torres gêmeas num autêntico milagre. As torres fariam sombra sobre apartamentos menores, retirando a luz de seus infelizes moradores representados pelo viúvo Ernest Borgnine que ajeita, todos os dias, as velhas roupas da esposa morta sobre a cama, como se o travesseiro pudesse, assim recoberto, preencher o vazio da falecida, que ele fantasia como pessoa viva. Ignorando o atentado, do qual só vemos as sombras das duas torres despencando, uma após a outra, pelas paredes do seu prédio, ele saúda como um milagre o sol que inunda seu sombrio apartamento, fazendo com que as flores sempre murchas da varanda adquiram magicamente uma vida súbita. O episódio pode ser qualificado como poético ou indecente, dependendo do ponto de vista: o massacre de milhares de inocentes é mostrado como um acontecimento benfazejo de regeneração de florzinhas para a felicidade de um viúvo amalucado que, se desperta para a realidade da morte da esposa, não deixa de admirar a maravilha que enche de vida seu funéreo apartamento.

Para completar o quadro, Shohei Imamura não podia deixar de lembrar a bomba atômica lançada pelos americanos no Japão. Até a evocação do apocalipse final da inteiramente apocalíptica Segunda Guerra Mundial parece adequada para justificar os atentados de 11 de setembro. Um soldado japonês volta para sua aldeia, depois da guerra, rastejando muito bem e se comportando como uma cobra. Ele chega a devorar um rato vivo, sendo então expulso de casa pela própria mãe enojada. Passa a viver na floresta e, quando é encontrado pela irmã, mergulha no rio, desaparecendo para sempre. Uma cobra de verdade ergue-se então de uma rocha e revela a todos a moral da história: "Esse negócio de guerra santa não existe", declara a serpente humanizada. A crítica a "todos os fanatismos" esvazia-se numa fábula de encantador *non-sense*.

Enfim, *11 de Setembro* não cumpre o que promete: não há nos onze episódios do filme nenhuma reflexão sobre os atentados aos EUA; sobre o novo terrorismo que ameaça o mundo; sobre o ódio ao estilo de vida ocidental dos grupos de muçulmanos fanáticos organizados; sobre o ataque à democracia que os atentados representaram pelo apoio dado pelos EUA a Israel; sobre a necessidade de Israel resistir como único Estado judeu no mundo; sobre o uso do seqüestro de aviões de carreira para destruir uma cidade e seus habitantes; sobre as novas estratégias do terrorismo internacional contra civis e militares; sobre as relações entre o novo terror e a religião islâmica; sobre a necessidade de defesa das liberdades democráticas contra totalitários que desejam fazer o mundo regressar à barbárie; sobre a miséria causada pelo islamismo nos países nos quais potentados riquíssimos preferem acusar Israel de causar essa miséria. O filme fracassa ao propor uma reflexão sobre os atentados de 11 de setembro, mas é bem sucedido em responsabilizar os EUA por todos os males do mundo – da África à América Latina, da Índia ao Japão, do Oriente Médio à Bósnia-Herzegovina. Os cineastas que o realizaram, afinados com os que tão freqüentemente acusam os americanos de só olhar para o próprio umbigo, fazem aqui exatamente isso. É mais fácil colocar um fato novo num esquema pré-concebido para o consumo de um público familiarizado com esse esquema do que tentar apreendê-lo sem quaisquer parâmetros, a partir do próprio acontecimento. O horror é dominado ao ser conformado a uma visão do mundo que retira de cada instância – indivíduo, partido, governo, povo – a responsabilidade por seus próprios descalabros, fazendo do "imperialismo americano" o grande bode expiatório[14].

Referências Bibliográficas

BELLOS, David. *Jacques Tati, His Life and Art.* Londres, Harvill Press, 2002.
BIONDILLO, Gianni. *Pasolini, Il Corpo della Città.* Milão, Unicopli, 2001.
DONDEY, Marc. *Tati.* Paris, Ramsay Cinema, 1989.

14. Pesquisa desenvolvida com bolsa do CNPq.

KOERBER, Martin. "Notes on the Restoration of Metropolis". In: DVD *Metropolis – Restored Authorized Edition.* Nova Iorque, Kino Video Internacional, 2002.

LUCAS, Meize Regina de Lucena, *Imagens do Moderno. O Olhar de Jacques Tati.* Fortaleza, Annablume, 1998.

NAZARIO, Luiz. *As Sombras Móveis. Atualidade do Cinema Mudo.* Belo Horizonte, Ed. UFMG/mídia@rte, 1999.

______. "Catástrofes Cósmicas". In: VASCONCELOS, Maurício Salles & COELHO, Haydée Ribeiro (orgs.). *1000 Rastros Rápidos. Cultura e Milênio.* Belo Horizonte, Fale, 1999.

WHITE, E. B. *Aqui está Nova Iorque.* Rio de Janeiro, José Olympio, 1999. 55 p. Título original: *Here is New York.* 1949.

Internet:

http://www.kino.com, ativo em 6 jul. 2004.

http://www.lostcitydemille.com, ativo em 6 jul. 2004.

http://www.unesco.org/webworld/mdm/2001/eng/germany/metropolis/form.html, ativo em 6 jul.2004.

http://en.wikipedia.org, ativo em 12 jul. 2004.

SOBRE OS AUTORES

ALCEBÍADES DINIZ MIGUEL é ensaísta, mestrando em Teoria e História Literária pela Unicamp e membro do Grupo de Pesquisa da Discriminação (GPD). Colabora no Mural *Estudos Pasolinianos* no sítio www.grude.ufmg.br e no projeto Os Fazedores de Golems, coordenado pelos professores Luiz Nazario e Lyslei Nascimento (UFMG).

CARLOS ANTÔNIO LEITE BRANDÃO é professor doutor da Escola de Arquitetura da UFMG e dramaturgista do Grupo Galpão. Desenvolve a pesquisa *Arquitetura e Humanismo* junto ao CNPq. Publicou diversos livros, entre os quais *Quid Tum? O Combate da Arte em Leon Battista Alberti* (1999).

DAVIDE FALCIONI é doutor em Língua e Literatura Espanhola e Portuguesa. Colabora em atividades didáticas na área de cinema da Università degli Studi di Bologna e na publicação da revista *Film/Letterature* de Bolonha.

ELCIO CORNELSEN é professor doutor de Língua e Literatura Alemã na Faculdade de Letras da UFMG e vice-coordenador do curso de pós-graduação em Letras: Estudos Literários. Autor de *Gott oder Natur? "Metaphysiche Unterströmungen" im Werk Alfred Döblins* (1999).

GRACIELA RAVETTI é ensaísta, tradutora e professora doutora de Literatura Espanhola e Hispano-americana da Faculdade de Letras da UFMG, onde coordenada o Nelam (Núcleo de Estudos de América Latina). Co-autora e co-organizadora de vários livros, entre os quais *Performance, Exílio, Fronteiras: Errâncias Territoriais e Textuais.*

JOSÉ ANTÔNIO ORLANDO é mestre em Letras pela UFMG, jornalista e professor de Semiótica e Teoria da Comunicação nos cursos de graduação e pós-graduação da Escola de Design da Fumec, em Belo Horizonte. Pesquisador da Fotografia e do Cinema Brasileiro do Século XIX.

JULIANA DUARTE WEINBERG é arquiteta e desenvolveu, em seu mestrado em Artes Visuais pela Escola de Belas Artes da UFMG, pesquisa teórica e prática sobre o tema das cidades imaginárias. Participa do projeto Animação Expressionista, coordenado por Luiz Nazario, sendo responsável pela modelagem dos cenários virtuais.

LUIZ NAZARIO é escritor, cineasta e professor de Cinema da Escola de Belas Artes da UFMG, doutor em História pela USP. Autor de diversos livros, entre os quais *Da Natureza dos Monstros* (1999), *As Sombras Móveis* (1999) e *Segredos* (2000), coordena os projetos Animação Expressionista, Pier Paolo Pasolini: Vida e Obra e Filmoteca Mineira na UFMG, com bolsa do CNPq.

LYSLEI NASCIMENTO é professora doutora de Língua Portuguesa e Literatura na Faculdade de Letras da UFMG. Coordena o Grupo de Estudos Judaicos (GEJ). Organizou os livros *O Corpo em Performance* (2003) e *Os Fazedores de Golems* (2004). Coordena, com Luiz Nazario, o projeto Os Fazedores de Golems, na UFMG.

MARIÂNGELA PARAIZO é professora doutora de Língua Portuguesa e Literatura da Faculdade de Letras, no Colégio Técnico da UFMG. Autora dos livros *O Labirinto e a Bússola* (1999) e *Um Inventário do Universo* (2003).

MIRIAM L. VOLPE é professora doutora de Língua e Literatura Inglesa e de Literatura Comparada nos cursos de graduação e pós-graduação da UFJF e tradutora de inglês, português e espanhol. Autora dos livros *Resgate de um Sonho: Cidadão Kane e Kubla Khan* (1998) e *Geografias de Exílio: Mario Benedetti*, publicado no Uruguai em 2004.